Hanns-Josef Ortheil
Klaus Siblewski

Wie Romane entstehen

Hanns-Josef Ortheil
Klaus Siblewski

Wie Romane entstehen

Sammlung Luchterhand

VORBEMERKUNG

Die Frage, wie Romane entstehen, wird in diesem Buch aus zwei Perspektiven gestellt: Zum einen aus der eines Schriftstellers (Hanns-Josef Ortheil), zum anderen aus der eines Lektors (Klaus Siblewski). Untersucht der Schriftsteller all jene Prozesse, die dem Schreiben eines Romans vorausgehen und gleichsam das Fundament für seine Ausarbeitung bilden, so beobachtet der Lektor all jene Fragen und Problemstellungen, die von einem Autor während der Romanarbeit an ihn herangetragen und mit seiner Hilfe fortgeführt und entwickelt werden.

Die Perspektiven des Schriftstellers und des Lektors beziehen sich also eng aufeinander und formieren gemeinsam eine gewisse Strecke des langen Wegs einer »Arbeit am Roman«, vom ersten Einfall über den Entwurf von Figuren, Räumen und Szenen bis hin zu bereits weit entwickelten Roman-Bauplänen. Schritt für Schritt bewegt sich der Roman-Schriftsteller dabei immer mehr hinaus aus den zunächst noch sehr »geheimen« Vorgängen in seiner Werkstatt: Er notiert, er hält etwas fest, er beginnt, mit diesem Festgehaltenen zu arbeiten und zu spielen, er dringt immer weiter vor in die Stück für Stück wachsende und sich erweiternde »Welt des Romans«.

In dem Maße, in dem er die Grenze zu dieser neuen »Welt« überschreitet, wächst auch seine Mitteilungsbereitschaft. Dabei wird häufig der Lektor zum ersten Ansprechpartner, mit dem er seine frühen Festlegungen und all die Phantasien, die sich an sie knüpfen, überprüft und testet. So gestaltet sich die Romanarbeit zu einem dauernden Hin und Her zwischen Geheimhaltung und allmählicher Öffnung, zwischen Rückzug und Mitteilung. Spielt der Schriftsteller solche Prozesse zunächst nur mit sich selbst durch (indem er sie aufschreibt und dokumentiert), so überträgt er sie später auf das Gespräch mit seinem Lektor, das sich in ganz ähnlicher Form aus Andeutungen, Festlegungen und zurückgenommenen Absichts-Erklärungen zusammensetzt.

Erstaunlich ist, dass all diese Vorgänge von vielen Romanautoren mehr oder weniger detailliert und bruchstückhaft angesprochen, im Einzelnen aber weder untersucht noch begrifflich genau erfasst und gedeutet worden sind. Vor allem ist bisher noch nie der Versuch gemacht worden, die ersten Phasen einer Romanentstehung deutlicher voneinander zu unterscheiden und danach zu fragen, was in diesen Phasen eigentlich geschieht und wie sie sich aufeinander beziehen. Die lange Tradition der von Autoren geschriebenen Roman-Poetiken hat daher eine weitgehend noch immer ungesicherte Grundlage. Diese Grundlage ein wenig überschaubarer zu machen, war ein wesentliches Ziel der hier durchgeführten, aufs Analytische setzenden Überlegungen.

Hervorgegangen sind sie aus Vorlesungen und Seminaren, die jeder von uns und die wir zum Teil auch gemeinsam in den letzten Jahren an den Universitäten von Zürich und Bamberg (so etwa Hanns-Josef Ortheil im Rahmen seiner »Zürcher Poetik-Dozentur« im Wintersemester

2005/2006 und im Rahmen seiner »Bamberger Poetik-Professur« im Sommersemester 2007) sowie an den Universitäten von Hildesheim, Duisburg-Essen und Heidelberg gehalten haben. Darüber hinaus wurden sie angeregt durch die vielen Gespräche, die wir in den getrennten Rollen von Schriftsteller und Lektor in der gemeinsamen Arbeit an mehreren Romanprojekten von Hanns-Josef Ortheil seit 1998 geführt haben.

Stuttgart/München, im Dezember 2007
Hanns-Josef Ortheil/Klaus Siblewski

Hanns-Josef Ortheil

Wie Romane entstehen (1)

ERSTE VORLESUNG

Notieren und Skizzieren

Meine Damen und Herren!

Vor genau achtzig Jahren hielt der britische Roman-Autor Edward Morgan Forster am Trinity College in Cambridge seine bald berühmt gewordenen Vorlesungen *Aspects of the Novel*.[1] Darin erläuterte er anhand von vielen Beispielen aus der englischen Romanliteratur seine Sicht auf die Gattung des Romans, dessen Besonderheiten er einem interessierten, aber nicht übermäßig vorinformierten Leser-Publikum näher bringen wollte.

Anders als viele andere Autoren vor ihm wählte Forster für seine Poetik-Vorlesungen eine doppelte Perspektive: Er sprach nicht direkt und ausschließlich von seiner eigenen »Poetik des Romans«, sondern er versuchte, seinen Zuhörerinnen und Zuhörern eine Vorstellung davon zu geben, mit welch typischen Erzähl-Problemen Romanautoren zu tun haben, wenn sie an einem Roman arbeiten. Die *Geschichte*, die *Figuren*, die *Fabel* ... – all das waren solche Erzähl-Probleme, deren Gestaltung und Ausarbeitung durch die unterschiedlichsten Autorinnen und Autoren Forster anhand von kurzen Text-Auszügen aus ihren Romanen zu verdeutlichen suchte.

Zum einen sprach Forster dabei als ein Schriftsteller, der die besonderen Probleme der »Romanarbeit« aus ei-

---

[1] Edgar Morgan Forster: *Aspects of the Novel*. London 1927 (Edgar Morgan Forster: *Ansichten des Romans*. Übersetzt von Walter Schürenberg. Berlin und Frankfurt/M. 1949)

gener Anschauung kannte und sie daher gleichsam von innen her nachvollziehen konnte, zum anderen aber auch als ein Beobachter und Essayist, der bestimmte Passagen aus den Werken seiner Kolleginnen und Kollegen auf ihre besonderen Eigentümlichkeiten hin prüfte und miteinander verglich.

Dabei ging es ihm nicht um die Unterscheidung bestimmter Romanformen, sondern um den »Roman an sich« und damit um Gestaltungsprobleme, die in allen Romanen eine Rolle spielen. Was der »Roman an sich« sei, fixierte er in seinen Vorlesungen gleich zu Beginn weniger in poetologischer Manier als in einer möglichst pragmatischen und einfachen Beschreibung dessen, womit wir es beim Roman zu tun haben. Wir haben es beim Roman, sagte Forster, mit einer »Prosaerzählung von einer gewissen Länge« zu tun, diese Länge fixieren wir mit der Zahl von etwa 50000 Worten, so daß wir sagen können: »Jede freie Prosadichtung von über 50000 Worten ist im Sinne dieser Vorlesungen ein Roman ...«[1]

Der Roman als »lange Prosaerzählung« – mit Hilfe dieser ebenso einfachen wie verblüffenden Definition hielt sich Forster genauere Unterscheidungen dessen, was alles »ein Roman« sein könne, vom Leibe. Stattdessen konnte er sich nun jenen Grundkomponenten zuwenden, auf deren Erläuterung es ihm vor allem ankam, ja er konnte zeigen, was Romanautorinnen und Romanautoren nun alles tun und in Bewegung setzen müssen, um eine Erzählung »von einer gewissen Länge« zu schreiben: Sie müssen eine Ge-

---

1 Edgar Morgan Forster: *Ansichten des Romans*, a.a.O., S. 13/14

schichte entwerfen und aus Elementen einer Geschichte eine Fabel knüpfen, sie müssen Figuren erfinden und ihre Entwicklung über einen beträchtlichen Zeitraum verfolgen usw.

Anders als im Falle der meisten anderen literarischen Gattungen können Romanautorinnen und Romanautoren sich bei dieser Arbeit aber nicht auf einen in vielen Jahrhunderten entstandenen und damit durch eine lange Tradition legitimierten Kanon von Regeln und Strukturen stützen. Der »Roman«, sagt Forster vielmehr mit Recht, »ist eine gewaltige amorphe Masse – kein Gipfel, den man ersteigen könnte, kein Parnass oder Helikon, nicht einmal ein Berg Nebo, von dem aus man ins Gelobte Land schauen könnte. Der Roman ist recht eigentlich eine der feuchteren Gegenden der Literatur, durchzogen von Hunderten von Wasserläufen und streckenweise zu sumpfigen Niederungen ausgeartet«,[1] mit anderen Worten: Der »Roman« ist ein unübersichtliches, sich häufig chaotisch darstellendes Gelände, das alle Planungsabsichten von vornherein bedroht oder in Frage stellt.

Das Wilde, ja Chaotische, das ihm innewohnt, rührt eben daher, dass seine Materialien und Stoffe nicht begrenzt sind, der Roman ist eine prinzipiell offene Form, er verträgt nicht nur Zuflüsse und Zuläufe von allen Seiten, sondern er verlangt geradezu nach Vermehrung, Ausbreitung und einem Über-die-Ufer-Treten. Als »Erzählung« von einer nicht absehbaren Länge zieht er immer weitere und neue Materialien und Stoffe an und bringt seinen

---

1 Edgar Morgan Forster: *Ansichten des Romans*, a. a. O., S. 13

Autor dadurch in immer stärkere Verlegenheit: Wie, fragt sich dieser Autor, können all diese vermehrungssüchtigen Stoffmassen gebändigt, wie geordnet werden, wie erzählt man Geschichten von einer gewissen Länge, ohne den Überblick zu verlieren oder gar in den heranflutenden Seitenarmen und Nebenströmen des Romanflusses zu ertrinken?

Solche Fragen deuten an, dass dem Roman ein ungeheuer vitales, dynamisches und entgrenzendes Moment zugrunde liegt. Der Roman ist eine gefräßige, monströse Gattung, er ist vergleichbar einem sich ununterbrochen mästenden, verfressenen Tier, das sein Autor und Erzeuger mit immer neuem Material füttern und stopfen muss. Indem der Roman auf Unendlichkeit und Totalität aus ist, fesselt und bindet er seinen Autor oft jahrelang an sich, laufend, fast täglich, muss er neu inszeniert und auf eher künstliche Weise zusammengehalten werden, während er nach nichts mehr drängt als danach, seine Elemente zu vervielfachen, zu spalten oder gar vollständig zu isolieren.

Im Zentrum dieses Wucherungsprozesses scheint ein all seine Teile und Elemente ansteckender und laufend verändernder Virus zu stecken, ein Virus von eminenter Kraft und Anziehung, eine starke Potenz, die ich im Folgenden als *das Romanhafte* bezeichnen werde. *Das Romanhafte* ist rohe, sich unaufhörlich vermehrende Erzähl-Energie, diese Energie ist süchtig nach immer neuen Räumen, und sie verschlingt Zeitmassen, als hätten sie nichts zu bedeuten und als könnten sie ewig oder immer von Neuem, in unendlich vielen, wechselnden Konstellationen, aneinandergereiht werden.

Will man die Wirkungen dieser Erzähl-Energie beobachten, so kann man sich an Romanautoren (man denke an Balzac, Flaubert oder Tolstoj, an Thomas Mann oder Georges Simenon) halten, deren gesamtes Erleben und Leben durch diese Bindung geprägt sind. Ihr eigentliches Zuhause ist die *Roman-Werkstatt*, ein unübersichtlicher, labyrinthischer Bau von Notizen, Aufzeichnungen, Skizzen, Fragmenten, Plänen oder Tagebuch-Elementen, der nie an ein Ende kommt und immer wieder neue »Romane« ausstößt und gebiert. Freiwillig, könnte man meinen, setzt sich ein Romancier dem Zwang, den *das Romanhafte* ausübt, nicht aus, es muss sich bei der Roman-Arbeit um etwas anderes handeln als um eine mehr oder minder beliebige Tätigkeit, in Wahrheit scheint es Schriftsteller mit einer gewissen *Roman-Disposition* zu geben, sie können und wollen nichts anderes als Romane schreiben, für alles andere sind sie verloren.

Diese Disposition zu belegen, ist nicht weiter schwer, schon ein kurzer Blick auf die lange Reihe typischer Romanautoren, die beinahe nur Romane geschrieben haben, für die Lyrik absolut unbrauchbar und auch im Dramatischen keine großen Meister, wohl aber Autoren umfangreicher Notiz-Sammlungen, Essays oder Tagebücher sind, belegt das. Stößt man auf eine Schriftsteller-Werkstatt, die von den Elementarformen des Schreibens, der Notiz, der Skizze und dem Fragment, getragen wird, so kann man beinahe sicher sein, es mit einem für den Roman disponierten Autor zu tun zu haben, dessen gesamte Lebens-Energie von der Erzähl-Energie des Romans, dem also, was ich das *Romanhafte* nenne, in einer totalen Weise beansprucht wird.

In der deutschen Literatur ist Jean Paul (1763–1825) das bedeutendste Beispiel für einen solchen Autoren-Typus, kein anderer deutscher Schriftsteller hat eine so umfangreiche und detaillierte Roman-Werkstatt angelegt und jahrzehntelang an ihr gebaut, alles Leben verschwand gegenüber dem Schreiben, das Schreiben war allgegenwärtig und in jedem Moment präsent und dadurch so etwas wie ein prägendes, starkes Milieu, das einzige konstante Milieu seiner Existenz. Schon im Alter von fünfzehn Jahren hat Jean Paul ihm Kontur und Gestalt gegeben, es war der Entwurf einer gewaltigen, von Tag zu Tag immer mehr ins Unüberschaubare wachsenden Notate-Sammlung, von der nur ein geringer Teil später Eingang in seine Veröffentlichungen fand. Denn nicht der Druck und die spätere Resonanz waren das Ziel des Notierens und Schreibens und begründeten seine Magie, vielmehr war es das Notieren und Schreiben selbst, was Jean Paul so anzog und fesselte.

Die Feder ansetzen, etwas abschreiben oder aufzeichnen, eine Notiz machen, Notizen nummerieren und sammeln – das ist in seinem Fall der immer wiederkehrende Urakt des Roman-Schreibens, demgegenüber alle synthetisierenden oder auf geschlossene Organismen hin angelegten Momente verblassen. Ein *Notierer*, ein Notizenmacher zu sein – das bedeutet: Gewiss sein zu können, dass die Schrift fließt, dass sie, um sich in Szene zu setzen, keiner großen Vorbereitungen bedarf, dass sie sich vielmehr von Schreibregung zu Schreibregung organisiert und fortsetzt, mäandernd, mehrstimmig, ein verzweigter, anfangs gar nicht kanalisierbarer Strom von Ideen, Überlegungen, Beobachtungen, der auf den Zwang des *Romanhaften* antwortet und ihm gehorcht.

Von daher kann man sagen: Jean Paul ist unter den deutschen Schriftstellern der *Roman-Schreiber* schlechthin, in einem ganz primären Sinne des Wortes. Er ist der Schriftsteller, für den die Bewegungen *vor* und *nach* dem Schreiben kaum existieren, sondern für den *der Schreibakt,* das *pure Schreiben*, die literarische Gestik begründet. In seinem zwanghaften Charakter schafft dieser Schreibakt immer neue Pläne und Scheinbauten, in denen der Schreibende von Anfang an nicht ganz zu Hause ist. Ab und zu versucht er, sich umzusehen, dann legt er Listen, Tabellen oder Register an, doch all diese Versuche, sich einen irgendwie gearteten Überblick zu verschaffen, sind von vornherein zum Scheitern verurteilt, weil das ewig fortfließende Notieren und Schreiben sie rasch wieder überwuchert, auslöscht oder zum Einstürzen bringt.

Wie aber lassen sich diese großen Schrift-Ländereien denn kartografieren, wie lassen sich die ruinösen Schrift-Bauten erhalten und festigen? Wie also an ein Ufer finden, heraus aus dem reißenden Schreib-Strom, der von Tag zu Tag neue Seitenarme und Kanäle abscheidet, tückische Stromschnellen bildet oder gar plötzlich stockt wie das Wasser in einer Schleuse, das von Minute zu Minute rapide sinkt oder steigt? Jean Paul sah sich vor die Aufgabe gestellt, aus Hunderten und Tausenden von Einzel-Notizen und Erzähl-Fragmenten zum Bau von Romanen durchzudringen. Wie er diese Aufgabe bewältigte, wird uns noch im Einzelnen beschäftigen, hier soll nur noch einmal festgehalten werden, dass sie einer nicht veränderbaren *Disposition* entspringt, der Disposition zum Roman, die einem Schriftsteller einen Roman-Bau nach dem anderen bei gleichzeitig rapidem Wachsen und Wuchern der Werkstatt abnötigt. Mit jedem neuen Roman glaubt er die Geschwindigkeit dieses Wachsens zumindest ein wenig zu verlangsamen oder zu bremsen, in Wahrheit aber nimmt diese Geschwindigkeit immer mehr zu, sie ist die eigentliche Wirkung des *Romanhaften*, das durch jeden neu veröffentlichten Roman gestärkt wird und mit vermehrter Potenz den nächsten Roman fordert.

Bei längerem Nachdenken über dieses enge Verhältnis von *Romanhaftem* und *Roman-Disposition* liegt der Verdacht nahe, dass die Roman-Disposition, die sich zunächst in einem besonderen Hang zum Notieren und Skizzieren niederschlägt, an bestimmte Formen der Wahrnehmung geknüpft ist. So könnte man vermuten, dass sich bei Romanautoren spezifische Eigenarten des Sehens und Begreifens feststellen lassen, die man als Grundlagen für eine *Roman-Disposition* verstehen könnte. Um mich solchen Grundlagen zu nähern, muss ich nun auch von mir selbst und meinen eigenen literarischen Arbeiten sprechen und damit zugeben, dass auch ich seit den frühsten Kinder- und Jugend-Tagen vom *Roman-Virus* befallen bin.

Es fing damit an, dass ich als Kind und als Jugendlicher fast ausschließlich Romane gelesen habe, und es zeigte sich zum ersten Mal in all seiner Dramatik, als es mir in den ersten Schuljahren nicht gelingen wollte, kurze Geschichten oder kleinere Erzählungen zu schreiben. Jedes Mal, wenn wir Schüler im Deutsch-Unterricht eine solche Aufgabe erhielten, begann ich zwar mit dem Erzählen, wurde mit ihm aber nicht fertig, ich blieb irgendwo stecken und musste meinen Erzählversuch abbrechen, die Zeit hatte nicht für mein Vorhaben gereicht, eine Schulstunde, ja sogar zwei waren nicht genügend Zeit für all das gewesen, was mir an Erzählstoff durch den Kopf ging.

Später, in den Jahren der Karl-May-Lektüre, wiederholte sich dieses Drama auf anderer Ebene, hatte ich nach den meisten Lektüren von Karl Mays Romanen doch das Gefühl, noch nicht das »wirkliche Ende« des Romans gelesen zu haben. Was der Erzähler Karl May mir präsentierte, war in meinen Augen vielmehr ein »vorläufiges« oder jedenfalls nicht das »stimmige, richtige Ende«, das »stimmige, richtige Ende« entzog sich oder blieb verborgen, so dass ich mich selbst daranmachte, auf ein solches, sich irgendwann hoffentlich offenbarendes und dann glücklich präsentierendes Ende hin zu erzählen. Natürlich gelangten auch meine Erzählversuche eines neuen, anderen Endes von Karl Mays Romanen nicht an ein Ende, kaum hatte ich mit solchen Versuchen begonnen, befand ich mich gleichsam schon wieder in einem neuen Roman, ich schrieb nicht ein »neues Ende«, sondern die Fortsetzung des Romans, und machte so zum ersten Mal die grausame Entdeckung, dass Romane kein eigentliches, »richtiges«, sondern nur ein »künstliches Ende« haben, und dass jeder, der versucht, dieses »künstliche Ende« weiter hinauszuschieben und zu verlängern, unweigerlich in einen neuen Roman mit einem weiteren »künstlichen Ende« gerät.

Als ich dieses geheime Roman-Gesetz nach vielen Fehlversuchen endlich begriffen hatte, versuchte ich, das Problem dadurch zu umgehen, dass ich mir als Erstes das Ende eines Romans ausdachte und darauf mit diesem Ende im Blick zu erzählen begann. Kaum hatte ich aber zu erzählen begonnen, so dehnte sich jetzt zwar nicht das Ende hinaus, wohl aber vermehrten sich die Kapitel, jedes neue Kapitel zog ein wiederum neues nach sich, so dass sich das ersehnte Ende nicht anfügen lassen wollte, sondern in einen immer ferner rückenden Horizont entschwebte und dort schließlich verblasste.

All diese Beispiele mögen meine frühe Infektion durch den *Roman-Virus* belegen, ungeklärt bleibt aber noch die Frage danach, ob diese Infektion sich nicht nur an einem bestimmten Schreibverhalten, sondern auch an bestimmten Wahrnehmungsformen erkennen lässt. Um Antworten auf diese schwierige Frage zu erhalten, möchte ich den Anfang eines längeren Essays zitieren, den ich unter einem ganz anderen Blickwinkel geschrieben habe, der aber gerade in seiner Anfangspassage reichlich Material und Beispiele für eine, wie ich glaube, bereits in der Kindheit sich herausbildende *Roman-Disposition* enthält. Deren biographische Hintergründe habe ich vor nun schon beinahe dreizehn Jahren in einem schmalen Buch skizziert und angedeutet, auf das ich jetzt nicht länger zurückkommen will.[1] Stattdessen möchte ich, wie gesagt, den Anfang eines erst vor kurzem entstandenen Essays zitieren, der sich eigentlich mit »Vorbildern des Schreibens« beschäftigt, gleichsam nebenbei aber auch viel über spezifische Wahrnehmungsstrukturen einer *Roman-Disposition* verrät:

Mein Elternhaus liegt auf der höchsten Erhebung eines Hügelkamms mitten in einem großen Waldgelände des nördlichen Westerwaldes. In diesem weiten, von Hecken und

---

1 Vgl. Hanns-Josef Ortheil: *Das Element des Elephanten. Wie mein Schreiben begann.* München 1994

Zäunen eingerahmten Terrain habe ich die frühen Jahre meiner Kindheit verbracht. Alles, was ich in diesen ersten Kinderjahren zum Spielen brauchte, war dort vorhanden: eine Blockhütte, ein Baumhaus, hohe Eichen und Buchen mit dicken Stämmen zum Klettern, ein Eibenwäldchen als dichtes, selbst im Winter noch grünes Versteck, zwei Bohnenstangen als Pfosten eines Fußballtors, eine Schaukel, ein Teich mit Fröschen und Kröten, ganz zu schweigen von den vielen Tieren, den Vögeln, Eichhörnchen, Schlangen und Ameisen, den Hunden, Katzen, Mäusen und Bienen. Wenn ich aus dem Fenster meines Zimmers im ersten Stock schaute, sah ich auf der Wiese unterhalb unseres großen Grundstücks frühmorgens die Rehe, und wenn ich an Wintertagen mit dem Fernglas die weißen Felder betrachtete, hockten auf den kahlen Bäumen der Wegränder Falken, Habichte und Bussarde.

Außerhalb unseres großen Waldgrundstücks aber war die Wildnis. Die Wildnis bestand aus dunklen Wäldern mit dichtem Unterholz, aus schmalen, bei starkem Regen kaum begehbaren Feldwegen, aus weiten Wiesen, auf denen die Kuhherden monatelang grasten, und aus Feldern, auf denen der Mais so groß wurde, dass er die Erwachsenen hoch überragte. In meinen ersten Jahren habe ich die Wildnis kaum betreten, sondern die meiste Zeit auf unserem Grundstück verbracht, ich habe mich in der Blockhütte und dem Baumhaus einrichten dürfen, ich habe Steine, Pflanzen und irgendwelche Kuriosa gesammelt, und ich habe beinahe täglich all die verschiedenen Tiere beobachtet, die auf unserem Grundstück oder in seiner unmittelbaren Umgebung erschienen.

Herausgerissen aus diesem Leben wurde ich durch meinen Vater. Die ersten längeren Wege, die ich mit ihm zu Fuß zurücklegte, führten von unserem Grundstück hinab in ein enges Flusstal, wo sich der elterliche Hof und die elterliche Gastwirtschaft meines Vaters befanden. Auf dem nicht mehr überschaubaren Gelände mit all seinen Scheunen, Ställen, Feldern und Wiesen war mein Vater mit seinen zehn Geschwistern aufgewachsen. Einige von ihnen hatten den Hof in ihrem ganzen Leben nie richtig verlassen, die anderen aber kamen zumindest für ein paar Tage oder Wochen im Jahr immer wieder dorthin zurück. Der Spaziergang von unserem Waldgrundstück zum elterlichen Hof meines Vaters dauerte beinahe eine Stunde, meist gingen wir lauter holprige Feldwege entlang, dann und wann machten wir aber auch halt und schauten uns genauer um. Ich glaube, es gab in der ganzen Umgebung nichts, was mein Vater nicht kannte und nicht genau benennen konnte, so wurden unsere langen Spaziergänge hinunter ins Tal und wieder zurück zu Lehrstunden in väterlicher Beobachtungskunst. Natürlich dozierte oder unterrichtete mein Vater nicht, es war eher so, dass er laut vor sich hin sprach, auf etwas aufmerksam machte, etwas benannte oder erklärte: Das ist, weißt Du, was das ist? ... Hier gibt es, jetzt schau mal! ... Und dort drüben ..., siehst Du das auch? Fast mein ganzes Wissen von der Natur habe ich von meinem Vater gelernt, er zeigte mir, dass die große Wildnis nichts Langweiliges oder Totes war, und er nahm mir mit der Zeit auch die Angst davor, sie allein zu durchstreifen.

Von meinem achten Lebensjahr an machten mein Vater und ich in den Schulferien dann aber auch richtige und immer weitere Reisen. Wir gingen zu Fuß durchs Moseltal von Koblenz nach Trier, wir wanderten den Rhein entlang, von Basel bis zur Mündung ins Meer, wir umkreisten den Bodensee und machten uns auf den Weg nach Salzburg, Wien, Berlin oder Paris, und wir fuhren schließlich mit einem großen Frachtschiff von Antwerpen aus durch den Atlantik, die Meerenge von Gibraltar und das halbe Mittelmeer bis nach Griechenland und weiter in die Türkei. Die ganze Kindheit und die halbe Jugend war ich auf diese Weise fast immer zu Fuß mit meinem Vater unterwegs, diese Zeit war meine eigentliche Schulzeit, der gegenüber alles, was ich in der Schule lernte, verblasste. Seit Beginn unserer Unternehmungen machte ich täglich Notizen über ihren Verlauf, zunächst schrieb ich auf, was mir mein Vater diktierte, dann fügte ich eigene Beobachtungen hinzu, bis ich mit den Jahren immer selbständiger wurde und unser Reisetagebuch mit all seinen Aufzeichnungen, Skizzen und Materialien schließlich allein führte.

Die erste Idee, die ich vom Schreiben erhielt, war daher eine Idee von detailreicher und anschaulicher Prosa, wie sie meinem Vater als höchstes Ideal aller Aufzeichnungen vorschwebte. Um diesem Ideal nahe zu kommen, musste man Bescheid wissen, man musste die Dinge, über die man schrieb, genau beobachtet und immer wieder in Händen gehabt haben. Jedem Schreiben ging daher der Erwerb eines bestimmten Wissens voraus, ja das Schreiben war insgesamt nichts anderes als ein Erzählen davon, was man gesehen, beobachtet, getan und gelernt hatte. Abschweifungen, Ausschmückungen oder gar Erfindungen verwässerten die ideale Prosa nicht nur, sondern unterhöhlten und zersetzten sie. Deshalb galt es, so knapp, präzise und anschaulich wie möglich zu schreiben, denn nicht auf das ausufernde, gefährliche Phantasieren kam es an, sondern auf die genaue Wahrnehmung der Welt und die exakte Kenntnis all der

Bezeichnungen, die der Mensch sich für die Vielfalt des Lebendigen ausgedacht hatte ...[1]

Lassen Sie mich diese Eröffnungspassage meines Essays *Die Prosa meines Vaters* nun im Blick auf unser Thema erläutern. Die Passage handelt von dem, was ich *das Studium der Welt* nennen möchte: Vater und Sohn bewegen sich auf ihren Wanderungen und Reisen ununterbrochen in einem großen Raum, den sie Detail für Detail zu *studieren* versuchen. Dabei entsteht eine die einzelnen Beobachtungen fixierende, schriftlich festgehaltene Detail-Sammlung, in der ein Detail neben dem andern steht. Jedes Detail hat dabei einen besonderen Wert, auf alle Details kommt es an, keineswegs aber darauf, sie in einem System zu ordnen, sie aufeinander zu beziehen oder sie auf irgendeine andere Weise in eine neue Ordnung zu überführen. Stattdessen geht es um eine Art *Sichtung*, um die Wahrnehmung des rohen, unbearbeiteten Materials, das betrachtet und benannt wird: Wie heißt dieser Vogel? Wie lassen sich seine Federn beschreiben, wie seine Bewegungen, wovon ernährt er sich, wie verhält er sich in den unterschiedlichsten Räumen, welche sucht er überhaupt auf? usw. – das genau sind in etwa die Fragen, die sich den Details widmen und dabei von einem Detail zum andern übergehen. Letztlich ist die Kette solcher Details unendlich, und letztlich liegt diesem *Studium* vielleicht sogar der Wille zugrunde, etwas von dieser Unendlichkeit einzufangen. Jedenfalls handelt es sich bei ihm um

---

1 Hanns-Josef Ortheil: *Die Prosa meines Vaters. Zu Ernest Hemingways Erinnerungs- und Nachlaßband »Paris – ein Fest fürs Leben«.* In: Olaf Kutzmutz/ Stephan Porombka (Hg.).: *Erst lesen. Dann schreiben. 22 Autoren und ihre Lehrmeister.* München 2007, S. 141–144

das *Studium* eines unendlich weiten Kosmos, dessen Details Stück für Stück gesichtet und dann mit Hilfe einer Notiz aufbewahrt werden. Auf diese Weise wird der die Gehenden und Wandernden umgebende Kosmos in der Sprache noch einmal geboren, er wird gleichsam sprachlich neu erschaffen und dem Erinnerungsvermögen des Notierenden anheimgegeben. Aus dem *Archiv der Notizen* kann so mit der Zeit ein *Archiv der Erinnerungen* werden.

Ich begreife ein solches Archiv der Notizen und Erinnerungen als eine Art *enzyklopädisch* angelegte Sammlung, und ich glaube, dass ein solches enzyklopädisches Notieren und Sammeln ein gut sichtbarer und nachweisbarer Reflex auf eine *Roman-Disposition* ist. Dabei geht es, wie gesagt, zunächst einmal um eine völlig ungeordnete und beliebige Sammlung des rohen Materials, um seine Zur-Kenntnisnahme, ja um eine Art *Welt-Mitschrift*. Diese Mitschrift hat noch nicht den Sinn, für einen eventuellen Roman Material zu präparieren, sie geschieht vielmehr zunächst einmal um ihrer selbst willen, so dass man überspitzt sagen könnte: Einen Romanautor erkennt man daran, dass er die ihn umgebende Welt ununterbrochen *auf ihre Details und Begriffe hin* studiert und betrachtet, jedes Detail erregt ihn, jedes hinterlässt in ihm ein ganzes Spektrum von Reflexen, deren stärkster darin besteht, eine Notiz zu machen, die zu einem späteren Zeitpunkt vielleicht Eingang in einen Roman finden könnte. Darauf jedoch kommt es nicht immer an, wichtiger ist, dass die zentrale Wahrnehmungsform eines Romanautors zunächst einmal *enzyklopädisch* angelegt ist. Die *Fülle der Welt*, die Totalität ihrer Details – genau von diesen Unendlichkeiten möchte ein Romanautor kosten, genau sie möchte er zumindest erahnen und mit Hilfe seiner Notizen oder Erinnerungen berühren.

Um Ihnen eine Vorstellung davon zu geben, wie solche Notizen aussehen können, möchte ich nun nicht weiter von mir sprechen, nicht von dem Kind also, das in ganz unbeholfener Weise kleine, schwarze Kladden anlegte, um dort all die neuen Details und Worte zu notieren, die es auf den Wanderungen und Reisen mit seinem Vater gelernt hatte. Lieber möchte ich mit Ihnen zusammen Einblick in drei Notat-Sammlungen von bekannten Schriftstellern nehmen, die uns eine Vorstellung davon vermitteln, auf welch unterschiedliche Weise solche Notate gemacht werden können.

Ich beginne mit den Notaten, die der Schweizer Schriftsteller und Fotograf Peter K. Wehrli während einer längeren Eisenbahnfahrt gemacht und später unter dem Titel *Katalog der 134 wichtigsten Beobachtungen während einer langen Eisenbahnfahrt* in seinem Buch *Katalog von allem*[1] veröffentlicht hat:

15. das Blättern
das suchend unsichere Blättern des Schalterbeamten im Bahnhof Zürich in Preislisten und Streckenverzeichnissen, weil er nur selten eine solche Fahrkarte ausstellen muß.

16. der Soldat

---

[1] Vgl. Peter K. Wehrli: *Katalog von allem. 1111 Nummern aus 31 Jahren.* München 1999, S. 13 ff.

der Soldat, der welkgrün und eigentlich wie ein guter Soldat
aussehend, sein Gewehr mit uns weiterfahren läßt, als er in
Goeschenen aussteigen muß.

17. der Zeiger
das ratlose Drehen am Uhrrädchen, um den Zeiger eine Stunde vorzustellen, weil die Uhr im Schweizer Teil des Bahnho-
fes Chiasso 10 Uhr 23 zeigt, jene im italienischen Teil aber
11 Uhr 23; ratlos deshalb, weil ich, immer wenn ich dies tue,
nie weiß, ob ich eine Stunde gewinne oder verliere – aufs
Ganze gesehen.

18. die Aufhebung
die von den Fahrgästen selbst unternommene Aufhebung
der Unterteilung in Raucher- und Nichtraucherabteil, kaum
daß der Zug Schweizer Boden verlassen hat.

19. das Kinderbuchklischee
das, weil es Kinderbuchklischee geworden ist, beileibe nicht
mehr erwartete (aber nun doch gesehene und notierte!) La-
gerfeuer im Zigeunerlager am Bahngleis von Brescia.

20. der Tempel
der kulissenrein getünchte Tempel, welcher der Bahnhof
von Lomazzo ist, wobei mich weniger der Tempelbahnhof
verblüfft, als vielmehr die Art, in der er sekundenschnell wie
auf einer Kinoleinwand im Fensterrahmen aufblinkt.

21. die Aneinanderreihung
die aus der Aneinanderreihung von Stimmbandexplosionen
bestehende Stimme des Gelativerkäufers, der einzigen als
auffallend wahrgenommenen Person im Bahnhof von Vero-

na, wobei zu sagen ist, daß es die *Stimme* ist, die diese Person
so auffallend macht.

22. der Schorf
der Schorf auf der Oberfläche der Erde nach Monfalcone,
von dem mir einer sagt, man nenne das Karst.

23. das Mädchen
das verstörte Mädchen, das sich im Bahnhof Triest über Berge eigenen Gepäcks in den Korridor des Wagens kämpft und
Mitreisende fragt: »Mosca?, Moscou? Moskau? Moskwa?«,
23a
und das anschließende verhetzte Verlassen des Wagens durch
dasselbe Mädchen.

24. die Mutter
die gestiefelte Mutter in Zöllneruniform, die mit energi-
schem Balkangesicht im Bahnhof Sežana die verlassen im
Korridor stehenden Gepäckstücke eigenhändig öffnet und,
gar nicht sorgsam, darin herumwühlt, dies offenbar, ohne
sich verpflichtet zu fühlen, die herumfliegenden Wäschestücke wieder in den Koffern zu verstauen.

So weit. Lassen Sie uns die Notate, die Peter K. Wehrli
während seiner Eisenbahnfahrt gemacht hat, nun genauer
untersuchen. Zunächst fällt auf, dass Wehrli mit seinen
Aufzeichnungen der Chronologie der Reise folgt: Ein Notat reiht sich ans andere, es gibt keine Sprünge, keine Rück-
blicke, keine Vorausdeutungen. Jedes Notat entzündet
sich vielmehr an einem vor allem räumlichen Bildsignal:
Eine Figur im Raum taucht auf, ein Raum entsteht, eine
Stimme im Raum meldet sich, im Raum verläuft eine klei-

ne Bewegung (eine Gestik). Viele Notate fixieren also ein bestimmtes *Verhalten* von Menschen in einem bestimmten *Raum*, sie beschreiben, wie Menschen sich in einem bestimmten Raum orientieren. Dadurch werden die Notate zu kleinen Handlungs-Sequenzen oder *Szenen*, die typische Verhaltensformen abbilden oder auf sie aufmerksam machen. Im Vordergrund stehen Aktionen von Figuren und die Art und Weise, wie sie sich im Raum bewegen, ja die Räume werden vor allem durch den Handlungsbedarf dieser Figuren sichtbar und erlebt. So entsteht ein *Film*, der aus lauter präzise beschriebenen *Standfotos* besteht. Das Notat-Interesse von Peter K. Wehrli erscheint so gelenkt und fokussiert: Es konzentriert sich auf typische und charakteristische *Raum-Aufnahmen* und beschäftigt sich damit, wie sehr verschiedene, wiederum präzis gezeichnete Menschen von diesen Räumen Gebrauch machen. Was Wehrli dadurch erhält, gleicht einer literarischen *sozialen Studie*, die vom immerzu aufmerksamen und hellwachen Blick eines Zugreisenden hergestellt wird; weniger, was den Reisenden innerlich bewegt oder was ihm durch den Kopf geht, steht hier im Mittelpunkt, als vielmehr ein fortlaufendes Interesse daran, was die Außenwelt dem Beobachter an Neuem und Überraschendem bietet. Dieses Neue und Überraschende präsentiert Wehrli wie kostbare *Fundstücke*, die, aneinandergereiht, eine sehr plastische und einprägsame Vorstellung von den konkreten Ereignissen um ihn herum vermitteln.

Das zweite Beispiel einer *Notate-Sammlung,* das ich mir mit Ihnen anschauen möchte, ist von Peter Handke. Handke hat seit der Mitte der siebziger Jahre immer wieder Notat-Bücher veröffentlicht, ich greife eine Passa-

ge aus dem Notat-Buch *Phantasien der Wiederholung*[1]
heraus. Dort heißt es:

> Der leere Berg im Regen, die leeren Wege: immer deutlicher,
> immer klarer, immer mehr »Antwort-genug« erscheint mir
> die Leere; so jetzt auch die Gewißheit, auf dem leeren See
> etwas zu erblicken – und wenn es nur die Leere wäre

> In dem jahrhundertealten Kanal sind im Lauf der Zeit An-
> deutungen von Mäandern entstanden. Am Abend, nach
> dem Sturmregen, trieben da die Blüten im Wasser, tief un-
> ten schwamm als Fallschirm ein Grasbüschel, und ein Kind
> schrie wie ein Fasan

> Zur Besinnung komme ich nur im Schreiben; nicht im Re-
> den

> Ich bin weniger ein Dichter (Sager) als ein Umschreiber
> (Erzähler)

> Angesichts des Flieders: ich spüre den Flieder auf dem Ge-
> sicht

> Von weitem der Vogelumriß auf dem Holzgeländer: »Par-
> zival!«

> Heute, vor den frischen Erbsen, sagte die Marktfrau: »Ha-
> ben Sie frische Erbsen auch so gern wie ich?«, und ihr Mann
> sagte: »Wenn die frischen Erbsen kommen, hört meine Frau
> sogar zu rauchen auf.«

---

1 Peter Handke: *Phantasien der Wiederholung*. Frankfurt/M. 1983, S. 28/29

Wenn ich, phantasierend, ich und die Welt bin, ist mein Kopf eine sanft geballte Faust

Der Himmel über dem Berg ist antik, und die Gesichter der Leute unten: Warum sind sie nicht danach?

Der Flaneur kann die Schönheit nicht würdigen

Die Zypresse hing voller Flieder: es war der durchschimmernde blaue Himmel (dieses Tages)

Zur still dahockenden Katze am Morgen: »Aus welchem Märchen kommst du denn heute?«

»Glänzen durch Abwesenheit«. Schöner Ausdruck

Schon auf den ersten Blick fällt hier auf, dass diese Aufzeichnungen keinem erkennbaren chronologischen Verlauf folgen, sie wirken vereinzelt, isoliert, sie verbinden sich nicht zu einem Gesamteindruck von der Außenwelt oder von den Beobachtungs-Interessen ihres Verfassers. Erkennbar ist jedoch, dass wir uns anscheinend während all dieser Notizen gleichsam im Kopf des Beobachters aufhalten. Manchmal folgen seine Beobachtungen einer Art *Schema*: Ein Reizmoment der Außenwelt wird zitiert oder sonstwie aufgegriffen und dann als weiterführender Impuls auf seinem Weg durch die Gedanken oder Empfindungen des Verfassers verfolgt. So entsteht das Kaleidoskop einer fortlaufenden Innen-Wahrnehmung von sehr unterschiedlichen Stärke- oder Schwäche-Graden: Manche Notate wirken wie Aphorismen, die etwas Dauerhaftes, Nicht-Hinterfragbares (»Starkes«) haben, andere schmiegen sich eher dem Beobachteten an und stellen es unkommentiert als angenehmen (oder unangenehmen) Reiz (»in all seiner Schwäche«) vor. Insgesamt haben diese Notate etwas von einem *Gedankengang*, der sich auf sehr unterschiedliche Terrains erstreckt, dargestellt ist hier weniger eine Kunst des Kombinierens als eine des sehr freien *Assoziierens*, die den Einzel-Beobachtungen ihre Freiheit lässt. So spielen hier auch die »Pausen« zwischen den Notaten eine große Rolle: Sie nehmen jedes Notat ins Schweigen zurück, sie deuten an, dass das Schweigen und Ausblenden einen ebensolchen Wert und eine ebensolche Bedeutung hat wie das Beobachtete, Notierte.

Die dritte und letzte Notat-Passage, die ich Ihnen vorstellen möchte, ist von Max Frisch. Er hat sie in ein Notizheft[1] eingetragen, das er im Oktober 1946 geführt hat:

Ich bin nicht sicher, ob es ein Weiter gibt. Eine Verwirrung, der ich nichts entgegenzusetzen habe, ist jederzeit möglich, und ich bin nicht einmal sicher, daß ich (ohne anständige Katastrophe) ans Ende komme. Hinter allem, was ich tue, steht eine Menge ungetilgter Angst, die sich mir zu Zeiten, wo ich mich wohlfühle, in Rausch verwandelt. Meine Arbeiten, wo immer sie fertig sind und mir als Spiegel begegnen, erweisen sich als ein Ausweichen; es sind lauter Gebilde der Angst. Ich lebe aus keinem Verlass heraus.

Ich habe keine Welt; ich leide an ihr, insofern ich sie immerfort mit mir selber vermenge, und verehre den Traum, dem

---

1 Max Frisch: *Jetzt ist Sehenszeit. Briefe, Notate, Dokumente 1943–1963.* Hrsg. und mit einem Nachwort versehen von Julian Schütt. Frankfurt/M. 1998, S. 47

diese Vermengung auch eigen ist; meine Auseinandersetzung mit der Welt, wie ich diese Vermengung nenne, ist infolgedessen immer privat, monologisch, lyrisch. Das Bedürfnis, dramatisch vorzugehen, entspringt wohl einer guten Ahnung; ein mißverstandener Alarm, denn die dramatische Form, wie sich zeigt, zwingt mich nicht zum unvermengten Leben; ich habe Begabung genug, diese Form aufzulösen, bis sie mir gemäß und somit undramatisch ist, somit menschlich-unwirksam.

Das Theatralische: als Kompensation einer anti-dramatischen Anlage.

Ich glaubte, daß mich das Drama aus der autobiographischen Egozentrik erlösen helfe; das Ergebnis ist, daß ich die ganze Zeitgeschichte in diese Egozentrik, die sich im Traumhaften legitimiert fühlt, hinabsauge.

Die Notate von Max Frisch haben eine bestimmte Tendenz, sie verweisen in die Richtung des klassischen Tagebuchs, das auf dem Selbstgespräch des Notierenden beruht. Dieses Selbstgespräch hat in diesem Fall eine alles andere dominierende Rolle, jedes Thema (wie hier das »Thema des Dramatischen« oder das »Thema Theater«) dient vor allem dazu, auf die eigenen Überlegungen und Selbsteinschätzungen hin betrachtet zu werden. So entsteht ein fortlaufender, grüblerischer Monolog, in dem der Notierende sein Denken und Handeln abwägt, beurteilt und seziert, meist mit dem Anspruch, dem darin als »verfehlt« oder »mißlungen« Erkannten eine neue Richtung zu geben. Daher wirken diese Notizen wie erratische, kleine Blöcke, in die ein Fremder nicht eindringen kann. Der Notierende ist ganz und nur »bei sich«, er ist weniger mit den Begebenheiten der Außenwelt als mit dem Psychogramm seines Selbst beschäftigt, er geht den emotionalen Schwankungen dieses Selbst nach, er stellt es bloß, er umkreist mit seinen Notaten seine »Situation«, immerzu ist er damit beschäftigt, sich den Prozess zu machen und seine »Lage« möglichst schonungslos zu betrachten.

Blicken wir zum Abschluss dieser Überlegungen noch einmal kurz auf die drei genauer betrachteten Notat-Sammlungen von Wehrli, Handke und Frisch zurück. Alle drei Sammlungen führen – in sehr unterschiedlicher Weise – jenes *enzyklopädische Interesse* vor, das ich für einen Ausdruck der *Roman-Disposition* halte. Im Falle Wehrlis ist dieses Interesse ein Interesse an Raumbildern, im Falle Handkes eines an Bewusstseinsbildern, im Falle Frischs eines an Ego-Bildern. In allen drei Fällen haben wir es mit Materialsammlungen zu tun, die noch nicht weiter für eine etwaige Umsetzung ins Erzählen präpariert oder sonstwie strukturiert sind. Jede dieser Material-sammlungen ist durch eine bestimmte *subjektive Prägung* oder einen *subjektiven Instinkt* ihres Autors geformt und fokussiert: Wehrlis Notizen haben eine dokumentarische Note, Handkes Aufzeichnungen wirken wie Vorstudien zu einem Bewusstseins- und Bilder-Roman (von denen er viele geschrieben hat), und die Eintragungen von Max Frisch enthalten bereits eine Erzähler-Figur, ein Ich, das sich mit den Brüchen seiner Existenz fragend und kritisch (vergleichbar der Art, wie es auch die männlichen Prota-gonisten in seinen Romanen tun) auseinandersetzt. Alle drei Notat-Projekte arbeiten jedoch – wenn auch in ganz unterschiedlicher Prägung – an einer großen *Folie*, der Folie einer unermüdlichen Welt-Betrachtung, die also, wie wir jetzt genauer verstehen, eine Grundlage für ein spezifisches Roman-Interesse bildet.

Auch wenn diese Folie sich nicht in Notiz-Heften oder Notat-Sammlungen niederschlägt, so ist sie doch (gleichsam im »Hinterkopf«) eine wesentliche Voraussetzung für den Willen oder den Wunsch eines Autors, einen Roman zu schreiben. Ja, man könnte noch weitergehen und behaupten: *Welt-Folien,* die einem *enzyklopädischen Interesse* entspringen, drängen geradezu dahin, in längere Erzählwerke überführt zu werden. Damit das aber gelingen kann, müssen diese *Folien* bearbeitet und verändert, oder, neutraler gesagt: sie müssen dem Erzählen *zur Verfügung gestellt werden.*

An diesem Punkt unserer Überlegungen – und damit vor dem Hintergrund alles bisher Gesagten – kann ich nun, meine Damen und Herren, einige Vorstellungen davon entwickeln, worüber ich in diesen Vorlesungen sprechen und in welchen Zonen ich mich bewegen will. Zunächst einmal kann ich festhalten: Ich möchte mich mit Ihnen weit, sehr weit zurückbewegen, bis hin zu den ersten Impulsen, die »einen Roman« initiieren. Sehr häufig werden sich solche Initiationen für den Schriftsteller überfallartig oder überraschend ereignen; anfänglich wird er vielleicht gar nicht wahrnehmen oder begreifen, dass dieser oder jener »kleine Einfall« den Beginn einer langjährigen Romanarbeit darstellt. »Der Roman«, das sagte ich schon, ist keine Erzählform, die man fest im Auge hat oder im Auge behalten kann, »der Roman« ist eher eine Phantasie, die Phantasie eines weit ausholenden und sich beinahe naturwüchsig mehrenden und verbreiternden Erzählens. Da »der Roman« aber nur eine »Phantasie« (oder auch eine Art »Traum«) ist, kann man ihn sich nicht verordnen oder befehlen, man kann sich ihm vielmehr höchstens verschreiben.

Nur sehr allmählich und meist nur auf großen Umwegen entsteht dabei aus wenigen, ersten Impulsen (oder »Einfällen«) ein Weiteres: Eine Figur, ein Raum, eine Gesellschaft, ein zeitlicher Hintergrund, die Stimme eines Erzählers ... All diese Momente des Erzählens aber sollen zum einen in einen Zusammenhang gebracht werden und sich zum anderen auf jene *Welt-Folien* beziehen, durch die sich ein Roman-Schriftsteller die Welt in einem unendlich langwierigen Prozeß der Beobachtung (und vielleicht auch des Notierens) angeeignet hat. Zum einen haben wir es also mit *Phantasien* (über den Bau des Romans, seinen Verlauf, sein Inventar etc.) zu tun, zum anderen mit noch rohen und ungegliederten *Enzyklopädien*, die durch die *Phantasien* bearbeitet werden. Das alles aber macht »den Roman« zu einer experimentellen, und das heißt hier, in meinem Sinn, zu einer Gattung, die mit jedem neu entstehenden Werk auch wieder neu erforscht und entdeckt wird.

Die *Phantasien* spielen dabei gleichsam die Rolle von experimentellen *Zuträgern* oder von *Versuchsanordnungen*, die im Verlauf der Romanarbeit immer wieder verändert und neu »programmiert« werden. Im eigentlichen Sinn gibt es für all diese Arbeit keine »Mitte«, die Mitte ist höchstens jenes Existentielle und Brennende, das einen

Romanschriftsteller umtreibt. Dieses »Existentielle und Brennende« will er mit Hilfe des Romans erforschen, er sucht nach Umschreibungen und Klärungen für das, was ihn im Innern so dunkel beschäftigt, und für das es, wie er ahnt, keine eindeutigen Antworten oder Beschreibungen gibt. Zu Beginn seiner Romanarbeit äußert es sich denn auch weniger in einem Verlangen nach solchen Antworten, denn als »ein Verlangen nach Klärung, nach Deutlichkeit und nach einer gewissen sinnlichen Präsenz, nach einem Zutagetreten des Dunklen«.

Begonnen habe ich diese erste Vorlesung mit einem Hinweis auf eine zunächst sehr nüchtern erscheinende Definition des »Romans«, die mir – schon wegen ihrer Einfachheit – immer sehr eingeleuchtet hat. Ich habe eine Passage aus Edgar Morgan Forsters *Ansichten des Romans* zitiert, in denen es heißt, der Roman sei eine Prosaerzählung von einer gewissen Länge. Lassen Sie mich diese anfängliche Definition zum Schluss dieser Vorlesung nun ein wenig erweitern und dabei auf eine andere Definition zurückgreifen, die, wie Sie nach dem bisher Gesagten sofort verstehen werden, die Definition Forsters auf geradezu ideale Weise ergänzt. In einer seiner klugen Reflexionen zur »Kunst des Romans« hat Milan Kundera eine Umschreibung des Romans formuliert, die vieles von dem zusammenfasst, womit wir uns bisher beschäftigt haben. Auch Kundera betrachtet den Roman zunächst als »große Prosaform«, er betrachtet sie aber auch als ein ungewisses und komplexes »Experiment«, in dessen Mitte gleichsam die existentiellen Themen und Fragen (noch undeutlich) brennen. Daher heißt es: »Roman. Die große Prosaform, bei der der Autor mittels experimenteller Egos (Figuren) einigen großen Themen der Existenz auf den Grund geht.«[1]

Eine solche Umschreibung mag uns die Richtung für die weiteren Vorlesungen vorgeben. In ihnen möchte ich genauer erforschen, wie die experimentellen Wege von den *Enzyklopädien* über die experimentellen *Phantasien* hin zum eigentlichen *Schreiben eines Romans* verlaufen können. Wir werden uns also hier mit den *Vorstufen* dieses Schreibens beschäftigen, nicht mit dem Schreiben selbst, wir werden nicht all die Fragen beantworten, denen viele Romanschriftsteller in ihren Roman-Poetiken oder Roman-Theorien[2] nachgegangen und die meist Fragen nach der Schreib-Arbeit (mit all ihren Nuancen und »Bedeutungen«) sind. Stattdessen werden wir die Wege des *Experimentellen* erforschen, die Wege der Annäherung an das, was die Roman-Phantasie profiliert, schärft und schließlich in ihrer unverwechselbaren Gestalt herausbildet. Diese Wege werden in Dunkelzonen verlaufen, in den Werkstätten also, so dass wir uns dem bisher meist Übersehenen zuwenden werden: ersten Eintragungen, Skizzen, Entwürfen, Bauplänen. Auf diesem Terrain werden wir einiges Neuland betreten und einige verblüffende Entdeckungen machen.

Und nun? War's das für heute? Nicht ganz. Zu Beginn dieser ersten Vorlesung habe ich Edgar Morgan Forsters

---

1 Milan Kundera: *Die Kunst des Romans.* Aus dem Französischen von Brigitte Weigmann. Frankfurt/M. 1989, S. 152

2 Vgl. dazu etwa: Viktor Žmegač : *Der europäische Roman. Geschichte seiner Poetik.* Tübingen 1990; Bruno Hillebrand: *Theorie des Romans.* Überarbeitete und erweiterte Ausgabe. München 1980

Ansichten des Romans natürlich auch deshalb ins Feld geführt, weil ich mich bei meinem Vorgehen in einer bestimmten Weise an Forsters Vorlesungen anlehne. Auch ich spreche hier zum einen als Roman-Schriftsteller, der vor allem aufgrund der vielen Erfahrungen spricht, die er mit dem Roman-Schreiben gemacht hat; zum anderen aber spreche auch ich als ein Beobachter anderer Romanschriftsteller und ihrer weiten experimentellen Wege »hin zum Roman«. Ich spreche also in indirektem Sinn »poetologisch« und gleichzeitig doch auch »analytisch«, indem ich nämlich Passagen aus Texten anderer Romanschriftsteller präsentiere und vorstelle.

Meine eigene Perspektive und all die Perspektiven, die sich aus den Analysen ergeben, sollen einander gleichsam befruchten und, wenn es denn gelingt, auch ergänzen. Dennoch: Im Innern auch dieses Textes der Vorlesungen brennt eine Frage, nämlich die Frage danach, was mir in den letzten Jahrzehnten in der Arbeit an vielen Romanen eigentlich »begegnet« ist, ja, was sich da eigentlich »ereignet« hat. Ich will Licht in das Dunkel bringen, das auch für mich ein solches Arbeiten bedeutet, ich will zurück zu den Ursprüngen meiner *Phantasien,* um ihre Entwicklung zumindest ein wenig genauer zu verstehen und zu begreifen.

Um das zu erreichen, muss ich mich immer wieder meiner eigenen Werkstatt zuwenden, ich muss diese alten Quellen noch einmal in die Hand nehmen und sie befragen, ich muss ihnen die Unschuld nehmen und sie als »Projekt« zu lesen versuchen. Erlauben Sie deshalb, dass ich Ihnen ganz am Ende dieser ersten Vorlesung kurz vorstelle, womit wir es im Folgenden bei dieser Werkstatt zu tun haben, erlauben Sie mir einen kurzen Blick darauf, worauf ich selbst mich beziehen und stützen kann.

Den gesamten »Fond« meiner Werkstatt bilden die seit den Kinder- und Jugendtagen kontinuierlich geführten »Notizbücher«, in die ich vor allem kurze Beobachtungen und Wahrnehmungen meiner Umgebung eintrage. Diese »Notizbücher« folgen jenem *enzyklopädischen Interesse*, von dem ich bereits gesprochen habe; es handelt sich um »rohe«, unbearbeitete Aufzeichnungen, die in kruder, fragmentarischer Folge alles notieren, was in mir einen bestimmten, stärkeren Wahrnehmungsimpuls ausgelöst hat. Neben diesen »Notizbüchern« fülle ich Tag für Tag eine einzige Seite eines Kalenders mit Aufzeichnungen darüber, wie ich einen Tag verbracht habe und was für mich im Verlaufe dieses Tages wichtig war (ich nenne diese Aufzeichnungsform eine »Chronik«). Mit ihrer Hilfe kann ich bestimmte Arbeits- oder Themen-Abläufe chronologisch verfolgen oder erinnern, ich kann »Perioden« bestimmter Sympathien oder Antipathien überblicken, oder ich kann danach fragen, wie sich für mich selbst im Verlauf von Tagen und Wochen das fortlaufende Projekt einer bestimmten »Lebenskunst« (auf die ich hier leider nicht weiter eingehen kann) darstellt. Neben der »Chronik« gibt es aber auch noch das »Tage-Buch«, das – in ganz anderem Sinn als das klassische »Tagebuch« – keine Aufzeichnungen über Befindlichkeiten, sondern meistens kurze Eintragungen zu Themen, Projekten und dokumentarischem Material (Zeitungsausschnitten, Fotografien etc.) enthält. In ihrer Gesamtheit bilden diese drei Aufzeichnungsformen (Notiz, Chronik, Tage-Buch) gleichsam das weit in Zeit und Raum ausgeworfene Netz, in dem all jene Beobachtungen und Wahrnehmungen hängen bleiben, die dann den weiteren »Stoff« meiner Arbeit bilden.

Aus diesem umfangreichen Stoff-Ensemble entstehen mit der Zeit, und oft ohne dass mir das bewusst ist, »Themenfelder« oder »Thementerrains«, für die ich, wenn sie sich denn als beständig erweisen, sogenannte »Skizzenbücher« anlege. »Skizzenbücher« sind Materialsammlungen für ein anfänglich nur erahntes Projekt, in ihnen stehen Notizen aus den »Notizbüchern« neben Material aus den »Tagebüchern«, ergänzt um weiteres, nun aber gezielt gesuchtes Material. All diese Schreibvorgänge ereignen sich handschriftlich, ich brauche den grafischen Reiz der handschriftlichen Aufzeichnung, um die Aufzeichnung noch auf mich zu beziehen. Technische Schreibgeräte (wie früher die Schreibmaschine und jetzt den Computer) setze ich erst in späteren Stadien der Arbeit (und meist in allen möglichen Formen der »Abschrift«) ein.

Mit diesem Werkstatt-Bau also habe ich es zu tun, in seinen Verflechtungen und Verästelungen werde ich nach *Spuren* der Roman-Experimente suchen. In diesem Sinn begeben sich die Vorlesungen in das Dickicht alter Handschriften und damit zu den Hervorbringungen einer »Schreiblust«. Lassen Sie mich daher mit einer Passage schließen, die von dieser »Schreiblust« (und den ihr zugrunde liegenden »Gefährdungen«) handelt und zugleich das Bild eines unentwegt Schreibenden und Notierenden zeichnet, die *Figur des Schreibers*, die ich hier gleichsam wie eine Ikone meiner Arbeit betrachte:

Der Akt des Schreibens *umgibt sich*: er bereitet sich vor, legt seinen Schmuck an (wahrscheinlich sein Geisteszustand), und diese Vorbereitung wird leicht mit einer Symbolik getränkt, die bis zur Neurose gehen kann – oder bis zur Mystik. Die chinesischen Kalligraphen praktizieren eine quasi religiöse Askese: ein buddhistischer Mönch zog sich zum Schreiben dreißig Tage lang in eine Berghütte auf dem Gipfel zurück ... Wenn man eine gute Anzahl von heutigen Schriftstellern befragte (aber diese wichtige Untersuchung ist nie angestellt worden), würde man zweifellos gewahr, dass sie sich nicht ans Schreiben machen können ohne ein ganzes Knäuel von Gewohnheiten und Instrumenten: die Vorliebe für bestimmte Stundenpläne, bestimmte Orte, das Lieblingspapier, das alles, manchmal bis zur Obsession entwickelt, enthält einen unentwirrbaren Komplex von Motivationen: Angst vor der weißen Seite, Entsetzen vor der möglichen Sterilität (verzögert durch endlose vorbereitende Entwürfe), Sakralisierung der Schrift als Wahrheit (oder als anspruchsvolle Gottheit), Faszination des Genusses, der der manuellen Ausübung des Graphismus zugeschrieben wird.[1]

Roland Barthes spricht in dieser Passage seiner Überlegungen zu den Themen »Schreiben« und »Schrift« von jenem Motiv, das in meinen Augen allen Schreibanstrengungen im Blick auf den Roman zugrunde liegt und sie erst hervorbringt: Der *Schreiblust*. Diese Schreiblust ist etwas Elementares, sie ist eine Lust am Schreibvorgang selbst, am Ansetzen des Stifts, an der graphischen Ornamentik und an jenem Teppich von Zeichen, der schließ-

---

1 Roland Barthes: *Variations sur l'écriture. Variationen über die Schrift.* Französisch-Deutsch. Übersetzt von Hans-Horst Henschen. Mit einem Nachwort von Hanns-Josef Ortheil, Mainz 2006, S. 179/181

lich das einzelne Blatt bis in den letzten Winkel bedeckt. Gleichzeitig organisiert sich diese »Schreiblust« aber auch in einem bestimmten Raum der Geborgenheit, der etwas Geschlossenes, etwas von einer Höhle oder Klause, hat. In dieser Klause wuchert die »Roman-Schrift« von Tag zu Tag, ununterbrochen, ja in dieser Klause hat ein Roman-autor gleichsam sein eigentliches Zuhause.

Lassen Sie uns in der nächsten Vorlesung Einblicke in solche Höhlen und Klausen werfen. Was mich selbst und meine Romanarbeiten betrifft, so möchte ich anhand von vielen Details über die Entstehung von drei historischen Romanen sprechen, die ich in den späten neunziger Jahren geschrieben habe und die man als eine Roman-Trilogie verstehen könnte. Es handelt sich dabei um die Romane *Faustinas Küsse* (1998), *Im Licht der Lagune* (1999) und *Die Nacht des Don Juan* (2000). Von heute aus kann man sie als Trilogie verstehen, geplant waren sie aber keineswegs als eine solche, eher könnte man sagen, dass bestimmte Stoffe und Themen mit der Zeit so zusammen-gewachsen sind und sich derart berührt haben, daß diese drei Romanprojekte als Trilogie erkennbar wurden. Eine solche Vermutung mag Ihnen zum jetzigen Zeitpunkt noch reichlich dunkel erscheinen, doch, keine Sorge, ich werde mich bemühen, Licht in all diese Verknüpfungen und Überschneidungen zu bringen. In diesem Sinne freue ich mich auf die nächste Vorlesung und danke Ihnen heute für Ihre Geduld.

ZWEITE VORLESUNG

Figuren, Räume, Texte

Meine Damen und Herren!

Im Jahr 1972 hielt sich der Schriftsteller Rolf Dieter Brinkmann längere Zeit in Rom auf. Brinkmann hatte ein mehr-
monatiges Stipendium für einen Aufenthalt in der »Villa
Massimo«, jener mythenumwobenen, legendären deutschen Künstler-Akademie, erhalten, in der jährlich eine
Gruppe von etwa zehn Künstlern, Schriftstellern, Musi-
kern und Architekten bis zu zwölf Monate verbringt, um
dort an neuen Projekten zu arbeiten. Brinkmann, der zuvor vor allem Lyrik, aber auch bereits Erzählungen und
einen Roman veröffentlicht hatte, war ohne ein konkretes
Schreibprojekt nach Rom gekommen, dachte aber sehr vage
und vorläufig an »einen Roman«, für den er in Rom recherchieren wollte. Eine erste Idee für einen solchen Roman gab
es noch nicht, deshalb machte sich Brinkmann in Rom auf
den Weg, auf der Suche nach Material, einem Stoff, einem
Thema. Die Aufzeichnungen, die er damals machte, waren nicht für eine Publikation bestimmt, sie wurden erst
nach seinem Tod veröffentlicht. Zu Beginn dieser zweiten
Vorlesung zum Thema *Wie Romane entstehen* möchte ich
aus diesen Aufzeichnungen eine Passage zitieren:

da war zuerst ein Brunnen mit einem Mürrischen, und Fische, die Wasser kotzten, ringsum Bars. Im Dunkeln Maro-
ni-Verkäufer, Künstler-Nippes. Menschen versauen jeden
Ort. Das ist eben Demokratie. Das verstehst Du nicht. Nein,

44

das versteh ich nicht. – Donnerstag sind alle Läden nachmittags zu. Es war Donnerstag. – Muschelige Monstren, breit ausgefächert, Bernini, wieder mal, geronnen in römischem Nachtschwarz mit Lichtflecken, die Luft lau, weißgefleckt, die Weite des rechteckigen Platzes angenehm. – Da sind diese heftigen Wechsel: vergammelte elende Straßen, düstere Seitengassen, und dann so ein Platz, der Gegensatz kann nicht krasser sein, und auf dem Platz drängen sich hängend die Bewohner der Seitenstraße. – »Jubelruf in Stein?«: ach, Quatsch! – »Ewiges Rom?«: na, die Stadt jetzt ist das beste Beispiel dafür, daß die Ewigkeit auch verrottet ist und nicht ewig dauert – Rom ist, das habe ich schnell begriffen, eine Toten-Stadt: vollgestopft mit Särgen und Zerfall und Gräbern – wie kann man da von Ewigkeit faseln? – Und zwischen den Gräbern, auf den Gräbern, durch die zerfallenen Körper, die verbrannten Körper, die eingesperrten Körper, vermoderten Leben schaukelt sich die Gegenwart hindurch – was sind das für Perspektiven? Man müßte ja Nekrophiler sein, um das sein Leben lang aushalten zu können – he?: was? »also, hier soll man das Eis erfunden haben, ich hol mir mal was.« – Der deutsche Lyriker schlufft ab – Piazza Navona: navona kommt von agonis – agonie – im Beisein von Päpsten wurde bis ins 19. Jahrhundert der Platz überflutet und See-Schlachten abgehalten und nachinszeniert: Schlachten, ja, Messer in die Kehle – Schlachtfest – und jetzt steh ich da, neben mir die ungarische Nuß des Musikers – und ich sage nichts – und da rappelt so ein Plastikvogel-Spielzeug durch die Luft von einem Stand mit Plastik-Vögeln – direkt gespenstisch – Gegenwart? Ist dieser rappelnde Plastik-Vogel und der Nippes-Mist von Künstler-Hippies, die am Rand des Platzes sich breit gemacht haben, auch ein Agitations-Wagen mit den üblichen Plaka-Farben-Texten – und ich – ein Obelisk – vier

Weltflüsse: Donau, Ganges, Nil und Rio de la Plata als Allegorie rauschen – schon diese Zusammenstellung macht grinsen – Am Rio de la Plata, von Karl May – am Ganges verseuchen sie das Wasser mit Toten und Kranken die darin baden – die Donau ist blau bei Johann Strauß – der Nil versandet, und Wasserbüffel drehen Wasser raus – Faruk in den 50ern mit fettem weißem Bauch als deutscher Illustrierten-Heroe – am Nil, am Nil, da gibts zu viel – Scheiß – und vor so 'ner vergammelten Kirche da soll 'ne Märtyrerin nackt ausgestellt gewesen sein, doch »wunderbarerweise«, wie der Guide Bleu schreibt, »von ihrem Haar völlig verdeckt«: klar, unten hat man doch auch Haar, oder? – »wie durch einen Mantel!«: Mensch, muß die eine muschelige, haarige Möse gehabt haben! – na, die Masse hat davon Besitz ergriffen und der Guide Bleu – ich stand da – schreckhafter Reflex – »der bezauberndste Platz Roms« – ah, naja – weit, das ist gut, da sind die Menschen nicht so stinkend dickfällig zu spüren – ich bin ja eigentlich gar nicht da – wie kann man dasein vor soviel Kolossalität! Doch, doch, ich bin gegenüber solcher Kolossalität immer da, aber der Platz ist schön weitflächig und groß – Rückkopplung an Dix-Ausstellung, Vorstellung von 70 Tausend Nutten, Volumen einer mittelgroßen deutschen Provinzstadt, aus dem London 1802, alles hier? Was für ein Leben? Wäre das – Weltstadt – statt dessen ein immer wieder hochgelassener Plastik-Vogel – und da ist ein Stand, an dem billige, einfache Plastikrohrenden verkauft werden, die durch die Luft geschleudert, ganz klar einen heulenden, sausenden Ton von sich geben – diesen heulenden Ton möchte der Typ mit dem Plastikrohr verkaufen – der Lyriker kam zurück und schmatzte sein Eis, das gut aussah. Eis Tartuffo schokoladenschwarz 350 Lire im Stehen essen mit bitteren Schokoladenstückchen das Halbrund Eis eingepackt im Sit-

zen kostet sofort das Doppelte Gedanken an Maleen die
gern Eis ißt und besonders exotisches die Portion ist zu groß
die Bar heißt Tre Scaline der Lyriker stellt Vermutung an,
es möchte 3 Stockwerke heißen ich spüre die körperliche
Schwerfälligkeit durch das fette starke Eis die Zeit ist 20 vor
9 der Kunststoff-Schwengel saust Berninis Brunnen rauscht
der Obelisk ragt hoch der Kunststoff-Vogel klickert noch
das ist die Piazza Navona gewesen an einem Donnerstag-
abend ...[1]

Soweit Rolf Dieter Brinkmann, aus dessen Rom-Auf-
zeichnungen ich Ihnen hier vorgelesen habe, weil sie ein
besonders eindrucksvolles Beispiel für das sind, was ich in
meiner vorigen Vorlesung das *enzyklopädische Interesse*
eines Romanautors genannt habe. Das *enzyklopädische
Interesse*, hatte ich gesagt, ist so etwas wie die Grundlage
aller Roman-Arbeit, es ist ein ungeordnetes, sich auf alle
nur erdenklichen Lebensdetails erstreckendes Interesse,
das weder von zentralen Motiven noch von einer bereits
anklingenden Themensuche gelenkt wird. Es hortet vielmehr in unendlicher, bunter Fülle das Roh-Material, das
so zu einer immer dichter sich ausbreitenden *Welt-Folie*
zusammenwächst. Diese Folie ist gleichsam der Fond des
Romans, aus ihm wird geschöpft, er ist das versteckte
Hintergrundwissen, das jederzeit abrufbar sein muss, damit der Roman am Leben bleibt.

Der Wunsch, einen Roman zu schreiben, das immer in-
tensiver werdende Schreiben-Wollen – es ist oft zunächst

---

1 Rolf Dieter Brinkmann: *Rom, Blicke*. Reinbek bei Hamburg 1979, S. 69/70.
© 1979 by Rowohlt Taschenbuch Verlag GmbH, Reinbek bei Hamburg.

der Wunsch, eine neue Welt zu schaffen, bei deren Herstellung sich ein Romanautor des großen *Archivs* bedient, das er in seinen Notizen (oder im Speicher seines Gehirns) gesammelt hat. Möglichst viele Elemente dieses Archivs sollen zur Sprache kommen, möglichst viele sollen aus ihrer mumienhaften Erstarrung erlöst und ins Leben zurückgerufen werden – ein Roman ist die Erschaffung nicht eines Augenblicks oder einer Szene, er ist die Erschaffung eines poetischen Universums.

In den Aufzeichnungen von Rolf Dieter Brinkmann können wir nun sehr gut verfolgen, wie stark sich der Roman-Wunsch bereits regt. Brinkmann nämlich sammelt unaufhörlich Details, von der Architektur und den Atmosphären eines römischen Platzes über das Verhalten der Menschen auf ihm bis hin zum Preis eines Speiseeises und der genauen Beschreibung seiner Farbe und seines Geschmacks. Als Ganzes wirken diese Aufzeichnungen wie ein gehetzter Monolog eines leidenschaftlich Suchenden, der unter nichts mehr leidet als darunter, sein Thema noch nicht gefunden zu haben. Wo ist das Thema? Wo ist der Ansatz, mit dessen Hilfe ich diese Rom-Bilder in all ihrer Pracht und Dekadenz aushebeln könnte? – das sind die geheimen, bohrenden Fragen, die diesen Aufzeichnungen eine große Unruhe verleihen. Immer wieder kommt Brinkmann in ihnen auf sich selbst zurück, und immer wieder lautet die entscheidende Frage: Und ich?! Dieses Ich steht herum, schweigt, wendet sich ab ... – und das meint: es hat sich noch nicht mit all diesen Eindrücken gefüllt, es bleibt leer, ja, es entzieht sich diesen Eindrücken und notiert sie nur mit äußerstem Widerwillen. Von außen rufen andere Rom-Besucher (oder touristische Instanzen wie der »Guide Bleu«) ihm Stichworte zu, aber Brinkmanns Ich schmettert sie alle trotzig zurück, um sich dann wieder in seiner Isolation zu verbergen.

Die *Welt-Folie* wächst und wuchert, so könnte man sagen, aber es gibt in all ihrer aufdringlichen Fülle nichts Anziehendes, kein wirkliches *Faszinosum*, von dem aus sich ein Zugang zu dieser im jetzigen Zustand nur enervierenden Welt finden ließe. Brinkmann antwortet zwar, er setzt sich mit seinen Eindrücken auseinander und flüchtet sich dabei zu Meinungen und großen Sätzen wie dem, dass Rom eine Toten-Stadt sei, aber das alles bleibt nur Rhetorik, denn es ermöglicht ihm nicht, einen Zugang (und wäre dieser Zugang auch durch Hass inspiriert) zu all diesen Einzelheiten zu finden. Deshalb bleiben diese Einzelheiten kalt, und Brinkmann bestätigt ihre Kälte, indem er immer wieder den Gedankenstrich einsetzt. Der Gedankenstrich durchschneidet die *Welt-Folie*, noch gibt es keinerlei Anzeichen, dass sie irgendwo ins Brennen geraten könnte.

Wie aber und wodurch könnte denn etwas ins Brennen geraten? Die Frage, die wir jetzt beantworten müssen, ist die Frage nach dem ersten *Faszinosum*, das die *Welt-Folie* an irgendeinem kleinen und zunächst vielleicht unterschätzten Punkt in Brand setzt, es ist die Frage nach dem *ersten Einfall* oder nach der *ersten Idee*, die von einer so ungeheuren Überzeugungskraft sein müssen, dass ein Romanautor sie als solche (und das heißt: als *Keimzelle* eines Romans) erkennt und beinahe gleichzeitig den (brennenden) Wunsch verspürt, diesen Roman auch zu schreiben. *Einfall* oder *Idee* – das sind die anfänglich meist noch

versteckten (und dem Autor vielleicht gar nicht bewuss-
ten) *Erreger* eines Romans, ohne sie bricht das *Romanhafte*, die starke und meist Jahre beanspruchende Erzähl-
Energie eines Romans, sich keine Bahn, ohne sie wachsen
keine *Phantasien*, die das kalte und erstarrte Universum
der *Welt-Folien* beleben könnten.

Widmen wir uns also nun der Entstehung eines solchen
Einfalls oder einer solchen *Idee* und fragen wir dann weiter danach, woraus solche Einfälle oder Ideen eigentlich
bestehen. Mein erstes Beispiel für die Schilderung eines
solchen Funkens ist berühmt, viele von Ihnen werden es
wahrscheinlich bereits kennen, denn bei dem Roman-
Projekt, in dessen Entstehung wir uns nun vertiefen wollen, handelt es sich um Theodor Fontanes Roman »Effi
Briest«, dem bekanntlich eine Geschichte zugrunde liegt,
die sich in ähnlicher Form damals, in den neunziger Jahren des 19. Jahrhunderts, ereignet hatte und Fontane während eines Abendessens zugetragen wurde. Fontane berichtet darüber in einem Brief an seinen Roman-Kollegen
Friedrich Spielhagen vom 21. Februar 1896:

> Mir wurde die Geschichte vor etwa sieben Jahren durch
> meine Freundin und Gönnerin Lessing (Vossische Zeitung)
> bei Tisch erzählt. »Wo ist denn jetzt Baron A.?« fragte ich
> ganz von ungefähr. »Wissen Sie nicht?« Und nun hörte ich,
> was ich in meinem Roman erzähle.

In dieser Knappheit hilft uns Fontanes Auskunft darüber,
wie er zum ersten Mal mit dem Stoff zu seinem Roman
»Effi Briest« konfrontiert wurde, noch nicht besonders
viel weiter. Aber immerhin, wir sehen Fontane in einer

abendlichen Tischgesellschaft, es wird über dieses und jenes geplaudert, Fontane stellt, um die Konversation in Gang zu halten, eine x-beliebige Frage, und diese Frage wird mit einer langen Geschichte beantwortet, die ihn dann plötzlich beschäftigt und interessiert. Fontane selbst scheint gespürt zu haben, dass seine kurze Zusammenfassung des Inspirations-Moments nicht besonders aussagekräftig war, denn nachdem er seinen Brief an Spielhagen schon ins Couvert gesteckt hatte, nahm er ihn noch einmal heraus und setzte hinzu:

> Der Brief war schon im Couvert, aber ich nehme ihn noch mal heraus, um noch folgendes hinzuzufügen, was keinen andern Menschen interessieren kann, aber einen Romancierkonfrater, meiner Meinung nach, interessieren muß. Die ganze Geschichte ist eine Ehebruchsgeschichte wie hundert andre mehr und hätte, als Frau L. davon erzählte, weiter keinen großen Eindruck auf mich gemacht, wenn nicht (vgl. das kurze 2. Kapitel) die Szene bez. die Worte »Effi komm« darin vorgekommen wären. Das Auftauchen der Mädchen an den mit Wein überwachsenen Fenstern, die Rotköpfe, der Zuruf und dann das Niederducken und Verschwinden machten *solchen* Eindruck auf mich, daß aus *dieser* Szene die ganze lange Geschichte entstanden ist.[1]

Vergleichen wir diese Auskunft kurz mit dem von Fontane erwähnten, zweiten Kapitel des Romans, in das er die von seiner Gönnerin erzählte Szene integriert hat, und erinnern wir uns, dass zu Beginn dieses Kapitels die noch

---

1 Theodor Fontane: *Werke, Schriften und Briefe*. Abteilung I/Vierter Band, hrsg. von Walter Keitel und Helmuth Nürnberger. München 1974, S. 711

junge Effi Briest mit ihren Freundinnen im Garten des elterlichen Anwesens spielt. Während dieses Spiel immer ausgelassener und wilder verläuft, hat sich im elterlichen Herrenhaus der um sie werbende Baron Instetten eingefunden, die Mutter ruft Effi deshalb wenig später ins Haus und teilt ihr unter vier Augen mit, dass Instetten um ihre Hand angehalten hat. Effi schweigt noch und weiß darauf keine Antwort, als Instetten (»schlank, brünett und von militärischer Haltung«) auf der Gartensalonschwelle erscheint. Darauf heißt es, nun im Roman:

> Effi, als sie seiner ansichtig wurde, kam in ein nervöses Zittern; aber nicht auf lange, denn im selben Augenblicke fast, wo sich Instetten unter freundlicher Verneigung ihr näherte, wurden an dem mittleren der weit offenstehenden und von wildem Wein halb überwachsenen Fenster die rotblonden Köpfe der Zwillinge sichtbar, und Hertha, die Ausgelassenste, rief in den Saal herein: »Effi, komm.« Dann duckte sie sich, und beide Schwestern sprangen von der Banklehne, darauf sie gestanden, wieder in den Garten hinab, und man hörte nur noch ihr leises Kichern und Lachen.[1]

Wenn wir die Schilderung der Szene in Fontanes Brief an Friedrich Spielhagen mit ihrer Darstellung im Roman vergleichen, so sind kaum Unterschiede feststellbar. Das aber beweist, als wie einzigartig Fontane sie empfunden hat und welch nachhaltige, starke und fortwährende Wirkung sie auf ihn ausübte. Der kurze, scheinbar unbedeutende Moment des Erscheinens der Mädchen am Fenster war ihm, nachdem seine Tischnachbarin von ihm erzählt

---

[1] Theodor Fontane: *Werke, Schriften und Briefe,* a.a.O., S. 18

hatte, plötzlich sehr nahe, ja, es scheint beinahe so gewesen zu sein, als hätten die beiden Freundinnen nicht nur der jungen Effi, sondern gleich auch dem alten Fontane ihr »Effi komm« zugerufen: Komm, folge uns hinein in diese Erzählung, nimm Anteil an ihr, bewege dich unter uns! Genau diesen starken, unwiderstehlichen Reiz übt die Szene auf Fontane aus, sie lädt ihn nicht nur ein, sich in den erzählten Stoff zu vertiefen, nein, sie zwingt ihn so packend und heftig, sich nun auch weiter mit dem Stoff vertraut zu machen, dass er sie noch viele Jahre später in immer derselben Version, als habe sie ihm jemand diktiert, erinnert.

Was Fontane während der abendlichen Tischgesellschaft erlebte, nenne ich den Durchbruch eines *Faszinosums*: Plötzlich ist eine erste Szene da, die Fontane sofort als Szene eines Romans versteht. Schauen wir aber noch genauer hin, schauen wir, was mit dieser Szene alles verbunden ist: Effi steht in dem fraglichen Moment der Geschichte gleichsam zwischen zwei Welten, zwischen der der Erwachsenen (die auf Verlobung drängt) und der ihrer Freundinnen (die sich Effi weiter als kindliche Spielgefährtin wünschen). Der Augenblick, in dem beide Welten aufeinandertreffen, ist ein in doppelter Hinsicht erotischer, es ist der Moment einer Begegnung mit dem erotischen Ernst und gleichzeitig noch der Moment einer ungebrochenen, naiven, spielerischen Kindheits-Erotik. »Effi komm!« ist genau jener Ausruf, der den Schwebezustand benennt, er hat etwas Lockendes, er will dazu verführen, die kindliche Spielgemeinschaft fortzusetzen, und er lässt sich gleichzeitig doch auch auf das Werben Instettens beziehen.

»Effi komm!« – dieser scheinbar unschuldige Ruf ist also von den Erzählwelten des Romans hochgradig aufgeladen, er wirkt – gerade auch durch seine Kürze – wie ein Blitz, der eine zentrale Gestalt (Effi) und ihr Lebensthema (das Schwanken zwischen zwei Welten) in ein helles und anziehendes Licht rückt. Plötzlich tritt eine einzelne *Figur* (in einer »Ehebruchsgeschichte wie hundert andre«) nach vorn und zieht alle Aufmerksamkeit auf sich.

Der Romanautor Fontane erscheint wie hypnotisiert, denn plötzlich entsteht aus dieser winzigen Szene eine ganze Kette von *Phantasien*: Eine (liebenswerte) *Figur* mit einem Lebensthema wird sichtbar, ein *Raum* (der des Herrenhauses und all der anderen Milieus, die Effis Leben begleiten) tut sich auf, weitere *Figuren* erscheinen im Hintergrund, eine ganze *Welt* beginnt zu entstehen und langsam zu wachsen, die *Erotisierung* einer sonst faden und beliebigen Geschichte hat begonnen und zieht den Romanautor Fontane von nun an in ihren Bann.

Eine solche *Erotisierung* ereignet sich über lauter Konkreta (das Auftauchen der Mädchen, der wilde Wein am Fenster, die roten Haare der Mädchen, ihr Niederducken und Verschwinden ...), die plötzlich zu einer imaginativen Szene (oder einem imaginativen Bild) zusammenschießen. In diesem Bild ist alles von Bedeutung, alles »lebt«, jedes Detail vermittelt eine bestimmte Erregung, es gibt nichts Flaches oder gar Kaltes mehr, und genau das alles beweist uns, dass wir es mit einem *Faszinosum* zu tun haben.

Ein solches *Faszinosum* entsteht, soviel können wir bisher festhalten, wenn sich in der *Welt-Folie* mehrere konkrete

Details zu einer Szene oder einem Bild verdichten, die von nun an eine hohe Suggestion ausüben. Im Grunde haben wir es mit einer Art Arrangement von Details zu tun, dieses Arrangement übt eine anziehende, erotische Wirkung aus, ja, der ganze hier stattfindende Prozess hat etwas von einer Verführung, die sich von Phase zu Phase steigert: Wir erkennen Fontane am Abendtisch, anfänglich hört er den Gesprächen um sich herum noch unbeteiligt zu, dann aber wird er aus dem Schlummer der Konversation gerissen. Was er nun erlebt, schilderte man in frommeren Zeiten als eine »Erscheinung«: Komm, folge mir, verlass die fade und kalte Welt des Beliebigen und bewege dich mit mir in einer anderen, mit unendlich vielen Bedeutungen aufgeladenen Welt!

Von dieser stark suggestiven *Einladung*, die ein bestimmtes späteres Roman-Partikel an die Autorin oder den Autor eines Romans aussendet, spricht in erstaunlich ähnlicher Weise wie Theodor Fontane einige Jahrzehnte später auch Virginia Woolf. In einem Vortrag über Roman-Charaktere, den sie 1924 im Häretikerklub in Cambridge gehalten hat, heißt es gleich zu Beginn:

Es scheint mir möglich und vielleicht wünschenswert, dass ich die einzige Person in diesem Saal bin, die so töricht gewesen ist, einen Roman zu schreiben, oder es versucht und nicht zuwege gebracht hat. Und als ich mich, von Ihnen aufgefordert, über den modernen Roman zu sprechen, fragte, welcher Dämon mir jene Torheit ins Ohr geflüstert und mich dem Verhängnis zugetrieben habe, da tauchte ein kleines Wesen vor mir auf – in Gestalt eines Mannes oder einer Frau, und es sagte: »Mein Name ist Brown. Fang mich ein, wenn Du kannst!«

Die meisten Romanciers machen dieselbe Erfahrung. Irgendein Brown, Smith oder Jones erscheint vor ihnen und sagt auf die verführerischste und bezauberndste Art von der Welt: »Komm und fang mich, wenn Du kannst!« Und so, von diesem Irrwisch genasführt, tappen sie sich durch ein Buch nach dem andern, verbringen die besten Jahre ihres Lebens bei diesem Bestreben und erhalten meistens sehr wenig Geld dafür. Wenige fangen das Phantom ein. Die meisten müssen sich mit einem Zipfel seines Gewands oder einer Strähne seiner Haare begnügen.[1]

Auch die Verführung, von der Virginia Woolf spricht, ist zunächst die Verführung durch eine bestimmte *Figur*, die anfänglich zwar etwas Anziehendes, aber eben auch das Nebulöse einer bloßen *Erscheinung* hat. Als bloße Erscheinung besitzt diese Figur gleichsam magische Kräfte, betrachtet man sie jedoch länger, so erhält sie mit der Zeit etwas Immaterielles und droht, sich zu verflüchtigen. Genau von diesem drohenden Verblassen und Entschwinden der ersten, starken *Imagination* spricht Virginia Woolf, wenn sie von der Erfahrung berichtet, dass sich »das Phantom« nicht fangen lasse. Die im ersten Moment ihres Erscheinens noch so präsent und aktiv erscheinende *Figur* macht sich bei längerer Betrachtung auf und davon, sie entzieht sich, man muss ihr richtiggehend nachstellen, man muss versuchen, sie am Leben zu erhalten, um die Nähe, die man zu ihr zu empfinden glaubt, unter keinen Umständen zu verlieren.

---

1 Virginia Woolf: *Mr. Bennett und Mrs. Brown*. In: Karl Wagner (Hrsg.): *Moderne Erzähltheorie. Grundlagentexte von Henry James bis zur Gegenwart.* Wien 2002, S. 94

Danach, wie man die erste *Imagination* oder das *Faszinosum* füttert und nährt, müssen wir also als Nächstes fragen, wenn wir die Wucherungen und Ausbreitungen der ersten Roman-Idee weiterverfolgen wollen. Wie bringt man die Keimzelle zum Wachsen, wie lässt eine gerade erst entstandene *Figur* sich weiterentwickeln und mit der nun in Brand gesetzten *Welt-Folie* des Romans verbinden?

Bevor wir dieser Frage im Blick auf einige Ihnen bereits bekannte Romane der deutschen Literatur nachgehen, lassen Sie mich zunächst noch auf drei meiner eigenen Romane zu sprechen kommen, deren Entstehung ich mit Hilfe meiner in der letzten Vorlesung vorgestellten Werkstatt-Dokumente verfolgen will. Der Versuch einer Rekonstruktion der ersten Entstehungs-Phasen dieser Romane könnte uns helfen, das *Faszinosum* von Romanen noch besser zu verstehen und es in seinen Einzel-Facetten noch deutlicher zu erkennen. Folgen Sie mir also bitte zunächst nach Prag, in das Jahr 1989, als ich mich genau zur Zeit der Besetzung der dortigen deutschen Botschaft durch Tausende von DDR-Flüchtlingen in der damals noch tschechoslowakischen Hauptstadt aufhalte.[1]

Damals, im Herbst 1989, bin ich zum ersten Mal in meinem Leben in Prag, der Anlass meines Aufenthalts ist eher ein zufälliger, denn zwei in Prag lebende Freunde haben mich eingeladen, während ihres Ferien-Aufenthaltes im Ausland in ihrer Wohnung zu übernachten. Da ich Prag nicht kenne, bin ich fast die ganzen Tage über in den

---

1 Vgl. auch die Aufzeichnungen in meinem literarischen Tagebuch *Blauer Weg* (München 1996), S. 11–21

verschiedensten Gegenden zu Fuß unterwegs. Ich fotografiere, ich notiere, aber all das geschieht ohne bestimmte Absichten und aus einer rein touristischen Neugier. Irgendwann komme ich auch am Prager Ständetheater vorbei, das Ständetheater steht unübersehbar inmitten der Prager Altstadt, ich mache dort halt, ich fotografiere den großen klassizistischen Bau und schaue mich ein wenig um.

Im Ständetheater ist im Jahr 1787 Mozarts Oper *Don Giovanni* uraufgeführt worden, ich weiß das, weil ich mich einige Jahre zuvor intensiv mit Mozarts Briefen und seinem Leben beschäftigt habe. Über diese Briefe und das sich in ihnen niederschlagende Psychogramm von Mozarts Charakter habe ich sogar ein Buch[1] geschrieben, in dem ich mich weniger mit Mozarts Musik als mit den existentiellen Besonderheiten seines Lebens beschäftigt habe. Kein Wunder also, dass mich der Innenraum des Ständetheaters interessiert, zumal es in einem Stadtführer heißt, dass dieser Innenraum noch das unveränderte Aussehen des späten 18. Jahrhunderts haben soll.

Im Herbst 1989 versuche ich herauszubekommen, zu welchen Tages- oder Abendzeiten der Innenraum des Ständetheaters zugänglich ist, doch schon bald wird mir klar, dass ich diesen Innenraum nicht zu Gesicht bekommen werde. Das Ständetheater ist, wie mir alle Auskunftspersonen bestätigen, für einen längeren Zeitraum geschlossen, irgendwann soll es renoviert werden, die Renovierung

---

1 Vgl. Hanns-Josef Ortheil: *Mozart – im Innern seiner Sprachen*. Frankfurt/Main 1982

hat aber noch gar nicht begonnen, ja es kann angeblich sogar noch Jahre dauern, bis sie überhaupt in Angriff genommen wird. So bleibt mir nichts anderes übrig, als das geschlossene Ständetheater immer wieder zu umkreisen, ich fotografiere es von allen Seiten, doch es bleibt ein geschlossener, abweisender Raum, der keinen Zugang erlaubt.

Vom Theater führt jedoch eine schnurgerade Straße zu einem Marktplatz, von dem aus man den ganzen Theaterbau besonders gut im Blick hat. Der kleine Marktplatz ist von lauter alten Häusern umgeben, an einem dieser Häuser entdecke ich ein ovales Medaillon mit einem Mozart-Porträt. Ich ahne sofort, warum dieses Medaillon hier angebracht ist, wahrscheinlich handelt es sich bei diesem Haus um das ehemalige Hotel, in dem Mozart im Jahr 1787 zusammen mit seiner Frau Constanze gewohnt hat. Von Wien aus ist er damals mit Constanze nach Prag gefahren, erst ein kleiner Teil der Oper *Don Giovanni* war bei seiner Ankunft schon fertig, den Großteil komponierte er dann in Prag, zum einen in seinem Hotel, zum anderen in einem Gartenhaus außerhalb der Stadt, das ihm eine Freundin der Familie Mozart, die Prager Sängerin Josepha Duschek, zur Verfügung gestellt hatte.

Das kleine Gartenhaus ... – in meinem Stadtführer ist es als »Sehenswürdigkeit« aufgeführt, anscheinend ist es als eine Art »Erinnerungsstätte« hergerichtet und jetzt ein kleines Museum, in dem auch Dokumente zu Mozarts Prag-Aufenthalt ausgestellt sind. Ich mache mich schon bald dorthin auf den Weg, ich gehe zu Fuß die Moldau entlang und erreiche das frühere Weinberggelände, das

jetzt in einer hässlichen Industriezone liegt. Das Gartenhaus selbst aber befindet sich in einem von einer hohen
Mauer umgebenen schönen Garten-Terrain, wahrhaftig
ist es als Museum hergerichtet, die Zimmer sind noch im
Stil des späten 18. Jahrhunderts möbliert und dekoriert,
ja, in einem der Räume steht sogar das Cembalo, an dem
Mozart komponiert haben soll. Wieder fotografiere und
notiere ich, als ich auf ein Dokument stoße, von dessen
Existenz ich bisher nichts gewusst hatte. Neben einem
Porträt Giacomo Casanovas hängt nämlich ein Faksimile seiner gut lesbaren Handschrift, Casanova hat eine
dramatische Szene notiert, es ist eine Szene, die sich der
Figuren des *Don Giovanni* bedient, anscheinend hat er
sich eine Alternative zu der Textfassung des Librettisten Lorenzo da Ponte ausgedacht. Casanova und *Don
Giovanni* – was haben sie miteinander zu tun? Die Frage
wird brennender, als ich erfahre, dass sich Casanova im
Herbst 1787 in Prag aufhielt, genau in den Wochen der
Opernproben also und damit in genau jenem Zeitraum,
in dem Mozart die Oper zusammen mit seinem ebenfalls
nach Prag gereisten Librettisten Lorenzo da Ponte erst
fertig stellte.

Ich fotografiere das Faksimile der Handschrift, ja, ich
schreibe die von Casanova entworfene Don Giovanni-Sze-
ne sogar ab, später sitze ich in dem weiten Garten-Terrain
draußen um das Gartenhaus und starre auf den schönen,
noch heute elegant wirkenden Bau. Das *Faszinosum* hat
mich gepackt, ausgelöst wurde es durch den Blick auf die
Handschrift und das neben ihr befindliche Porträt: Eine
Figur – kann ich jetzt sagen – löste sich aus der Welt des
Beliebigen und forderte mich auf, ihr zu folgen: Komm,

folge mir, schauen wir gemeinsam nach, was sich damals, vor fast genau zweihundert Jahren, ereignet hat, schauen wir, wie Giacomo Casanova, Lorenzo da Ponte und Wolfgang Amadeus Mozart sich mit der Oper *Don Giovanni* beschäftigten, ja versuchen wir, hinter das Geheimnis der Entstehung dieser Oper zu kommen ...

Halten wir in der Erzählung von den Prager Herbsttagen des Jahres 1989 hier vorläufig inne und schauen wir genauer, was sie uns über die Entstehung eines *Faszinosums* verrät. Zunächst wird erkennbar, dass ich in gewisser Weise auf den Stoff meines Romans[1] vorbereitet war. Ich hatte mich bereits länger zumindest mit Mozarts Leben beschäftigt, und das späte 18. Jahrhundert war eine meiner Lieblingsepochen, deren Atmosphären und Empfindungsvalenzen mich seit Langem anzogen. Dennoch – ich hatte nie vorgehabt, einen Roman zu schreiben, der in dieser Zeit spielte, ja, ich hatte nicht einmal in Erwägung gezogen, überhaupt einmal einen historischen Roman zu schreiben, der erzählerische Sprung in eine weit zurückliegende Vergangenheit erschien mir zu groß.

Meine Spaziergänge in Prag rückten jedoch das weit zurückliegende Geschehen plötzlich sehr nahe an mich heran: Zum einen dadurch, dass das Ständetheater und Mozarts ehemaliges Hotel unzugänglich waren (und deshalb geradezu eine Sehnsucht danach entstand, sie »auf anderen Wegen« zu betreten), zum andern dadurch, dass sich mit dem Gartenhaus ein – im Gegensatz zu den anderen beiden Gebäuden – sehr zugänglicher Raum auftat,

---

[1] Hanns-Josef Ortheil: *Die Nacht des Don Juan*. München 2000

der direkt zum Betreten einlud. Vom Gartenhaus aus betrachtet, verloren die beiden anderen, geschlossenen Räume etwas von ihrer Unzugänglichkeit, ja mehr noch: Vom Gartenhaus aus öffneten sie sich sogar, schließlich brauchte man die stark atmosphärischen Eindrücke, die von den Räumen dieses Hauses ausgingen, nur auf die anderen, geschlossenen Räume zu übertragen.

Geschlossene und offene Räume … – der Eintritt in diese Raumbeziehungen vollzog sich in genau jenem Moment, als ich auf Casanovas Handschrift stieß. Zum einen präsentierte mir diese Handschrift eine stark anziehende, ungemein lockende *Figur* (die gleichsam die Führung in die sich öffnenden Räume übernahm), zum anderen erschien sie mir aber auch als ein *offener, fragmentarischer Text*, der geradezu darauf zu warten schien, weitergeschrieben und fertiggestellt zu werden. Wusste ich um die näheren Umstände von Mozarts und da Pontes Aufenthalt in Prag einigermaßen Bescheid (ich wusste schließlich sogar, wo sie gewohnt hatten, und ich ging die schnurgerade Straße vom Ständetheater zu dem kleinen Marktplatz, an dem ihre beiden Hotels einander genau gegenüber gelegen hatten, immer wieder entlang), so war Casanovas damaliger Aufenthalt von lauter Geheimnissen umgeben: Wo hatte er gewohnt? Wo hatte er mit da Ponte oder Mozart Kontakt aufgenommen? Wo war er ihnen zum ersten Mal begegnet? Wo hatten sich die drei immer wieder getroffen, um Einzelheiten der Oper miteinander zu besprechen? etc.

Die Anziehungskraft des *Faszinosums* beweist sich dadurch, dass es Fragen stellt, die in mehrere *Richtungen* gleichzeitig verlaufen: Wie kann der *offene, fragmentari-*

sche Text weitergeschrieben werden? Wie können die mit ihm in Zusammenhang stehenden *Räume* betreten werden? Welche Konstellationen gehen die in diesen Räumen agierenden *Figuren* miteinander ein?

Phantasien, die auf diese Fragen antworten, sind dann besonders fruchtbar, wenn sie ebenfalls in mehrere Richtungen gleichzeitig verlaufen und sich sowohl auf den *offenen Text*, die zu betretenden *Räume* und mögliche *Figurenkonstellationen* beziehen. Meist dominiert jedoch eine dieser Erzähl-Komponenten, meist orientieren sich Romanautoren zunächst in eine Richtung, und meist ergeben sich Bezüge zu den anderen Richtungen dabei mit der Zeit ganz von selbst.

Wie das geschieht, wollen wir untersuchen, indem wir uns auf jene Erzählkomponente konzentrieren, die in den meisten Fällen der stärkste Teil des *Faszinosums* ist: die *Figur*. Wir haben jetzt schon mehrmals verfolgen können, wie solche eminent anziehenden und einladenden Figuren plötzlich erscheinen und wie sie den Romanautor in eine ihm noch unbekannte Geschichte hineinziehen und dabei eine Art Führungsrolle übernehmen. Daneben wissen wir aber auch schon, dass gerade solche attraktiven Figuren schnell wieder verblassen und sich zu Phantomen verflüchtigen können. Es muss uns nun also interessieren, wie es dem Romanautor gelingen kann, diesen Figuren nahe zu bleiben und ihnen vielleicht sogar zu folgen.

Kehren wir noch einmal kurz zu meinem Prager *Faszinosum* zurück: Konnte ich mir *Casanova in Prag* wirklich vorstellen? Hatte ich überhaupt eine Ahnung, wie er sich bewegte, wie er sprach, welche Vorlieben er hatte, wie er auf bestimmte Situationen reagierte? Um ihm näherzukommen, genügte es nicht, seine Schriften und Briefe zu lesen oder mich sonstwie anhand von Dokumenten zu informieren, nein, darüber hinaus bedurfte es eines viel wichtigeren und stärkeren, nämlich eines *sinnlichen Kontakts*, um nicht nur *von ihm zu wissen*, sondern ihn gleichsam *in der Nähe zu spüren*. Erst durch einen solchen Kontakt würde es mir gelingen, nicht nur angelesenes Material in einem neuen Gewand wiederzugeben, sondern von Casanova wie von einer mir nahen und vertrauten Gestalt so zu erzählen, dass eine völlig unverwechselbare, eigene Geschichte entstand.

Um diese Geschichte zu finden, machte ich mich im Jahr 1990 auf den Weg in seine Heimatstadt Venedig, in der er viele Jahre verbracht hatte. Casanova war ganz und gar Venezianer, das Venedig des späten 18. Jahrhunderts war das prägende kulturelle Milieu seiner Existenz, wo konnte ich ihm also besser begegnen als in dieser Stadt und damit in genau jenem *Raum*, in dem er wohl ein Leben lang (trotz seiner späteren ununterbrochenen Reisen durch ganz Europa) gelebt hatte?

Lassen Sie mich, bevor ich von Venedig erzähle, jedoch noch einmal nachfragen: Indem ich nach Venedig aufbrach, folgte ich der Anziehungskraft einer *Figur*. Was genau aber suchte ich, und wie würde ich denn erkennen können, dass ich dieser Figur näherkam, ja dass sie sich von dem löste, was ich bloß von ihr wusste, und sich stattdessen frei und selbständig zu bewegen begann?

Um diese Fragen zu beantworten, möchte ich sie mit einem sehr alten Text, den *Charakteren* des griechischen Autors Theophrast, bekannt machen, einem Text, der etwa um 320 v. Chr. entstanden und damit einer der ältesten europäischen Texte ist, in denen über das Thema *Figur* nachgedacht wurde. Die *Charaktere* sind eine Sammlung von kurzen Porträts, mit deren Hilfe der Dichter Theophrast weniger einzelne Charaktere als bestimmte Typen seiner Umgebung in oft spöttischer Manier darstellte. Ich greife eines dieser Porträts heraus, es widmet sich »dem Bäurischen«:

Der Bäurische
(1) Das bäurische Benehmen ist wohl eine unschöne Unbildung, der Bäurische aber ist einer, (2) der erst Kykeon trinkt und dann in die Volksversammlung geht.

(3) Er behauptet, Myrrhen duften nicht angenehmer als Thymian.

(4) Er trägt Schuhe, die größer sind als sein Fuß.

(5) Er redet mit lauter Stimme daher.

(6) Freunden und Verwandten mißtraut er, den Dienern aber macht er vom Wichtigsten Mitteilung, den Tagelöhnern, die bei ihm auf dem Feld arbeiten, erzählt er alles aus der Volksversammlung.

(7) Bis über das Knie aufgeschürzt sitzt er da, so daß seine Blöße sichtbar wird.

(8) Unterwegs bleibt er sonst nicht stehen, und nichts erregt sein Erstaunen, sieht er aber einen Ochsen oder einen Esel oder einen Bock, dann steht er da und schaut.

(9) Er pflegt etwas aus der Speisekammer zu holen und es gleich zu verschlingen und reichlich starken Wein zu trinken.

(10) Der Köchin geht er heimlich nach, und dann mahlt er mit ihr zusammen für das ganze Gesinde und sich das Getreide.

(11) Beim Frühstück wirft er dem Vieh das Futter zu.

(12) Er öffnet selbst die Tür, ruft seinen Hund herbei, faßt ihn an der Schnauze und sagt: »Dieser bewacht den Hof und das Haus.«

(13) Wenn er von jemandem Geld zurückbekommt, weist er es zurück, es sei schäbig, und er tauscht es gleich ein.

(14) Hat er Pflug, Korb, Sichel und Sack ausgeliehen, so verlangt er dies in der Nacht zurück, wenn es ihm in einem schlaflosen Augenblick einfällt.

(15) Wenn er in die Stadt hinuntergeht, fragt er einen, der ihm begegnet, wie teuer die Felle und der Räucherfisch waren, ob er heute Neumond feiere, und er sagt gleich, er wolle sich unten die Haare schneiden lassen und im Bad singen und die Sandalen nageln lassen und auf demselben Weg im Vorbeigehen bei Archias Stockfisch holen.[1]

Ich halte diesen so erstaunlich konkreten Text für ein gutes Beispiel der besonderen Nähe eines Autors zu einer *Figur*. Theophrast hat diese Figur genau vor Augen, ja er könnte die Augen wohl schließen und sähe sie dann vielleicht sogar noch genauer, so sehr ist er mit ihr vertraut. Immer wieder Neues und Anderes fällt ihm zu ihr ein, er könnte seine Liste fast unbegrenzt fortsetzen. Zwar hält er sich anscheinend ausschließlich an seine Beobachtungen, doch es würde ihm nicht schwerfallen, sich »den Bäurischen« auch in Situationen vorzustellen, in denen

---

1 Theophrast: *Charaktere*. Griechisch und Deutsch. Übersetzt und hrsg. von Dietrich Klose. Stuttgart 1981, S. 13

er ihn noch nicht selbst beobachtet hat. Theophrast weiß vielmehr beinahe intuitiv, wie sich diese Figur in den unterschiedlichsten Situationen bewegt, wie sie reagiert, was sie sagt, wie sie sich anderen Figuren gegenüber verhält. »Der Bäurische« lebt gleichsam in ihm, und er tut das, weil Theophrast ihn eben nicht als bloße Figur, sondern als einen Menschen mit einem bestimmten Verhalten in bestimmten *Szenen* betrachtet.

Eine Figur wird charakteristisch und lebendig durch bestimmte Szenen, die zu dieser Figur gehören und sie auf einzigartige Weise porträtieren – genau das zeigt uns dieser Text. Jedes seiner Details hat charakterisierende Funktion, und jedes erscheint dadurch notwendig. Nicht irgendeinen Fisch holt sich »der Bäurische« bei Archias, sondern einen ganz bestimmten, nämlich Stockfisch; nicht irgendwann wirft »der Bäurische« seinem Vieh Futter zu, sondern zu einem ganz bestimmten Zeitpunkt, nämlich beim Frühstück. Durch die Verbindung von *Figur* und *Szene* werden die Porträts des Theophrast zu *Charakterbildern*: Die *Figuren* erhalten einen für sie charakteristischen und von ihrem Tun ausgefüllten *Raum*, in dem kein Ding beliebig oder nichtssagend ist. Dadurch aber werden sie gleichsam *elementar*, sie beginnen, etwas *auszustrahlen*, als würde ihr Körper verräumlicht und als bekäme der sie umgebende Raum etwas Kreatürliches.

Unsere Theophrast-Lektüre hat uns also gezeigt, wie und woran ein Romanautor die Selbständigkeit seiner Figuren erkennt: Er erkennt sie daran, dass diese Figuren sich frei in unendlich vielen für sie charakteristischen Szenen vor seinem inneren Auge bewegen. Solche *Bewegungen* setzen die absolute Vertrautheit des Autors mit seinen Figuren voraus: Sie sind für ihn nicht mehr etwas Fremdes, das er erst lange herbeizitieren muss, sondern etwas, das auf eine ganz selbstverständliche, vielfältige Weise in ihm lebt.

Lassen Sie mich nun anhand eines weiteren Roman-Beispiels zeigen, wie ein Romanautor sich Schritt für Schritt mit einer seiner Figuren bekannt macht und dadurch gleichsam eine intime Nähe zu ihr aufbaut. Als der junge Thomas Mann mit der Arbeit an seinem Roman *Buddenbrooks* beginnt, hat er zwar schon einige viel beachtete und gelobte Erzählungen, aber noch keinen Roman geschrieben. Vor Beginn der eigentlichen Niederschrift (im Oktober 1897 in Rom) hat er sich deshalb eine Unmenge von Notizen und Aufzeichnungen gemacht, die ihm während des Schreibens als Materialsammlung dienen sollten. Vor allem aus seinen *Notizbüchern* wissen wir, dass er sich immer wieder Details zu seinen Figuren notierte, die er dann später in einem *Notizenkonvolut* zu seinem Roman sammelte und neu kombinierte. Aus den zunächst verstreut notierten Einzelbeobachtungen entstand dadurch das *Bild einer Figur*, eine Sammlung zu ihren Lebensgewohnheiten, ihrem Aussehen, zu markanten Redewendungen und Beschäftigungen. Ich zitiere aus dem Konvolut zur Figur des jungen Hanno Buddenbrook eine Passage:

[Soll bei Tische Straßen hersagen]
Schule: »Sag her«, »Umtragen«, »Verlaß den Raum«. Der dicke unglückliche Lehrer gegen Hanno. – »Carrière verderben.«

[Der Weihnachtsmann. Hanno's Weinen. Haltlosigkeit. Ge-
danke an das Auftreten seines Vaters im Senat.]
Die Schularbeiten, bei denen kein Lehrer an die Aufgaben
des Anderen denkt.
Liest Brentano.
Schule: Kants kathegorischer Imperativ als Symbol für die
preußische Beamtenwirtschaft in der neuen Schule.
– Der freisinnige Oberlehrer »Christliche Mythologie«
– »Ene, bene, benitas«
– Als Erziehungsanstalt: S. Nzb.
H's Anfall als Christian Poe liest.
[Spaziergang mit der Großmutter »Gesegnete M. ahlzeit «]
Scene an der Gallerie, als der Lieut. enant bei Gerda ist
Hanno und die Fam. ilien -Papiere
Die »Albernheit« Hanno's und *Kai*'s
Hannos *Zähne* sind mit 15 Jahren schon ausgez. ogen, un-
terminirt, verbraucht. Seine Gedanken darüber.[1]

Thomas Manns Notizen-Konvolut zur Figur des Hanno
Buddenbrook dient zunächst einmal dazu, diese Figur in
möglichst vielen unterschiedlichen Situationen zu beobachten. Dabei entstehen zentrale oder für die jeweilige Figur besonders bedeutsame *Räume* (wie im Fall der zitierten Passage etwa die Schule und das Elternhaus), die nun
wiederum vom Auftreten anderer *Figuren* (der Lehrer,
der Familienmitglieder) geprägt werden. Von der Beobachtung einer einzelnen Figur gelangt Thomas Mann so
zu einer Fixierung bestimmter *Umgebungen* sowie jener
Nebenfiguren, die in besonderen Momenten oder *Szenen*

---

1 Thomas Mann: *Notizbücher 1–6.* Hrsg. von Hans Wysling und Yvonne
Schmidlin. Frankfurt/M. 1991, S. 56

neben die *Hauptfigur* treten und ihr Reaktionen oder Kommentare entlocken. In diesem Sinn wirkt die Hauptfigur also wie eine Art *Köder*, der weitere räumliche, szenische und figürliche Details anzieht, die sich dann bereits zu kleinen *Erzähleinheiten* verdichten:

> *Hanno*: Es kann genau angegeben werden, welche Zähne schlecht sind und welche fehlen, sodaß er beinahe nicht mehr kauen kann. – Nachdem er mehrere Tage beim Zahnarzt gequält worden, darf er am Sonntagabend ins Theater gehen. Morgen ist Schule. Als er abends nach Hause kommt einer seiner Anfälle tiefster Verzagtheit. Er fühlt, daß *mehr* auf ihm lastet, als seine persönlichen Kümmernisse ...[1]

In einer solchen *Erzähleinheit* beweist sich nun die Beweglichkeit und die Integrationsfähigkeit des gesammelten Materials. Die Herkunft dieses Materials aus den Notizen ist noch deutlich erkennbar, gleichzeitig aber nimmt dieses Material bereits Fühlung auf zu einer thematischen Ausrichtung des Romans, die darin besteht, vom inneren Verfallsprozess einer in einer norddeutschen Stadt angesiedelten, angesehenen Kaufmannsfamilie zu erzählen. Hannos schlechte Zähne, die lästige, quälende Schule – all das hinterlässt in ihm eine Stimmung, die er nun gleichsam im *Sinne des Romans* liest: nicht als Zeichen einer persönlichen Hilflosigkeit, sondern als Symptome des familiären Niedergangs überhaupt. So enthalten die *Erzähleinheiten* bereits kleine Brücken zum Roman-Ganzen und erscheinen nun als *Bausteine*, die nach einer *Herleitung* und einer *Fortführung* verlangen. Die *Bausteine*

---

1 Thomas Mann: *Notizbücher 1–6*, a.a.O., S. 156

miteinander zu verketten und dabei die Figuren/Räume/ Szenen nicht aus dem Auge zu verlieren – darin besteht in diesem Moment der Roman-Arbeit nun alle Kunst.

Wir werden uns diesem Problem zu Beginn der nächsten Vorlesung noch einmal widmen, zum Schluss dieser zweiten Vorlesung möchte ich mit Ihnen jedoch noch einmal zu meinem Prager Roman-Fund und damit zur Figur Giacomo Casanovas zurückkehren, den ich in Prag in einer für mich neuen Rolle kennengelernt hatte: als einer der möglichen Stichwort- und Ideen-Geber bei der Entstehung von Mozarts Oper *Don Giovanni*. Erinnern wir uns: Obwohl ich von und über Casanova bereits sehr viel gelesen hatte, konnte ich doch damals, im Herbst 1989, nicht behaupten, dass er mir besonders vertraut gewesen wäre. Die mangelnde Vertrautheit schlug sich vielmehr darin nieder, dass sich an diese Figur keine Phantasien hefteten, die nicht bereits durch die vorhergehende Lektüre zu erwarten gewesen wären. Anders gesagt: Diese Figur lebte und bewegte sich noch nicht in mir, sie zog keine Phantasien an und entwarf keine Räume, und erst recht führten von ihr aus keine Wege zu etwaigen Erzähl-Bausteinen eines Romans.

Was tun? In Venedig ging ich in genau jenen Vierteln spazieren, in denen er aufgewachsen war, ich aß die venezianischen Speisen, die er besonders liebte, ja ich ließ mich ununterbrochen durch die alten Zonen seiner Herkunft treiben, als bescherte mir die Stadt mit der Zeit irgendein Zaubermittel, das ihn herbeihexen würde. Als gar nichts mehr half, suchte ich eine Bibliothek auf und blätterte in uralten Ausgaben der ehrwürdigen venezianischen Ta-

geszeitung, der *Gazzetta Veneta,* die schon zu Casanovas
Zeiten die Venezianer mit Klatsch versorgt hatte. Wenn
ich auf diese Weise schon nicht auf Casanova treffen würde, so immerhin doch auf Elemente einer venezianischen
Welt-Folie des späten 18. Jahrhunderts – so meine Hoffnung. Die Lektüre der *Gazzetta* enttäuschte mich denn
auch nicht, am interessantesten waren die täglichen Kurz-
Nachrichten, Nachrichten über einen Streit im Casino
oder beim Barbier, Meldungen über einen Aufruhr wegen
der zu hohen Brotpreise, knappe, deshalb aber umso wir-
kungsvollere Berichte über Diebstähle oder Ehedramen.

Irgendwann blieb ich bei einer dieser kurzen Nachrichten und Meldungen hängen: In der venezianischen Lagune war ein junger, anscheinend verletzter, unbekleideter
Mann bewusstlos in einem Boot aufgefunden worden,
man hatte ihn in das Krankenhaus auf der Insel San Giorgio gebracht. Nach seinem Erwachen hatte er keine
Angaben darüber machen können, wer er sei oder woher
er komme. Der Bericht schloss mit der Bitte an die Bürger
Venedigs, sich zu melden, wenn sie Angaben zur Herkunft
des Unbekannten machen könnten.

Was war da geschehen? Wieso war der junge Mann un-
bekleidet und wodurch verletzt? Und aufgrund welchen
schockartigen Ereignisses hatte er seinen Namen vergessen? Etwas Schreckliches, Einschneidendes musste ihm zu-
gestoßen sein, aber was genau war das gewesen? Schon bei
der ersten Lektüre des kurzen Textes stockte ich und starr-
te eine Weile auf die vor mir liegende alte Ausgabe der Zeitung. Im Rückblick auf all das, was in diesen Vorlesungen
bereits thematisiert wurde, würde ich sagen: Die Meldung

in der *Gazzetta Veneta* präsentierte mir eine rätselhafte *Figur* und – in Gestalt der Bitte an die Bürger Venedigs, Licht in das Dunkel zu bringen – einen *offenen Text.*

Außerdem aber bezog sie sich noch auf den mythischen *Raum* der weiten Lagune, den ich sofort vor Augen hatte, weil ich ihn nicht nur aus eigener Anschauung, sondern auch durch Bilder vieler venezianischer Maler kannte. Kaum einen Raum liebte ich so sehr wie den der Lagune, in dem ich mich oft für längere Zeit aufgehalten und (in einer häufig wiederkehrenden Phantasie) am liebsten ganz niedergelassen hätte. Durchfuhr man diesen Raum mit einem der kleinen und schmalen Boote, die von den Fischern noch heute benutzt wurden, so erschien er einem wie eine unendliche, von unzähligen Kanälen und Rinnsalen durchzogene labyrinthische Fläche, in der es nur hier und da einige Befestigungen und größere begehbare Landstücke gab. Auf manchen dieser zwischen den sumpfigen Salzwiesen versteckten Ländereien wurde sogar Gemüse angebaut, ja hier und da stand noch ein (meist verfallenes) Gebäude, in dem früher die Fischer gelebt hatten.

Ich beschreibe meine Erinnerungen an die venezianische Lagune hier so ausführlich, weil ich zeigen will, dass sie sich aus zweierlei Momenten zusammensetzen: Zum einen erinnerte ich mich an viele konkrete Bilder (die Vögel, die Wiesen, die Artischocken-Ländereien etc.), zum anderen aber auch an eine magische Gesamt-Imago, in der die einzelnen Bilder aufgehoben waren. Anders gesagt: Ich sah die venezianische Lagune aus unterschiedlichen Perspektiven, von unten, aus der Frosch-, und von oben, aus der Vogel-Perspektive. Beide Perspektiven wechselten immerzu und standen dadurch in engem Kontakt, denn ich hatte den Raum (in seinen Details, von unten) *studiert*, und ich hatte ihn (als buntes Gesamtbild, von oben) *kartographiert*. Das *Studium* und das *Kartographieren* – beide Momente gemeinsam hatten mir diesen Raum näher gebracht, damals, im Jahr 1990, empfand ich ihn als einen *intimen Raum*, einen Raum also, der durch viele Erfahrungen und Erlebnisse mit mir verbunden war.

Die geheimnisvolle männliche Figur, von der ich in einer Meldung der *Gazzetta Veneta* gelesen hatte, weckte also in mir die Erinnerung an diese intime Umgebung. Einerseits hatte sie eine deutliche Verbindung zu deren Charakter (in sich zurückgezogen, rätselhaft, magisch), andererseits machte sie ihre weite, aus der Froschperspektive oft beinahe unendlich erscheinende Fläche fassbar. Plötzlich war da ein bestimmter, noch näher zu beschreibender Körper, der in diesem weiten Raum auftauchte und in ihm ein kleines Zeichen (oder eine *Spur*) bildete.

Noch etwas näher rückte mir diese Figur, als ich meine Lektüre der *Gazzetta Veneta* fortsetzte, denn einige Seiten später tauchte erneut eine Meldung über den Fremden auf: Er könne sich noch immer nicht an seine Herkunft und die zurückliegenden Ereignisse erinnern, sei aber nun wieder bei Kräften. Ein venezianischer Conte, der zufällig im Kloster San Giorgio gewesen sei, habe ihn bei sich aufgenommen und ihn als Diener in seinem Palast angestellt. Bereits wenige Tage nach der Ankunft in diesem Palast habe er zu zeichnen begonnen, er zeichne alles, was ihm vor die Augen gerate, vor allem aber zeichne er immer wieder Motive der Lagune. Die Zeichnungen seien von einer so außerordentlichen Qualität, dass man sie herumgereicht und mehreren venezianischen Malern vorgelegt habe, jeder von ihnen habe ihre erstaunlich hohe Meisterschaft bestätigt.

Der *offene Text* schrieb sich also fort, und diese Fortsetzung verlief in genau jene Richtung, in der ich selbst bereits gedacht und phantasiert hatte. Von Anfang an hatte ich den geheimnisvollen Fremden sowohl mit der Lagune als auch mit der Malerei in Verbindung gebracht, ich hatte die Lagune als seine eigentliche Heimat (oder Herkunft) verstanden, und ich hatte damit sowohl meine eigenen Bilder von diesem Raum als auch Bilder von Malern des späten 18. Jahrhunderts assoziiert, die damals die besondere Schönheit dieser ausgestorbenen Landschaften entdeckt hatten.

Das *Faszinosum* wuchs also gleichsam von selbst, und sein Wuchern überschnitt sich auf seltsame Weise mit dem Wuchern meiner eigenen Phantasien. Diese Phantasien tendierten dahin, die Wurzeln des Fremden irgendwo in der weiten Lagune zu suchen, und sie tendierten damit zu einer Perspektive, die mich die Bilder der einsamen Lagunenlandschaft nun auf ihre Details hin durchmustern ließ: War der Fremde ein Fischer gewesen? Hatte er auf einem der kleinen Landstücke gelebt, die zum Beispiel Franceso Guardi auf seinen Lagunenbildern skizziert hatte? Mit wem hatte er dort gelebt, und wo war er mit der Zeichenkunst in Berührung gekommen? etc.

Schon bald hatten die beiden Meldungen aus der *Gazzetta Veneta* den eigentlichen Anlass meiner Recherchen (das

Casanova-in-Prag-Projekt) in die vorerst zweite Reihe gedrängt. Die Figur des geheimnisvollen Fremden war mir
näher als die Casanovas, sie war eine lebendige, bereits
mit bestimmten Räumen und Gewohnheiten verbundene,
von meinen Phantasien genährte Figur, deren Geheimnissen ich Schritt für Schritt nachgehen wollte. Daher las
ich damals weiter in der *Gazzetta Veneta* und in anderen
Dokumenten aus der Spätzeit des 18. Jahrhunderts, und
daher bewegte ich mich weiter ununterbrochen im Stadt-
raum Venedigs wie im Naturraum der weiten Lagune: Das
enzyklopädische Interesse mit seiner Suche nach *Welt-
Folien* war nun fokussiert, es suchte bereits gezielter, und
es wurde sowohl in den alten Quellen und Dokumenten
als auch in der Gegenwart (während der Spaziergänge in
den venezianischen Stadtvierteln) fündig.

Für das Frühjahr 1991 hatte ich ein Stipendium für einen
längeren Aufenthalt in der Villa Massimo erhalten. Daher
machte ich mich im März 1991 auf den Weg nach Rom,
wo ich an den beiden in den letzten Jahren entworfenen
Roman-Projekten weiterarbeiten wollte. Es gab nun ein
Prag- und ein Venedig-Projekt, und ich ahnte nicht im
Geringsten, dass sich zu diesen beiden Projekten noch
ein weiteres Roman-Projekt hinzugesellen würde. Davon
aber möchte ich erst in der nächsten Vorlesung erzählen,
in der es unter anderem um die wichtige Frage gehen wird,
wie sich die nun bereits als Roman-Projekte erkannten
Phantasien vor dem Hintergrund der *Welt-Folien* nähren
lassen und als was solche *Phantasien* eigentlich zu begreifen und zu beschreiben sind. Für heute aber danke ich
Ihnen für Ihre Aufmerksamkeit und Ihre Geduld.

DRITTE VORLESUNG

Spuren suchen

Meine Damen und Herren!

Zu Beginn dieser dritten Vorlesung über das Thema *Wie Romane entstehen* möchte ich Sie in groben Zügen noch einmal an einige jener typischen Entstehungsphasen von Romanen erinnern, die wir in den letzten beiden Vorlesungen anhand eines Beobachtungsmaterials untersucht haben, das vor allem aus ersten, noch vorläufigen Aufzeichnungen, Notaten und Phantasien von Romanautorinnen und Romanautoren bestand. Dabei hatten wir herausgefunden, dass erste *Ideen* oder *Einfälle* zu Romanen als *Faszinosa* (und *Urzellen*) zu begreifen sind, die ein vom jeweiligen Autor bereits zuvor (und noch ohne jedes Roman-Interesse) erstelltes *enzyklopädisches Feld* an einer bestimmten Stelle in Brand setzen. Der starke Impuls, der von einem solchen *Faszinosum* ausgeht, ließ sich als eine Art von *Aufforderung* oder *Lockung* verstehen, eine bestimmte Figur zu begleiten, einen bestimmten Raum zu betreten oder einen noch offenen Text weiterzuschreiben.

Das *Weiterschreiben* selbst haben wir dann als ein besonderes, noch nicht genauer begriffenes *Phantasieren* gedeutet, das jeden dieser Aspekte (Figur/Raum/Text) betreffen kann und das in seinen weiteren Wucherungen oft zu *Szenen* oder *Erzähleinheiten* führt, die der Autor als erste *Bausteine* seines Romans zu sammeln beginnt. Solche *Sammlungen* haben wir als kleine *Listen* verstanden, in denen die *Erzähleinheiten* noch unverbunden, zugleich aber doch bereits als *starke Erreger* für das Auffinden weiterer Fundstücke erscheinen. In diesen *Listen* ist gleichsam ein glühendes, starkes, von der Phantasietätigkeit des Autors bereits durchdrungenes Material gesammelt, dessen Elemente sich nun langsam aufeinander zubewegen.

Lassen Sie mich an dieser Stelle, bevor wir unsere Beobachtungen noch weiter vertiefen, einen kurzen Seitenblick auf ein ganz anderes, außereuropäisches Erzählen werfen, das die Kunst, Listen zu erstellen[1], in ganz besonderer Weise entwickelt und vervollkommnet hat. In älteren asiatischen Texten begegnen wir nämlich immer wieder Listen, deren einzelne Elemente ganz und gar heterogen sind, gerade wegen dieser Heterogenität aber einen besonderen Reiz ausüben. So finden sich etwa in den Gesprächen des Konfuzius Abschnitte, die knapp festhalten, »wovon der Meister nicht spricht: vom Fremden, von der Kraft, von der Unordnung, von den Geistern«, oder auch Passagen darüber, »was der Meister absolut ablehnt: die Ideen, die Dogmen, den Starrsinn, das Ich«.[2] Innerhalb der Gespräche stehen solche Listen für sich, sie werden weder eingehend kommentiert noch fortgeführt, so dass sie sich nur dadurch erschließen, dass der Zuhörer oder Leser über ihre einzelnen Elemente selbständig nachzudenken, ja über sie zu meditieren beginnt. Die Wege des Nachdenkens oder der Meditation ergeben sich dabei entweder durch eine *Ausweitung* der Betrachtung auf das

---

1 François Jullien (Hrsg.): *Die Kunst, Listen zu erstellen.* Aus dem Französischen von Ronald Voullié. Berlin 2004
2 François Jullien (Hrsg.): *Die Kunst, Listen zu erstellen*, a. a. O., S. 7

gesamte Textkorpus oder durch eine *Konzentration* auf das jeweils einzelne Listen-Element, das für sich, in seiner möglichen Besonderheit und in seinem jeweiligen Anspielungsreichtum, betrachtet werden kann. In ersterem Fall versucht der Meditierende, das Einzel-Element vom möglichen Ganzen sämtlicher Äußerungen des Konfuzius her besser zu verstehen, im zweiten Fall aber versucht er, jedes Einzel-Element für sich zu würdigen und es zu sich selbst und seinen eigenen Erfahrungen und Wahrnehmungen in Beziehung zu setzen.

Ausweitung des Blicks auf ein mögliches Ganzes oder *Konzentration* des Blicks auf ein Besonderes – diese beiden Meditationsformen asiatischer Leser könnte man auf unsere Fragestellung beziehen und dann im nächsten Schritt etwa vermuten, dass die *Bewegungen* der *Bausteine* des Roman-Materials sich vielleicht in diesen beiden Richtungen vollziehen, ja dass, nun in übertragenem Sinn gesagt, Romanautoren unablässig damit beschäftigt sind, über ihr gesammeltes Roman-Material im Blick auf ein mögliches Ganzes und/oder im Blick auf die Spezifik der Details zu meditieren. Das alles aber ist an dieser Stelle eine bloße Vermutung, die wir im Raum stehen lassen, um nun genauer danach zu fragen, wie sich die Bewegungen der Bausteine im Einzelfall vollziehen und als was sie eigentlich zu verstehen sind.

Um diese Fragen zu beantworten, möchte ich mit Ihnen einigen *Spuren* in der Roman-Werkstatt Jean Pauls folgen, die ich bereits in der ersten Vorlesung als die umfangreichste und wohl komplexeste mir bekannte Roman-Werkstatt gewürdigt habe. Die *Spuren*, denen ich folgen möchte, betreffen die Entstehung des Romans *Flegeljahre*, dessen erster Band nach beinahe zehnjährigen Vorarbeiten 1804 erschienen ist. Sucht man in der kaum zu überblickenden und gewaltigen Masse der seit Jean Pauls Jugendjahren entstandenen Notate und Aufzeichnungen nach der *ersten Idee*, so wird man bei einer im Sommer 1795 gemachten Notiz zum Roman fündig: »Landkrämer der Rathsherr (wird) – oder Bauer, der ein Rittergut gekauft – oder ein armer Gelehrter, der eines bekommen.«

Angelegt ist bereits hier eine Figur niederen Standes, die anscheinend unerwartet oder jedenfalls plötzlich zu einem beträchtlichen Vermögen kommt. Woher dieses Vermögen kommen soll, versuchen weitere Notizen zu klären: »Edelman vermacht dem Bedienten das Gut.« Der Edelmann, der etwas vermacht – das also ist eine zweite Figur, die zur ersten anscheinend eine besondere Beziehung unterhält und sie mit einem Geschenk oder einer Erbschaft beglückt. Wer aber ist diese beschenkte Gestalt, wie kann man sie sich genauer vorstellen? Eine weitere Notiz präzisiert diese Figur: »Ein guter Mensch, den das Unglük mat gemacht und erdrükt und den das Glük erhebt.«[1]

Von diesen grundlegenden drei frühen Notaten her setzt nun die Suche nach weiteren Bausteinen des Romans ein. Gegeben ist das, was wir ein *Faszinosum* oder eine *Urzelle* des Romans genannt haben: Ein armer, aber gutmütiger Mensch kommt durch ein Geschenk oder eine Erbschaft zu plötzlichem und unerwartetem Reichtum. Jean Paul

---

1 Vgl. die Einleitung von Eduard Berend zur historisch-kritischen Ausgabe der *Flegeljahre* in: *Jean Pauls Sämtliche Werke*, 1. Abteilung, Zehnter Band, Weimar 1934, S. Vff.

folgt dieser *Urzelle* mit immer weiteren Notizen zur Figur des Beschenkten, Notiz für Notiz entsteht ein Charakter, wächst eine Figur. So wird schon bald festgehalten, dass sie ein Träumer, ja sogar ein verkannter Dichter, dass sie schüchtern, verschämt, unbeholfen und leichtgläubig, ja dass sie insgesamt der naive Phantast schlechthin ist, der vor allem in seinen Phantasien lebt und dem das Geschenk oder die Erbschaft gleichsam in den Schoß fällt.

Die Vorarbeiten zu den meisten großen Romanen Jean Pauls beginnen mit einem derartigen Blick auf eine zentrale Figur und damit mit einer ersten Skizze, die dann Notiz für Notiz ergänzt und erweitert wird. Über ein solches *Wachsen einer Figur* hat Jean Paul selbst intensiv nachgedacht und in seinen Überlegungen zu diesem Thema einige grundlegende Unterscheidungen getroffen, die auch uns helfen können, ein solches Wachsen genauer zu verstehen. Festgehalten und gesammelt hat Jean Paul diese Überlegungen in einem umfangreichen poetologischen Werk, der *Vorschule der Ästhetik*, die sich – wie bei einem derart auf die Gattung des Romans konzentrierten Autor wie Jean Paul nicht anders zu erwarten – vor allem mit der Entstehung und Komposition von Romanen beschäftigt. Im zehnten Kapitel der *Vorschule* widmet er sich dabei auch den Roman-Charakteren und den Problemen der Figurenbildung. Da heißt es, dass Charaktere wie ein Blitz empfangen und geboren würden, zu ihrer anfänglich spärlichen Ausstattung dann aber sogenannter »Lokalfarben« bedürften.[1] Die »Lokalfarben« sollen aus einem zunächst

---

1 Vgl. Jean Paul: *Vorschule der Ästhetik*. Hrsg. und kommentiert von Norbert Miller. München 1963, S. 210 ff.

nur skizzierten Charakter eine Figur mit bestimmten Eigenheiten, Vorlieben und Umgebungen machen, sie sollen das Empfinden und Wahrnehmen des Charakters konkretisieren und der ersten vagen Skizze damit zu konkreter Anschaulichkeit und zu lebendigem Dasein verhelfen.

Wie ein solches Wachstum eines Charakters bis hin zu einer lebendigen Figur aussehen könnte, haben wir in der zweiten Vorlesung am Beispiel von Theophrasts *Charakteren* bereits beobachtet. Theophrast, wir erinnern uns, hatte seine Charaktere – ganz ähnlich übrigens, wie es Jahrtausende später dann auch Thomas Mann in seinen Notizen tat – mit vielen, sehr unterschiedlichen Szenen und Situationen in Verbindung gebracht, er hatte sie dadurch porträtiert und gezeichnet und ihnen damit eine Fülle poetischen Stoffs zugeführt, der die Figuren mit lauter Details ausstattete und sie damit umlagerte. Das *Wachsen einer Figur* wurde so von einem *Wachsen des poetischen Materials* begleitet, das von einer geradezu verschwenderischen und letztlich unbegrenzten Vielfalt und Buntheit war.

In seiner *Vorschule* betrachtet Jean Paul diese immense Vielfalt des poetischen Stoffs nun als Problem, indem er danach fragt, wie sie im Blick auf das Wachsen einer Figur hin begrenzt und damit bearbeitet werden kann. Zum einen, hält er fest, hat es der Romanautor mit einem großen Bestand an »Lokalfarben« eines Charakters zu tun, zum anderen aber muss ihm daran gelegen sein, im Roman nur jene »Lokalfarben« zu verwenden oder zu »aktivieren«, die einer Romanfigur auf besonders intensive Weise zugute kommen. Deshalb also darf er es nicht mit dem Sammeln von »Lokalfarben« bewenden lassen, er muss die »Lokalfarben« vielmehr im Blick auf ein Kriterium prüfen, das Jean Paul als die »Grundfarbe« eines Charakters bezeichnet:

> Jeder Charakter, er sei so chamäleontisch und buntfarbig zusammengemalt, als man will, muß eine Grundfarbe als die Einheit zeigen, welche alles beseelend verknüpft; ein leibnizisches vinculum substantiale, das die Monaden mit Gewalt zusammenhält. Um diesen hüpfenden Punkt legen sich die übrigen geistigen Kräfte als Glieder und Nahrung an.[1]

Mit der Fixierung der »Grundfarbe« eines Charakters ist der Masse der Notizen und der letztlich unendlich erscheinenden Ausbreitung des poetischen Materials eine Grenze gesetzt, die als eine Art Selektionsprinzip dient: Aufnahme in den Roman findet vor allem jenes Material, das die Grundfarbe eines Charakters besonders deutlich in Szene setzt und sie gleichzeitig kunstvoll, aber unauffällig variiert. Genau dadurch ergibt sich die Auswahl jener Szenen, Räume und Handlungselemente, die das Interesse an dem jeweiligen Charakter erhalten und gleichzeitig beleben.

Rekonstruieren wir von diesem Punkt der Überlegungen aus jetzt noch einmal, wie die zentrale Figuren-Idee zum Roman *Flegeljahre* entstand. Eine Figur wurde geboren, indem nach und nach ihre Passionen (die Dichtung), ihre Eigenschaften (Ungeschick, Träumerei etc.) und ihre soziale Zugehörigkeit (zu den niederen Ständen) notiert wur-

---

1 Vgl. Jean Paul: *Vorschule der Ästhetik*, a.a.O., S. 224

den. All diese Festlegungen und Kennzeichnungen sollten durch ein starkes Ereignis (ein Geschenk/eine Erbschaft) nun gleichsam getestet und auf die Probe ihrer Verlässlichkeit gestellt werden. Von diesen kleinen Fundamenten aus plant Jean Paul nun weiter, indem er Vorschläge für den Namen seines Helden macht. Mal soll er Tänzel, mal Blitz, mal Gotthold, mal Gotthilf heißen – die Namen sind keineswegs von geringer Bedeutung, denn sie drehen und wenden die Figur und versetzen sie in immer neue Aggregatzustände. Erkennbar bleibt aber die »Grundfarbe« des etwas einfältigen, ahnungslosen jungen Schwärmers, der sein Tun und Handeln nicht ganz durchschaut, sondern blauäugig, aber mit allem nur denkbaren Enthusiasmus durch die Welt streift. Am Ende einer langen Reihe von Namensgebungen und Betrachtungen seiner besonderen Anlagen und Züge erhält er die Namen Gottwalt Peter Harnisch.

Je länger sich Jean Paul aber mit ihm beschäftigt, je länger er ihn bis in alle Einzelheiten studiert und sich in ihn vertieft, umso näher rückt nun wiederum die Figur an ihn heran und umso intimer wird die Nähe zu ihr. Schließlich erkennt er in der Figur nicht nur einen Freund, sondern ein ihm beinahe verwandtes Wesen, ja sogar einen Teil seiner selbst, hat doch der junge Gottwalt Peter Harnisch durchaus auch etwas vom ehemals jungen Jean Paul, etwas, das an dessen Träumereien und all sein Ungeschick während seiner Leipziger Studienzeit erinnert, in der dieser junge, angehende Schriftsteller ebenfalls ein bettelarmer, aber dennoch enthusiastischer Phantast war. Schließlich ist Jean Paul seine eigene Romanfigur derart nahe, dass er sie am liebsten ein Stück ihres Romanwegs begleiten und mit ihr in seiner eigenen Dichtung verschwinden würde, um an ihrer Seite von Ort zu Ort zu wandern und die Lebensprüfungen zu bestehen.

Für einen Moment ist diese Idee sogar so verlockend, dass Jean Paul daran denkt, sich unter seinem Jugendnamen (Johann Paul Friedrich Richter) zu einer Figur seines Romans und damit zum *Zwillingsbruder* des jungen Gottwalt zu machen. Neben dem einfältigen Gottwalt wäre er, als der junge Richter, der nunmehr gereifte, lebenskundige, virtuose, vor Einfällen sprühende Bruder, der nicht nur genau begreift, was um ihn herum geschieht, sondern das Geschehen auch selbst in die Hand nimmt und gestaltet. Als eine solche Romanfigur könnte er den einfältigen Gottwalt vor Schlimmerem bewahren, er könnte ihn führen und leiten und ihm gleichsam immer wieder auf die Sprünge helfen, so dass er nicht laufend abstürzen, Schaden nehmen und die ihm zugesprochene Erbschaft am Ende nicht wieder verlieren würde ...

Jean Paul hat diese, eine Zeit lang in seinen Romanvorarbeiten auftauchende und ihn überaus stark anziehende Idee später wieder verworfen. Nein, er taucht in den *Flegeljahren* nicht als der Zwillingsbruder des jungen Gottwalt auf, nein, so weit wagt er sich nicht in den eigenen Romankosmos vor. Er zieht sich vielmehr zurück auf die Figur eines *Biographen*, dem man die Materialien der Geschichte zuträgt und den man mit ihrem Ab- und Umschreiben beschäftigt. Der *Biograph* mischt sich nicht in das Geschehen ein, er verhält sich neutral, er nimmt das poetische Material entgegen, kleidet es aus und präsentiert es als eine Geschichte. Auf den Zwillingsbruder seines jungen Helden verzichtet Jean Paul als Romanautor aber denn doch nicht ganz, nur trennt er diese Figur von sich und den Ähnlichkeiten zu seinem eigenen Leben ab und gibt ihm einen eigenständigen Namen: So entsteht Vult, der skeptische, ironische, lebenskundige Zwillingsbruder Walts, und so werden Walt und Vult, die Zwillingsbrüder, dann zu den Hauptfiguren des Romans *Flegeljahre*, in dessen Verlauf Jean Paul ihre sehr gegensätzlichen »Grundfarben« in oft sehr ähnlichen Szenen und Situationen porträtiert und miteinander vergleicht. Der Biograph aber bleibt im Hintergrund, er ist der »Schreiber« und der stille Beobachter eines Geschehens, in dem sich die beiden Brüder aufgrund ihrer Gegensätzlichkeit unaufhörlich aufeinander zu und voneinander wegbewegen.

Ich möchte hier nicht länger verfolgen, wie Jean Paul sich in den weiteren Schritten der Vorarbeiten zu seinem Roman von dieser Konzeption eines sehr gegensätzlichen und sich dennoch liebenden Zwillingsbrüder-Paars aus zu den Elementen einer Romanhandlung vortastet, die von jedem der beiden Akteure sowohl vorangetrieben als auch immer wieder zum Stillstand gebracht wird.[1] Stattdessen möchte ich für unseren Gedankengang noch einmal jene Arbeits-Schritte resümieren, die wir im Fall der Jean Paulschen Figuren-Erfindungen beobachten konnten. Der erste dieser Arbeits-Schritte war jenen ersten Arbeits-Schritten sehr ähnlich, die wir etwa bei Theophrast oder Thomas Mann bereits hatten beobachten können: Aus

---

1 Vgl. hierzu: Hanns-Josef Ortheil: *Wie Jean Paul seine Figuren erfindet: Walt und Vult, die genialischen Brüder.* In: Hans-Herbert Wintgens/Gerard Oppermann (Hrsg.): *Literarische Figuren: Spiegelungen des Lebens.* Hildesheim 2007, S. 235–254

einer Charakter-Skizze entstand nach und nach eine Romanfigur, die im Blick auf mit ihr zusammenhängende Situationen und Szenen weiter *ausphantasiert* wurde. Dadurch entstanden prinzipiell unendlich viele »Lokalfarben« dieser Figur, deren Vielfalt im nächsten Schritt an die Fixierung einer »Grundfarbe« rückgebunden und damit fokussiert und intensiviert wurde. Durch die Ausphantasierung der »Lokalfarben« wie die darauf folgende Besinnung und Konzentration auf eine »Grundfarbe« rückte die Figur mit der Zeit so nahe an ihren Schöpfer heran, dass dieser Schöpfer sich schließlich sogar als ihr *Bruder* empfand. Die starke Empfindung, ein Bruder einer bestimmten Romanfigur zu sein, zog Jean Paul dann immer mehr in sein eigenes Phantasieren und Schreiben hinein, er wollte dieses Phantasieren und Schreiben nicht mehr für sich bestehen lassen, sondern unbedingt ein Teil der Romanentstehung werden, er wollte in dieser Entstehung eine aktive Rolle spielen, ja, er wollte in ihr nicht nur vorkommen, sondern *leben*.

Was wir am Beispiel Jean Pauls beobachtet haben, ist der für den Fortgang der Romanentstehung von den ersten Stadien der Konzeption bis hin zur Niederschrift entscheidende, ja vielleicht das Weiterschreiben und damit das Gelingen des Romans letztlich herbeiführende *Sprung*: Das anfänglich intuitiv entstandene *Faszinosum* des Romans verwandelt sich auf dem Weg eines immer weiter entwickelten *Ausphantasierens* in eine dem Romanautor *nahe* Welt, in der er selbst *anwesend sein* und *leben* möchte. In diesem Sinn geht er von nun an verwandtschaftliche Beziehungen zu seinen Figuren ein, in diesem Sinn schließt er Freundschaft mit einer von ihnen oder vielleicht sogar gleich mit mehreren, ja in diesem Sinn ergeben sich durchaus heftige Liebesbeziehungen zu bestimmten Figuren, die so tief und elementar sind, dass sie noch lange über die Romanniederschrift hinaus Bestand haben (und dann durchaus weitere Romane anregen) können.[1]

Von diesen weiterführenden Beobachtungen her können wir nun genauer danach fragen, als was das spezifische, sich in mehreren, sehr unterschiedlichen Phasen vollziehende *Ausphantasieren des Romanstoffs* eigentlich zu verstehen ist. Schritt für Schritt entwickelt es eine zunächst noch vage *Geschichte*, die durch besonders intensive Momente und Zeichen mit ihrem Schöpfer verbunden ist. Dieser Schöpfer verleiht ihr zwar bestimmte Konturen, beherrscht sie jedoch keineswegs, vielmehr verfolgt die Geschichte auch ihre eigenen Vorgaben, sie beginnt, ihren Schöpfer zu locken, ihn hineinzuziehen in ihren Bann, ja ihn letztlich zu einem fernen Fluchtpunkt all ihrer Materialien zu machen. Zu einem bestimmten Zeitpunkt dieses Prozesses *zielt* die Geschichte auf den Romanautor wie auf ein *Medium*, das ihre Materialien ansaugt, sammelt, weiterspinnt, mischt – und sich dabei so sehr in sie vertieft, dass es nicht mehr mit der Person des Autors identisch ist, sondern eine Art *Romanleben* führt.

---

1 In einem Gespräch über seinen Roman *Abendland* sagt Michael Köhlmeier: »In Wahrheit hoffe ich ja, einige der Figuren tauchen in einem nächsten Buch wieder auf. Ich weiß schon, vieles, was einem nach so langer Arbeit einfällt, stellt sich bald als Fußnote zu dem gerade beendeten Buch heraus. Aber ich habe die Personen liebgewonnen, wirklich liebgewonnen, und dann kann man nicht den Computer zuklappen und sagen: So, das war's, jetzt seid ihr weg, ciao!« (In: *FAZ* vom 5. Oktober 2007, S. 52)

In diesem Stadium der Romanentstehung *verwächst* der Autor mit der Romanwelt, er geht Verbindungen zu Figuren und Räumen ein und wird dadurch allmählich zu einem lebendigen *Teil des Romans*, der sich in der Nähe der Hauptfiguren, in ihren Räumen, aber auch fernab, in den entlegensten Winkeln und Zonen der Geschichte, *ansiedeln* kann. So gesehen, *lebt* der Autor in seiner Geschichte und wird gleichzeitig von ihr *erlebt,* oder, anders gesagt: Die Geschichte stellt sich für ihn als eine Erzählung dar, die zwar *von* und *mit* ihm zusammen erzählt, als Ganzes aber keineswegs von ihm kontrolliert oder begriffen wird. Eher erscheint sie wie ein *Traum*, in dem der Autor zwar immer wieder vorkommt und auftritt, aus dem er jedoch, während er ihn träumt (und gleichzeitig von ihm geträumt wird), nie ganz erwacht.

Das *Ausphantasieren des Romanstoffs* als eine Art *Traumphantasie* – diese Erfahrung haben vor allem jene Romanautorinnen und Romanautoren gemacht, die mit den Besonderheiten von Traum-Strukturen bereits durch weitergehende Lektüren vertraut waren. Ein besonders beeindruckendes Zeugnis dieser Vertrautheit sind die Gespräche, die die britische Romanautorin A. S. Byatt mit der Psychoanalytikerin Ignês Sodré vor einigen Jahren geführt hat.[1] In ihnen kommt sie auf eine Traumerfahrung zu sprechen, die dem Träumen von Romanphantasien stark ähnelt. Es ist die Erfahrung, dass der Träumende mitten im Traum innehält und dann für einen Moment wirklich glaubt, den Traum von außen betrachten und damit fassen zu können:

---

1 A. S. Byatt und Ignês Sodré: *Imagining Characters. Six Conversations about Women Writers.* Hrsg. von Rebecca Swift. London 1995

Als Romanautorin interessiert mich die Fähigkeit des Träumenden, ein paar Schritte zurückzutreten und den Traum zu analysieren, während er stattfindet. Man meint: »Jetzt *weiß* ich, dass das eine Geschichte ist.« Und manchmal glaubte man gar, die Geschehnisse vorantreiben oder kontrollieren zu können; man sagte sich: »Ich müsste doch dies oder jenes sehen können, wenn ich es nur wirklich versuche«, und sieht es dann auch.[1]

Erinnern wir uns noch einmal an den Wunsch Jean Pauls, in brüderliche Nähe zu einer Romanfigur selbst als Figur in seinem Roman zu erscheinen. Im Blick auf die Traumerfahrungen von A. S. Byatt können wir diesen Wunsch nun besser verstehen, handelt es sich offensichtlich doch um den Wunsch eines Romanautors, die Kontrolle über den eigenen Romanstoff zu behalten. Ein paar Schritte zurücktreten, den Traum analysieren und sich gleichzeitig in ihm aufhalten – genau dieser paradoxe Wunsch liegt dem Jean Paulschen Bruderkonzept zugrunde. Für einen Moment erscheint Jean Paul dieses Konzept sehr attraktiv, gaukelt es ihm doch vor, sich gegenüber der Magie des Romanstoffs als Autor in Sicherheit bringen zu können. Letztlich ist aber auch das eine Phantasie, die Phantasie von einer Figur, die im Roman eine dominante Rolle spielen, gerade dadurch aber seine eigenständige Entwicklung, sein Wachsen aus sich heraus, blockieren würde.

Genau diese große Gefahr, die Gefahr, dass der Autor den Roman dominiert und bis ins Letzte plant und diri-

---

1 A. S. Byatt und Ignês Sodré: *Träume und Fiktionen*. In: Karl Wagner (Hrsg.): *Moderne Erzähltheorie. Grundlagentexte von Henry James bis zur Gegenwart.* Wien 2002, S. 439

giert, scheint Jean Paul gewittert zu haben. Gerade noch rechtzeitig korrigiert er sein Bruderkonzept und gibt sich mit der bescheideneren, passiven Rolle eines Biographen zufrieden. Als Biograph seiner Figuren darf er in seinem Roman erscheinen, als Biograph steht er dessen Wachsen nicht im Wege, sondern begleitet es nur. Als Bruder einer zentralen Figur dagegen würde er mit all seinen Absichten und Planungen zu einer dominanten Figur, die unaufhörlich damit beschäftigt wäre, im Verlauf der Romanentstehung den Überblick zu behalten und den Blick auf sich selbst zu behaupten.

Etwas anderes wäre es freilich, wenn ein Romanautor die eigenen Träume nutzen und ihre dunklen Erzählungen als eine Chance begreifen würde, aus dieser Dunkelheit Wege zum Erzählen zu finden. Dann nämlich müsste er die sich im Traum ergebende Machtlosigkeit seines Ich zunächst einmal akzeptieren, um von ihr aus zu versuchen, Momente des Traumgebildes in eine Erzählung zu übertragen. Gelänge ihm das, könnte er sich gleichsam vom Traum in den Roman hinüberstehlen, ja er könnte den Traum als eine Art *fortgeschrittener erster Roman-Idee* behandeln, in die er von vornherein integriert wäre.

Genau mit solch komplizierten und faszinierenden Wegen beschäftigt sich der Romanautor Patrick Roth, der sich mit dem spannungsreichen Verhältnis von Traum und Erzählung wie kein anderer Autor der deutschsprachigen Gegenwartsliteratur auseinandergesetzt hat. In einer seiner Poetik-Vorlesungen beschreibt er den Traum als Form einer eigenen Logik, die dem Ich alle Macht zunächst einmal entzieht:

Jede Nacht aber wird dir beim Einschlafen die Macht entzogen. Regierungssturz. *A bas le roi*, der König »Ich« steht ohne Kleider da, hier gilt ein anderes Gesetz. Bewusstseinswechsel: Ein anderes Bewusstsein, eine andere Welt zieht ein und baut sich so gewaltig auf, es ist, als gäbe es nur diese *ihre* »Logik«, die dieses Traums – der ewig währen wird; die dieser Nacht, die grad so tut, als gäbe es nichts als sie und die kein Ende nehmen will! … Vom Ich aus gesehen: Das Dokument einer Entmachtung. Aber auch das Dokument einer Macht: die jetzt *zu dir spricht*. Des Unbewussten, das sich an dich wendet: In diesen seinen Bildern, in dieser seiner Sprache. Was sagt es?[1]

Nach unseren bisherigen Beobachtungen zur Entstehung von Romanen kommt uns eine solche Passage fremd und doch seltsam bekannt vor. Anders als wohl die meisten Roman-Autoren fixiert Patrick Roth als erste Roman-Idee weder eine Figur noch einen Raum, noch einen weiterzuschreibenden Text, sondern den Traum. Im Traum aber sind die uns vertrauten ersten Ideen bereits in einer Art *höheren Ordnung* enthalten, denn auch im Traum gibt es natürlich Figuren und Räume, ja der Traum selbst stellt sich als ein einziger weiterzuschreibender Text dar. Auf einer solchen höheren Stufe aber lädt er den Romanautor nun in genau jener lockenden und anziehenden Art ein, ihm zu folgen, wie es auf einer einfacheren Ebene Figuren, Räume und Texte tun. Daher heißt es auch bei Patrick Roth, dass sich das Unbewusste an den Romanautor *wende,* dass das Traumdokument *zu ihm spreche*: Komm, folge mir nach … – wie im Fall von Fontane und Virginia

---

1 Patrick Roth: *Zur Stadt am Meer. Heidelberger Poetikvorlesungen.* Frankfurt/Main 2005, S. 34

Woolf haben wir es also auch bei Patrick Roth mit einem magisch wirkenden *Faszinosum* zu tun, das nun freilich nicht aus Figuren und Räumen, sondern bereits aus Träumen besteht. Und wie im Fall von Thomas Mann oder Jean Paul beginnt nun auch Patrick Roth, das *Faszinosum* zu umlagern und anzureichern (und dadurch mit ihm zu *phantasieren*), bis es *lebendig* wird:

> Fixier es! Mach es bewusst! Umgib das ins Bewusstsein Gezogene – den fixierten Traum – jetzt mit benachbarten Bildern (den »Assoziationen«), umlagere ihn, reichere ihn an. Und mach ihn hier und jetzt: lebendig. Mach ihn lebendig. Mundöffnung der Bilder – lass sie reden! Und höre.[1]

Das Lebendig-Werden der Bilder – hier entsteht es auf eine ganz andere Weise als dadurch, dass der Autor versucht, Macht über seinen Traum zu gewinnen. Nicht einmal im Entferntesten denkt Patrick Roth daran, sich in seinem Traum einen Statthalter zu schaffen, um von der Figur dieses Statthalters aus den Traum zu durchschauen oder zu überblicken. Vielmehr verläuft der Weg hier gerade andersherum: Die Bilder sollen *sprechen*, der Autor soll auf sie *hören*; gerade indem er sie *sprechen* lässt und auf sie *hört*, gerade indem er ganz *Medium* wird und gleichsam hellhörig *meditativ*, werden sie für ihn *lebendig*.

Ich will den Wegen von Patrick Roths Traumstudium an dieser Stelle unserer Überlegungen aber nicht weiter folgen, sondern – nach dieser kurzen Abschweifung und Ergänzung zu unserem Gedankengang – nun danach fra-

---

1 Patrick Roth: *Zur Stadt am Meer*, a.a.O., S. 35

gen, wie ein Roman-Autor die nach den ersten Phasen der Vorarbeiten hergestellte *Nähe* zu seinem Romanstoff weiterentwickeln kann. Begleiten Sie mich deshalb noch einmal auf einem meiner eigenen Wege zum Roman und folgen Sie mir nach Rom, wo ich mich, wie Sie bereits aus der letzten Vorlesung wissen, wegen eines Villa-Massimo-Stipendiums im Frühjahr 1991 aufhielt. Zwei Roman-Projekte in noch sehr vorläufigem Zustand hatte ich mit dorthin gebracht, ein Projekt beschäftigte sich mit Giacomo Casanova und der Entstehung von Mozarts Oper *Don Giovanni* in Prag, das andere kreiste um die Gestalt eines jungen Mannes, der todkrank in der venezianischen Lagune aufgefunden wurde, nach seiner Genesung über seine Herkunft nichts mitzuteilen wusste und schließlich als einer der großen Zeichner und Maler seiner Zeit entdeckt wurde. Beide Geschichten spielten in der Spätzeit des achtzehnten Jahrhunderts, kurz vor der Französischen Revolution – die gemeinsame *zeitliche Welt-Folie* machte vorläufig eine ihrer wenigen Gemeinsamkeiten aus.

Als ich in Rom weiter über beide Geschichten nachdachte, hielt ich mich zunächst an diese Gemeinsamkeit, denn in Rom war ich von den Räumen beider Geschichten (Venedig und Prag) weit entfernt, nicht aber von der Zeit, in der sie spielten. Das historische Zentrum Roms im Jahr 1991 war vielmehr in seiner Bausubstanz und der Anlage seiner Straßen noch beinahe völlig identisch mit dem alten Rom des späten 18. Jahrhunderts, an das darüber hinaus noch viele Zeichnungen, Kupferstiche und andere Dokumente überall in den Schaufenstern der römischen Antiquitätenläden und Antiquariate erinnerten. Wollte ich meinen beiden Romanideen nahe bleiben, konnte ich mich auch in Rom leicht in dieser Spätzeit bewegen, ich konnte auch dort Material und »Welthaltiges« sammeln, schließlich waren die Atmosphären der Vergangenheit noch in unendlich vielen Details gegenwärtig.

Es war also eine Hilfskonstruktion, die ich mir damals anfänglich zurechtlegte: Da ich vermutete, dass es mir in Rom wegen der großen Distanz zu den Figuren und Stoffen meiner beiden Romanprojekte schwerfallen werde, an diesen Projekten weiterzuarbeiten, suchte ich nach *zeitlichen* Anknüpfungspunkten und begann deshalb *gezielt* nach Bildern und Abbildungen zu suchen, die mir das Rom des späten 18. Jahrhunderts bis ins Detail vor Augen führten. Dabei stieß ich zum einen rasch auf die Kupferstiche Giovanni Piranesis, die viele der römischen Plätze und Straßen in Piranesis typisch theatralischer Manier ausstellten, zum anderen aber auch auf einen alten Stadtplan, den Giambattista Nolli angefertigt und 1748 veröffentlicht hatte. Zeigten mir Piranesis Stiche das alte Rom aus dem Blickwinkel des beeindruckten Wanderers und Spaziergängers, der zu den großen Gebäuden aufschaute und daneben die kleinen Szenen des Alltags registrierte, so entwarf Nolli das weite Panorama der Stadt aus der Vogelperspektive: Haus für Haus des römischen Zentrums war auf diesem Plan nummeriert und in einer beigefügten Legende eigens benannt, es handelte sich um einen hoch exakten, nach Art unserer Falk-Pläne zusammenklappbaren Stadtplan, der den zahlreichen, damals in Rom lebenden Fremden eine perfekte Orientierung ermöglicht hatte.

»Eine perfekte Orientierung für die vielen damals in Rom lebenden Fremden ...« – das war genau die Formulierung, die ein römischer Antiquar mir gegenüber gebrauchte, als er mir im Frühjahr 1991 diesen Plan zeigte. Bis heute begreife ich nicht, warum ich mich damals nicht sofort an »einen dieser zahlreichen Fremden« erinnerte, sondern den alten Stadtplan weiter schweigend und staunend betrachtete, so dass der römische Antiquar, um das Kaufgespräch weiter in Gang zu halten und rhetorisch zu beleben, ausholte, um »einige dieser zahlreichen Fremden« zu benennen: Goethe, Johann Wolfgang von Goethe zum Beispiel ..., Goethe habe, wie aus seinen Reisetagebüchern hervorgehe, genau diesen Stadtplan wenige Tage nach seiner Ankunft in Rom im Herbst des Jahres 1786 erworben und dann während seines gesamten, mehrjährigen Rom-Aufenthaltes benutzt. Goethe? Johann Wolfgang von Goethe?! Goethe hatte genau diesen Plan benutzt? Und das genau in den Jahren 1786 bis 1788 ... – und damit genau in *den* Jahren, in denen meine beiden Roman-Projekte spielten?!

Ich erinnere mich gut, wie elektrisiert ich damals auf diesen Hinweis des römischen Antiquars reagierte. Plötzlich hielt ich einen Stadtplan Roms in Händen, der mir das Rom des späten 18. Jahrhunderts bis in jedes Detail präsentierte und dadurch zu einer idealen *Welt-Folie* für eine Lektüre von Goethes *Italienischer Reise* wurde. Mit Hilfe dieser beiden Quellen konnte ich das Rom der Vergangenheit gleichsam auf ideale Weise erforschen: Goethes Reisebericht würde mir als Führer und Wegweiser, und Nollis Stadtplan würde mir als anschauliche Karte dienen, die mir Goethes Wege durch Rom und seine damalige Umgebung Haus für Haus vorstellte. Ergänzte ich diese beiden Quellen noch um die Stadtansichten Piranesis, so konnte ich mich mit einiger Phantasie recht exakt durch das Rom des späten 18. Jahrhunderts bewegen.

Wenige Tage, nachdem ich Nollis alten Stadtplan bei dem römischen Antiquar erworben hatte, begann ich mit diesem Vorhaben, indem ich genau jenen Platz aufsuchte, den Goethe nach seiner Ankunft in Rom als Ersten betreten hatte. Im Frühjahr 1991 war ich jedoch bald erstaunt und auch etwas enttäuscht darüber, dass Goethe seine Ankunft im Oktober 1786 auf der Piazza del Popolo zwar in der *Italienischen Reise* in durchaus bewegten Worten vermerkt, mit keinem einzigen Wort aber seine ersten Eindrücke von der Ewigen Stadt geschildert hatte. Anstatt dem neugierigen Leser anschaulich und konkret zu beschreiben, was er auf der Piazza del Popolo beobachtet und gesehen hatte, rekapitulierte er vielmehr noch einmal die Stationen und Mühen der langen Reise. Goethes Ankunft in Rom, eines der bedeutsamsten Ereignisse der deutschen Geistesgeschichte, blieb in Goethes eigener Darstellung blass und entzog sich damit jeder Vorstellung. Nahm man jedoch Piranesis Vedute von der Piazza del Popolo und Nollis Stadtplan ergänzend zur Hand, so belebte sich diese Vorstellung sofort. Auf Piranesis Kupferstich nämlich sah ich die prachtvollen Kutschen, in denen der römische Adel sich hinaus vor das Stadttor fahren ließ, ich sah kleine Gruppen von Spaziergängern in angeregter Konversation rings um den großen Brunnen in der Mitte des Platzes, und ich sah die Holzkarren, auf denen das Gepäck der eintreffenden Fremden zum Zollhof gefahren wurde. Mein Blick auf Piranesis Stich komplettierte die Szene, die Goethe in der *Italienischen Reise* so sehr im Vagen gelassen hatte, bis er schließlich in der unteren, linken Ecke des Stichs an einem einzelnen Mann hängen blieb, der auf einem Stein saß und die Szenerie auf dem Platz ruhig betrachtete.

Etwas vom Blick dieses ruhig dasitzenden Mannes mischte sich damals, im Frühjahr 1991, wohl auch in meinen Blick auf die Piazza del Popolo, etwas von seinem neugierigen *Studium*, etwas von seiner müßiggängerischen Gelassenheit. Stell dir vor, dachte ich damals, stell dir vor ..., genau dieser römische Müßiggänger habe bei Goethes Ankunft in Rom an genau dieser Stelle gesessen und Goethes Ankunft in Ruhe beobachtet: Wie hätte dieser junge Römer Goethes Ankunft wahrgenommen, wie hätte er sie geschildert ...? Ich erinnere mich gut, wie begeistert ich von diesem schlichten und kurzen Phantasie-Impuls war, denn indem ich mir vorzustellen versuchte, wie dieser still dasitzende Römer Goethes Eintreffen in Rom beobachtete, belebte sich ja plötzlich die ganze Szene: Goethe stieg aus der Reisekutsche und warf seinen Hut mit der breiten Krempe in die Höhe, Goethe streckte und dehnte die müden Glieder und breitete die Arme aus, Goethe blieb wie geblendet stehen und schaute in die Weite der drei Straßenfluchten, die von der Piazza aus ins Innere der Stadt führten ... Damals beendete ich das rasch in Bewegung kommende *Phantasieren* dadurch, dass ich dem in der linken, unteren Ecke von Piranesis Kupferstich still dasitzenden und das Treiben auf der Piazza del Popolo studierenden Mann einen Namen gab, ich nannte ihn Giovanni Beri, aber ich ahnte noch nicht, dass ich mit dieser Namensgebung bereits an einer ersten Roman-Figur und damit an einem dritten Roman-Projekt arbeitete.

In den nächsten Tagen und Wochen durchstreifte ich genau jenen Raum, in dem sich auch Goethe während seines römischen Aufenthalts bewegt hatte. Ich begann meine Spaziergänge und Wanderungen vor dem Haus, in dem er zusammen mit einigen deutschen Malerfreunden gewohnt hatte, ich folgte den Wegen und Straßen, die er zu den römischen Sehenswürdigkeiten eingeschlagen hatte, ich schaute mir die Wohnungen und Häuser all der Freunde und Bekannten an, in denen er seine Tage und Nächte verbracht hatte, ja ich folgte selbst den unauffälligsten *Spuren*, die in der *Italienischen Reise* auftauchten. Dabei war freilich nicht zu übersehen, wie bewusst er diese Spuren einerseits gelegt und andererseits auch wieder verwischt hatte. Aufeinander bezogen und hintereinander gelesen, ergaben diese Spuren so etwas wie eine Steigerung: Goethe eignete sich den weiten Kosmos der großen Stadt Schritt für Schritt, ja beinahe methodisch, an, ein Bildungserlebnis nach dem anderen machte die Stationen dieser Aneignung aus, während der römische Alltag und all die Geschichten, die das eher Private und Intime des Erlebens betrafen, nirgends zur Sprache kamen. All diese privaten und intimen Momente hatten mit der realen Umgebung, mit den Menschen, Räumen und Szenen zu tun, die auf den Stadtansichten Piranesis und Nollis Stadtplan aber nun wiederum in großer Plastizität erschienen. Indem ich diese Quellen zu Hilfe nahm, las und entdeckte ich Goethes Rom-Aufenthalt plötzlich neu, ich las und entdeckte ihn mit *neuen Augen*, und diese Augen, natürlich, sie gehörten nicht mir, einem Rom-Besucher des späten zwanzigsten, sondern sie gehörten einem Mann, der durch das Rom des späten achtzehnten Jahrhunderts flanierte.

Nach einer Weile begriff ich, welch eine geradezu un-
heimliche *Verwandlung* sich damals vollzog: Ich tauschte
meine Gegenwartsexistenz ein gegen die Existenz eines
Mannes, der Goethes Spuren im späten achtzehnten Jahrhundert Schritt für Schritt folgte, der ihn beobachtete und
studierte und der versuchte, hinter die dunklen Geheimnisse dieses in der *Italienischen Reise* zum Bildungserlebnis verklärten Aufenthaltes zu kommen. Je deutlicher
mir diese Verwandlung bewusst wurde, umso deutlicher
spürte ich aber auch, in wen ich mich da Schritt für Schritt
verwandelte: Nicht ich selbst folgte ja Goethes Spuren,
sondern eher ein Mann, den ich als meinen Doppelgänger
(oder im Jean Paulschen Sinn als meinen »Bruder«) hätte
bezeichnen können. Und wer konnte dieser Doppelgänger
und Bruder sein, wenn nicht jener junge Römer mit Namen Giovanni Beri, der mir zum ersten Mal bereits auf der
Piazza del Popolo begegnet war? Von Tag zu Tag wurde
Giovanni Beri immer mehr zu einem Voyeur der Goetheschen Wege und schließlich zu einem Spion, der Goethes
Existenz bis in ihre geheimsten Regungen erforschte.

Ich möchte hier nicht weiterverfolgen, wie aus diesen
ersten Phantasie-Impulsen (der Entstehung einer Figur,
der Verfolgung von Spuren und Wegen) schließlich ein
Roman-Projekt (*Faustinas Küsse*) entstand, Hinweise zu
diesem sich sehr allmählich vollziehenden Prozess habe
ich an anderer Stelle bereits gegeben.[1] Lassen Sie uns viel-

---

1 Vgl. Hanns-Josef Ortheil: *Die Geheimnisse des Herrn von Goethe in Rom.*
Zur Entstehung des Romans »Faustinas Küsse«. In: Gerd Herholz (Hrsg.): *Ex-*
periment Wirklichkeit. Renaissance des Erzählens? Essen 1998, S. 18–34. Eine
um kreativitätstheoretische Überlegungen erweiterte Fassung dieses Essays bietet:
Hanns-Josef Ortheil: *Selbstversuch am offenen Herzen. Nachforschungen zum*

mehr noch einmal genauer untersuchen, was sich da im Frühjahr des Jahres 1991 in Rom eigentlich ereignete und damit an die Beobachtungen und Überlegungen anknüpfen, die wir bisher zur Entstehung von Romanen gemacht haben. Deutlich zu erkennen ist, dass ich den Goetheschen Text der *Italienischen Reise* damals als einen *offenen Text* wahrnahm, den ich mit Hilfe von Giovanni Beris Beobachtungen gleichsam weiterschrieb; deutlich ist auch, dass die Offenheit dieses Textes auf mich wie eine *Aufforderung* wirkte, Goethe auf seinen Wegen durch Rom zu folgen. Mit Goethe selbst war damit eine erste Figur gegeben, die mich in ein anfänglich noch völlig undurchschaubares Geflecht von Szenen und Geschichten zog; mit der Figur Giovanni Beris entstand eine zweite Figur, die sich bemühte, dieses Geflecht zu deuten oder sogar zu verstehen. Indem Beri sich auf die Spuren Goethes begab, öffneten sich darüber hinaus aber auch Schritt für Schritt die von Goethe nicht dargestellten oder beschriebenen (und daher *geschlossenen)* Räume; sie wurden begehbar, sie nahmen Gerüche, Farben und Atmosphären an, ja sie wurden mir mit der Zeit so vertraut, als stünde ich nicht einer fernen Vergangenheit gegenüber, sondern als wären diese Räume mir *nahe*, als wären es auch *meine eigenen Räume.*

Ich nenne diesen bedeutsamen, sich sehr allmählich und schleichend vollziehenden Prozess den *Prozess der Einverleibung* des Romanstoffs. An seinem Ende ist der Autor ein *Teil des Romans*, am Ende isst, trinkt, schläft und be-

Thema »Literarische Kreativität«. In: Rainer M. Holm-Hadulla (Hrsg.): *Kreativität.* Heidelberger Jahrbücher XLIV 2000, S. 227–244

wegt er sich im Kreis seiner Figuren, am Ende paktiert und intrigiert er mit ihnen, am Ende lebt er in der *Romanwelt*. In diesem Zustand der Romanentstehung verselbständigen sich die anfänglichen noch vagen *Traumphantasien*, sie lösen sich von ihrem Schöpfer und werden allmählich zu *Geschichten*, die sich immer enger miteinander *verbinden*. Wodurch aber stellen sich solche Verbindungen her, wodurch werden die anfänglichen *Traumphantasien* zu einer immer dichter zusammenwachsenden *Romanwelt*?

Beobachten wir um noch einige weitere Nuancen genauer, was damals, im Frühjahr 1991, in Rom geschah. Ich hatte die Untersuchung von Goethes römischer Existenz nicht selbst betrieben, sondern sie einem Stellvertreter (einer Figur, einem »Doppelgänger«) übertragen, der Goethes römische *Spuren* bis hin zu den kleinsten Details verfolgte.[1] Giovanni Beri hatte sich angeboten, Goethes Aufenthalt *zu recherchieren*, in diesem Sinn war er eine Art *Spurenleser* und handelte und arbeitete wie ein Detektiv oder auch wie ein Spion. Wie aber vollzog sich eine solche Spurensuche genau, was passierte da in jedem einzelnen Moment? Giovanni Beri machte sich auf den Weg, er *ging* hinter Goethe her, er war das taktile Zeichen, das sich plötzlich durch die Wege und Straßen von Nollis Stadtplan bewegte und aus der *Welt-Folie* dieses Plans bestimmte Orte und Räume *auswählte*. Hier und da ließ sich dieses Zeichen nieder, es verharrte, überlegte, setzte seinen Weg fort, machte kehrt, begann die Verfolgung von Neuem. Legte

1 Vgl. Mirjam Schaub: *Die Kunst des Spurenlegens und -verfolgens. Sophie Calles, Francis Alÿs und Janet Cardiffs Beitrag zu einem philosophischen Spurenbegriff.* In: Sibylle Krämer/Werner Kogge/Gernot Grube (Hrsg.): *Spur. Spurenlesen als Orientierungstechnik und Wissenskunst.* Frankfurt/M. 2007, S. 121 ff.

Goethe eine Vielzahl von Spuren, so verfolgte Beri diese Spuren, um aus ihrer Vielzahl eine *Geschichte* zu machen. Jede *Spur* erschien ihm wie ein *möglicher Baustein* zu einer möglichen *Gesamt-Architektur*, und so setzte er auf seinen Wegen immer aufs Neue die bereits gefundenen *Elemente des Baus* zusammen, indem er laufend neue *Bauskizzen* und *Baupläne* entwarf.[1]

An diesem Punkt, meine Damen und Herren, im *Stadium der Einverleibung des Romanstoffs*, sind wir also nun dort angekommen, wo aus der enzyklopädischen *Welt-Folie* durch immer weiter fortschreitende *Selektion* zunächst *Bausteine einer Geschichte* herausgebrochen werden, die von nicht wenigen Romanautoren dann auch in graphisch durchaus aufwendigen Formen von *Bauplänen* fixiert werden.[2] *Baupläne* – das sind in solchen Fällen gleichsam *kartographische Akte*: Aus der enzyklopädisch

---

1 In ähnlichem Sinn schreibt Mirjam Schaub: »Die scheinbar so einfache und fraglose Praxis des Gehens erweist sich dabei als eine ›Schlüsselqualifikation‹ nicht nur für das Spurenlegen, sondern auch für das Spurenverfolgen. Die latente Ziellosigkeit des Gehens, das Verfehlen des Ortes, an dem man gerade (viel zu kurz) ist, und das mögliche Sichverlaufen der Spur, das man (mit)verfolgt, stützen sich wechselseitig in ihrem beiläufigen und transitorischen Charakter. Bei de Certeau klingt es wie eine Definition des Spurbegriffs, wenn er vom Gehen sagt: ›Es ist der unendliche Prozeß, abwesend zu sein und nach einem Eigenen zu suchen.‹« (M.S.: *Die Kunst des Spurenlegens und -verfolgens*, a.a.O., S. 132)
2 Vgl. etwa Heimito von Doderers Plan zu den *Dämonen* (In: Bernd Fetz/ Klaus Kastberger (Hrsg.): *Der literarische Einfall. Über das Entstehen von Texten*. Wien 1998, S. 116ff.) oder Hermann Burgers Plan zu seinem Roman *Die künstliche Mutter* (In: Winfried Nerdinger (Hrsg.): *Architektur wie sie im Buche steht. Fiktive Bauten und Städte in der Literatur*. München 2007, S. 399) oder Hubert Fichtes Plan zu seinem Roman *Versuch über die Pubertät* oder Alfred Anderschs Plan zu seinem Roman *Efraim* (In: *Ordnung. Eine unendliche Geschichte*. Hrsg. vom Deutschen Literaturarchiv Marbach (marbacherkatalog 61), S. 116–119)

weiten *Welt-Folie* und den sich auf diese Folien beziehenden (oder in ihnen angelegten) *realen Karten* entstehen *mentale Karten,*[1] Karten also, die Bewusstseinskarten des Suchenden und damit *Architekturen seiner gezielten Spurensuche* sind.[2]

Wie eine solche *gezielte Spurensuche* aussieht, möchte ich Ihnen abschließend noch an einem berühmten Beispiel verdeutlichen. Zuvor aber möchte ich noch einmal kurz daran erinnern, was mit *gezielter Spurensuche* genau gemeint ist: Gemeint ist jene *Suche,* die ein Autor in diesem weit fortgeschrittenen Entstehungsstadium eines Romans gleichsam nicht mehr in eigenem Auftrag, sondern *im Auftrag des Romans* unternimmt. Oft schickt er zu diesem Zweck eine Figur oder mehrere auf den Weg, um bestimmte Räume und Szenen auf Spuren hin zu untersuchen. Diese »zwischengeschalteten Medien« sollen den Gestaltungs-Willen des Autors bremsen und schließlich ganz zum Erliegen bringen. Das Ziel all dieser Anstrengungen ist es also, dass sich die *Spuren* von selbst *zeigen.* Plötzlich *erscheinen* sie, Zeichen für Zeichen, plötzlich lassen sie sich *kombinieren* und übernehmen die Führung: Figuren, Räume und offene Texte wachsen zusammen zu einer *Geschichte,* aus den Traumfäden der *Traumphantasien* ergeben sich *Bausteine* und *Baupläne,* der *Roman schreibt sich fort.* In einem solchen Stadium sind die ein-

---

1 Viele Beispiele solcher mentalen Karten sind zu studieren in: Winfried Nerdinger (Hrsg.): *Architektur wie sie im Buche steht,* a.a.O., S. 340–408

2 Hier ergeben sich hochinteressante Parallelen zu kartographischen Gesten in der modernen Kunst, die Christine Buci-Glucksmann erläutert hat (vgl.: *Der kartographische Blick in der Kunst.* Aus dem Französischen von Andreas Hiepko. Berlin 1997, S. 155 ff.)

zelnen *Spuren* und Zeichen von starker Evidenz, sie werden nicht mehr befragt, sondern *strahlen* von selbst und bieten sich in immer größerer Fülle an.

Verfolgen wir genau diesen Vorgang nun anhand der Notizen, die Émile Zola 1872 in Paris gemacht hat. Zola arbeitete damals an seinem Roman *Der Bauch von Paris*, der vor allem in den damals gerade errichteten Pariser Markthallen spielt.[1] Zola suchte diese Markthallen eine Zeit lang zu allen Tages- und Nachtzeiten auf und machte in ihnen Notizen. Schauen wir uns einige dieser Notizen nun genauer an:

Die Hallen mit sehr niedrigem Backsteinsockel. Riesige Jalousie in den Rundbögen. Jede Halle hat ein viereckiges Helmdach und seitwärts Fenster zum Öffnen. Die Dächer der Hallen müssen aus der Vogelschau als viereckige Glasdächer erscheinen, über den Straßen als langgestreckte Glasdächer. Das gesamte Gerüst aus hohlem Gußeisen; der Rest aus Holz. Die Waren in den Hallen von großen grauen Rollvorhängen geschützt. Bei schönem Wetter fällt das Sonnenlicht in breiten Streifen in die graue Atmosphäre der Gänge und zeichnet goldene Flecken auf den festgestampften Boden. Sperlinge fliegen durch eine der lichten Öffnungen herein. Um 9 Uhr ist das Saubermachen in vollem Gange. Um die Hallen herum liegt alles voller Gemüseabfälle. Um 10 Uhr habe ich gesehen, wie die Gänge ausgefegt und wie der Kehricht in riesigen Wagen abgefahren wurde. Ich werde die Suppen- und Kaffeehändlerinnen beschreiben. Der Kaf-

---

1 Vgl. auch: Jean-Pierre Leduc-Adine (Hrsg.): *Zola, genèse de l'œuvre*. Paris 2002

fee steht in einer großen metallenen Kaffeekanne auf einer Wärmplatte. Ein kleiner Zapfhahn. Der Kaffee wird in einer kleinen blauen Tasse ohne Henkel, in der bereits ein Stück Zucker liegt, ausgeschenkt. Die Kohlsuppe wird in größeren gelben Tassen ausgegeben. Ich habe auch eine Frau gesehen, die Brötchen, Hörnchen usw. verkaufte. Und eine Frau, die Hauben verkauft. Frau, die flache, runde Blätterteigkuchen und vor allem Kuchen mit Früchten auf flachen runden Weidenkörben feilbietet.[1]

Vielleicht, meine Damen und Herren, erinnern Sie sich noch an die Rom-Notizen Rolf-Dieter Brinkmanns, die ich Ihnen in der zweiten Vorlesung vorgestellt hatte. Wir hatten diese manisch betriebenen Aufzeichnungen als Notizen verstanden, die sich auf enzyklopädische Weise einer bestimmten *Welt-Folie* nähern. Dabei kam es nicht auf die Auswahl und die Verbindung der Einzelelemente, sondern eher darauf an, möglichst jeden Außen-Impuls zunächst einmal zu fixieren. Brinkmanns Notizen waren deshalb nicht Notizen einer *Suche*, sondern Fixierungen eines noch nicht weiter durch *Phantasien* bearbeiteten Weltbestandes. Im Falle Zolas liegen nun Notizen einer ganz anderen Art vor. Zunächst werden diese Notizen in einem bestimmten, bereits vor ihrer Niederschrift ausgewählten Raum gemacht. Darüber hinaus *bewegen* sie sich in diesem Raum, um ihn als einen *lebendigen Organismus* entstehen zu lassen, in dem ein Teil sich auf den anderen bezieht. Der Bezug der Teile aufeinander konstituiert allmählich die Atmosphären der *Romanwelt*, die sich in

---

1 Émile Zola: *Frankreich. Mosaik einer Gesellschaft. Unveröffentlichte Skizzen und Studien.* Hrsg. und kommentiert von Henri Mitterand. Aus dem Französischen von Brigitte Pätzold. Wien/Darmstadt 1990, S. 313/314

zahlreichen *Beschreibungen von Details* niederschlagen. Mit Hilfe solcher *Beschreibungen,* die im Falle Zolas von großer Präzision und oft auch von besonderer Schönheit sind[1], *verleibt* sich Zola den Stoff seines Romans *ein.* Auf geradezu packende Weise ist die *Einverleibung* an Zolas Innehalten und Staunen zu erkennen: Jedem einzelnen Moment seiner Wahrnehmung wendet er sich mit einer besonderen Passion, ja mit Hingabe und Sympathie zu: Schau, scheint er sich ununterbrochen zuzuflüstern, schau, was es doch alles gibt, schau und lass dir kein Detail entgehen, schau und achte darauf, welche Details du später im Vorder- und welche du im Hintergrund des Romans platzieren wirst!

Durch eine solch hingebungsvolle Betrachtungsweise ergeben sich also schon bald graduelle Unterschiede zwischen den einzelnen Details. Manche gehören eher wärmeren, manche kälteren Zonen an, oder anders gesagt: Manche bieten sich als *weiterführende Spuren* des *Romangeschehens* an, manche eher als *Kulissen* oder Träger von atmosphärischen Momenten. In besonders glücklichen Augenblicken erreichen die *Spuren* eine solche Intensität, dass sie bestimmte Roman-Figuren anziehen, die *Räume* verbinden sich mit den *Figuren,* indem sie sich als Örtlichkeiten anbieten, die bestimmte Figuren auf eine besonders günstige Weise zur Entfaltung bringen:

In der Auktionshalle, hinter der Fischhalle, riesige Haufen von Körben und Kisten aller Art. Dort könnte ich an einem

---

1 Vgl. Dorothea Kuhlmann: *Description. Theorie und Praxis der Beschreibung im französischen Roman von Chateaubriand bis Zola.* Heidelberg 2004

schönen Abend Cadine ihr Liebesspiel treiben lassen. Sie wird sich da einen Verschlag inmitten der Körbe eingerichtet haben.[1]

Cadine – das ist eine junge Blumenverkäuferin in den Pariser Markthallen und damit eine der Figuren des Romans *Der Bauch von Paris.* Zola begegnet ihr ganz selbstverständlich und ohne es geplant zu haben während seiner *Spurensuche,* indem der beschreibende Gestus dieser Suche für einen Moment unterbrochen wird: Einen Moment, scheint sich Zola zu sagen, hier ist doch etwas ..., hier ist doch etwas verborgen oder zu finden ..., alles an diesem Ort deutet doch auf ..., ja, richtig, dieser Ort, *genau dieser Raum* ist der Raum der jungen Cadine!

Durch solche Passagen begreifen wir genauer, was es bedeutet, dass sich der Roman *fortschreibt.* Er schreibt sich nämlich dadurch fort, dass sich die Fülle der Beschreibungen in manchen Augenblicken verdichtet, dass sie sich zusammenzieht, loslässt, wieder öffnet, mit anderen Worten: Dadurch, dass sie zu *leben* beginnt. Daher führt Émile Zola seinen Bleistift nicht mehr in eigener Absicht, sondern als ein Medium, das sich, für den Roman und in seinem Auftrag notierend, durch die Pariser Markthallen bewegt. In solch wunderbaren Momenten (Arbeitsmomenten eines besonderen Glücks) fliegen dem Autor Zola die *Bausteine* seines Romans zu, Zola bewegt sich immer mehr in einer *mentalen Karte,* deren verbindende Momente von den *beschreibenden Partien* seiner Notizen hergestellt werden. Mit Hilfe dieser *Beschreibungen*

---

1 Émile Zola: *Frankreich*, a.a.O., S. 314

wendet sich der Autor seinem Stoff auf die direkteste und intimste Weise zu, er beginnt, diesen Stoff zu schmecken und zu verzehren, er kostet ihn, scheidet ihn aus, mästet sich unaufhörlich mit ihm, mit Hilfe der *Beschreibungen* wird der Autor zu einem Teil des Romans, der ihn von nun an ernährt und versorgt. In diesem Sinn verknüpfen die *Beschreibungen* die *Bausteine* der Romanwelt zu einem immer detaillierter werdenden *Bauplan*, der schließlich den lebendigen Organismus der Romanwelt trägt und entlässt.

Damit, meine Damen und Herren, sind wir am Ende dieser dritten Vorlesung bei jenem Moment der Romanentstehung angekommen, in dem die Vorarbeiten vom Entwerfen und Planen umschlagen ins eigentliche Schreiben. Es wird nun um andere Fragen gehen, Fragen etwa danach, wer den Roman eigentlich aus welcher Perspektive erzählen soll, Fragen nach Tempo und Stil des Erzählens, Fragen nach den Rhythmen der Erzählzeiten. Auf all diese Fragen möchte ich, wie ich bereits zu Beginn dieser Vorlesungen gesagt habe, hier nicht näher eingehen. Mir ging es vielmehr um genauere Unterscheidungen jener Planungsprozesse, die von der zunächst enzyklopädisch betriebenen Wahrnehmung von *Welt-Folien* über den *ersten Einfall* und die *Entstehung* von *Figuren*, *Räumen* und *weitergeschriebenen Texten* schließlich bis zu den *Traumphantasien* und den sich daraus entwickelnden *mentalen Karten* und *Bauplänen* reichen. Für diese, nach meinen eigenen Eindrücken bisher noch weitgehend unerforschten Vorgänge habe ich erste Begriffe und Klärungen angeboten. In meiner letzten und vierten Vorlesung möchte ich auf diese Begriffe und Klärungen noch einmal kurz zurückkommen, zum Abschluss dieser Vorlesungen aber möchte ich mein Thema *Wie Romane entstehen* noch einmal in ganz anderer und freierer Form behandeln. Lassen Sie sich also überraschen und seien Sie heute bedankt für Ihre Geduld!

VIERTE VORLESUNG

Eine Entstehungsgeschichte

Meine Damen und Herren!

Zu Beginn dieser letzten Vorlesung möchte ich den Weg, den wir gemeinsam zurückgelegt haben, noch einmal kurz rekapitulieren. Ausgegangen waren wir von bestimmten Wahrnehmungen, die allen Romanplanungen und Romanentstehungen zugrunde liegen. Diese Wahrnehmungen hatten wir als enzyklopädisch angelegte und letztlich ins Unendliche verlaufende Wahrnehmungen und Beobachtungen einer dem jeweiligen Autor äußerlich oder innerlich zur Verfügung stehenden oder zur Verfügung gestellten *Welt-Folie* verstanden. Mehr oder minder bewusst sammelt jeder Autor solche Details seiner Welten, manche Autoren halten diese Details in Notizbüchern oder anderen Sammlungen fest, andere verlassen sich auf ihr visuelles oder akustisches Gedächtnis.

Damit es nun zu den ersten Phasen einer Romanentstehung kommt, muss die wahrgenommene und in Sammlungen festgehaltene *Welt-Folie*, wie wir gesagt haben, an irgendeinem Punkt ins Brennen geraten. Dann bildet sich in der *Welt-Folie* ein bestimmtes *Faszinosum*, das eine stark anziehende, ja geradezu magische Wirkung ausübt. Die Hintergründe einer solchen Anziehung bleiben meistens im Dunkeln und bedürfen auch keiner Aufklärung, viel wichtiger ist, dass die Anziehung sich über eine gewisse Zeit erhält. Meistens zeigt sie sich dadurch, dass eine bestimmte *Figur* oder ein bestimmter *Raum* oder ein bestimmter, noch offener *Text* an den Autor so etwas wie eine Aufforderung oder Einladung richten. Die Figur lädt zur Begleitung, der Raum lädt zum Betreten, und der offene Text lädt dazu ein, ihn weiterzuschreiben. Wie beim ersten, starken Moment einer Liebesbegegnung ist der Autor von dieser Aufforderung oder Einladung angezogen und steht eine ganze Weile unter dem Bann der sich nun allmählich entwickelnden und vertiefenden Beziehung.

Die Beziehung zum *Faszinosum* entwickelt sich dadurch, dass die jeweiligen Figuren, Räume und/oder Texte immer mehr in Bewegung geraten und sich auszubreiten und darzustellen beginnen. Die Figuren präsentieren sich in bestimmten Situationen oder Szenen, die Räume öffnen sich und bilden Übergänge in Nachbar- und Komplementärräume, und die Texte beginnen zu wuchern, indem sie andere Texte anziehen und Verbindungen mit anderen Texten herstellen. Anfänglich steht der Autor solchen Entwicklungen noch relativ hilflos gegenüber, er beobachtet und notiert sie, er versucht, sie zu begreifen oder zu deuten, oder er überlässt sich all diesen Vorgängen, indem er sie in sich aufnimmt und ihnen träumerisch folgt.

Mit der Zeit verspürt er jedoch das dringende Verlangen, sich näher und intimer in den ihn anziehenden und erotisierenden Welten, die er bisher nur in Bruchstücken kennt, aufzuhalten. Dann reiht er sich unter seine Figuren, dann macht er sich selbst zu einer Figur der Romanwelt, dann bildet er allerhand Brücken und Übergänge von der realen in die fiktive Welt, die ihm jederzeit ermöglichen sollen, diese fremde Welt zu betreten. Betreibt er diese

Annäherungsversuche zu stark und zu direkt, kann die Romanwelt mit all ihren Figuren, Räumen und Texten allmählich wieder verblassen oder sich auflösen. Versucht er gar, diese Welt zu beherrschen und sie nach seinen eigenen Regeln und Gesetzen zu bauen, so werden Figuren, Räume und Texte sehr bald erstarren.

Nähe und Intimität stellen sich vielmehr nur her, wenn der Autor seine eigenen Vorstellungen und Konstruktionen zurücknimmt und sich ganz in den sich immer mehr ausbreitenden Stoff vertieft. Tut er das, wird er bestimmten Elementen dieses Stoffes nachgehen, er wird sie verfolgen und mit der Zeit bestimmte *Spuren* erkennen, die schließlich zu *Beschreibungen*, *Wegen* und kleinen *Karten* führen, die er vielleicht notieren oder skizzieren wird, um sich selbst zu beweisen, wie tief er bereits in den jeweiligen Stoff eingedrungen ist. Solche *mentalen Karten* erweisen sich dann als Zeichen eines gelingenden und immer mehr ausufernden *Recherchierens*, das sich schließlich in *Bauskizzen* und *Bauplänen* niederschlägt.

Man könnte diesen oft langwierigen, aber ungeheuer faszinierenden Prozess selbst als einen Roman schreiben, in dessen Verlauf sich der Autor die fiktiven Romanwelten immer mehr einverleibt und am Ende als ein Lebewesen dieser Welten erscheint. Dass es so weit gekommen ist, wird er daran erkennen, dass ihm »erste Sätze«, Kapitelinhalte, Erzählformen oder bestimmte Stil-Momente als schlüssig oder stimmig erscheinen. Plötzlich stehen solche »ersten Sätze« auf dem Papier, plötzlich ist der Erzählton da, und plötzlich meldet sich auch ein Erzähler, dem der Autor das Erzählen des Romans überträgt.

In einem Roman über »Die Entstehung eines Romans« aber würden dann auch all jene *Zuträger* oder *Gehilfen* erscheinen, die das Leben des Autors während der Romanentstehung begleiten und in gewissem Sinne an dieser Entstehung mitarbeiten. Solche Zuträger oder Gehilfen könnten bestimmte Vorbild-Texte oder auch Texte sein, die das Schreiben anregen, es könnte sich dabei aber auch um Menschen handeln, die der Autor auf bestimmte Aspekte seines Romans anspricht, die sich mit ihm über Einzelheiten des Romans unterhalten oder die dem Autor plötzlich und völlig unvermutet einen bestimmten Wink geben, wie er in einer bestimmten Situation verfahren soll und weiterkommt. Da der Entstehungsprozess eines Romans als Ganzes einer fortlaufenden Selektion gleicht, die den Autor immer imaginativer und stärker in die sich allmählich schließende Welt des Romans hineinzieht, wird dieser Autor die ihn umgebende reale Welt schließlich auch immer mehr auf jene Selektionsmomente hin betrachten, die mit dem Roman zu tun haben. Auf einmal scheinen selbst die geringfügigsten und alltäglichsten Details von diesem Roman zu handeln, überall tauchen Brücken und Wege auf, die in den Roman hineinführen, und die Romanwelt beginnt, die reale Welt allmählich zu verdrängen und schließlich ganz auszulöschen.

Von den *Zuträgern* und *Gehilfen* und von ihrer spannenden Arbeit musste ich hier abstrahieren, obwohl es wichtig wäre, auch diese Arbeit einmal genauer zu untersuchen. Im Großen und Ganzen spielen sie aber höchstens die Rolle von *Verstärkern* und fügen den unterschiedlichen Entstehungsmomenten eines Romans kein neues Moment hinzu.

Dass diese Phasen nicht so geradlinig aufeinander folgen, wie ich es hier um der besseren Übersichtlichkeit willen dargestellt habe, brauche ich nicht eigens lange zu erläutern. Vielmehr wird es meist so sein, dass sich all diese Phasen durchdringen, dass sich Vor- und Rückgriffe ereignen, dass immer wieder bestimmte Stagnationen den Entstehungsprozess unterbrechen oder vielleicht sogar ganz lahmlegen. Auch diese Irritationen und Umwege könnte man in einem eigenen Roman darstellen und beleuchten. In diesen Vorlesungen aber kam es mir auf die Darstellung eines solchen Geflechtes von umwegig verlaufenden Planungen nicht an. Stattdessen habe ich versucht, so etwas wie eine erste Klärungsarbeit zu leisten, die einige Fundamente für weitere Analysen und Beobachtungen legt.

Dabei habe ich Entstehungsprozesse meiner eigenen Romane vor allem auch deshalb ins Spiel gebracht, weil diese Entstehungsprozesse für mich besonders gut nachvollziehbar waren. Von drei recht verschiedenen, aber durch denselben historischen Zeitraum dann doch miteinander in Beziehung tretenden Romanen war die Rede. Zuletzt habe ich kurz skizziert, wie die Entdeckung eines alten römischen Stadtplans aus dem späten 18. Jahrhundert mich auf die Spuren Goethes in Rom verwies. Aus diesem *Faszinosum* ist der Roman *Faustinas Küsse* (1998) entstanden, nach dessen Fertigstellung ich mich dann zurück in den venezianischen Raum der Lagune begab, um dort nach Spuren des in der Lagune aufgetauchten Fremden zu suchen. Aus dem Lagunenraum (*Im Licht der Lagune*) aber wiederum kehrte ich schließlich erneut nach Prag zurück, um dort die Entstehungsprozesse von Mozarts

Oper *Don Giovanni* weiterzuverfolgen (*Die Nacht des Don Juan*). Am Ende dieser langjährigen Arbeit waren also drei Romane entstanden, die sich gegenseitig angestoßen und angeregt hatten. Einem Leser, der von all diesen Prozessen nichts weiß, mag es vorkommen, als wären sie als eine Trilogie geplant gewesen. Dem war jedoch nicht so: Aus einem einzigen *Faszinosum*, einem flüchtigen Moment des Aufmerkens in Prag, entstanden vielmehr nach und nach drei Romanprojekte, die seltsamerweise in genau denselben Jahren spielen.

Man könnte die unterschiedlichen Entstehungsphasen von Romanen noch viel genauer und detaillierter beleuchten, wahrscheinlich könnte man jeder von ihnen sogar eine eigene Betrachtung und Untersuchung widmen. Vielleicht werde ich diese Arbeit einmal fortsetzen, hier aber möchte ich mit einem anderen, reizvollen Projekt schließen, das ich nun schon mehrmals erwähnt habe. Die Entstehung eines Romans, sagte ich nämlich, lasse sich nicht nur begrifflich erläutern und analysieren, sie lasse sich vielmehr auch *erzählen*. In einer solchen Erzählung würden dann auch einige jener Zuträger oder Gehilfen auftauchen, die sich in der Umgebung eines Autors aufhalten und sein Leben begleiten. Daneben aber würden natürlich auch all jene Entstehungsphasen wieder sichtbar, die ich bisher eben nur in der Theorie dargestellt habe.

Lassen Sie mich also diesen Versuch machen und zum Schluss dieser vierteiligen Vorlesung von der Entstehung eines Romans *erzählen*. Weil von meinen drei historischen Romanen im Vorigen schon häufig die Rede war, möchte ich diese drei Romane jetzt nicht mehr zum Gegenstand einer Erzählung machen. Stattdessen erzähle ich, stark verkürzt und ironisch zugespitzt, die Geschichte von der Entstehung meines Romans *Die große Liebe* (2003):

I

Fangen wir einmal irgendwo an, vielleicht so: Im Sommer 2001 fuhr ich mit meiner Frau und unseren beiden Kindern in den Süden, an die italienische Adria-Küste, genauer gesagt: in den südlich von Ancona an der italienischen Adria-Küste gelegenen Ort San Benedetto del Tronto. Unterwegs fiel uns auf, dass wir ein kleines Jubiläum zu feiern hatten, wir fuhren das zehnte Mal ununterbrochen hintereinander im Sommer an die italienische Adria-Küste und in den direkt am Meer gelegenen Ort San Benedetto del Tronto, um dort einige Wochen der Sommerferien zu verbringen. Dann und wann begannen unsere Kinder uns damals bereits eine gewisse Einfallsarmut im Verbringen von Sommerferien zu unterstellen, längst waren ihre Mitschülerinnen und Mitschüler Jahr für Jahr in einem anderen Flecken der Erde oder des Weltalls unterwegs, einige hatten die Erde sogar bereits mehrfach umrundet, andere hatten Großmütter oder Großväter auf den Philippinen oder zumindest in Süd-Spanien, toll, allerhand, ziehe den Hut, wir aber hatten solche Großmütter und Großväter nicht und hätten wir sie gehabt, wären wir nicht zu ihnen auf die Philippinen gefahren, nein, wir fuhren Jahr für Jahr in denselben italienischen Küstenort, um nicht zuletzt unseren Kindern zu beweisen, was Anhänglichkeit und Treue bedeuten, schließlich gehören Anhänglichkeit und Treue ja zu den sogenannten im Verschwinden begriffenen Werten, man muss nicht andauernd von diesen

Werten sprechen, natürlich nicht, aber dennoch: Es sind im Verschwinden begriffene Werte, weswegen wir es für eine gute Idee hielten, sie sommerferienimmanent dezent in Szene zu setzen.

Wir setzen sie in Szene, indem wir, wie gesagt, jedes Jahr nach San Benedetto del Tronto fahren und uns dann jedes Jahr in demselben Hotel und dem gerade vor ihm, am und im Meer gelegenen Strandstück für ein paar Wochen niederlassen, vielen unserer Freunde wagen wir gar nicht zu sagen, wie plump und schnörkellos wir, was die Sommerferien betrifft, vorgehen, ist ja nicht zu fassen, wäre vielleicht ihre Reaktion, ihr legt euch in Liegestühle am Meer und geht immer an derselben Stelle hinein?, ist ja unfassbar, für so einfallslos und geradezu senil hätten wir euch niemals gehalten. Natürlich, klar, die meisten unserer Freunde sind in den Sommerferien ununterbrochen unterwegs, sie machen höchstens für einen oder zwei Tage irgendwo Station und schlagen ihre Zelte dann wieder anderswo auf, und wenn sie sich längere Zeit niederlassen, dann lassen sie sich zumindest in einem richtigen Sportcamp nieder, wo man Tag und Nacht allen Sport der Welt machen und bei Ferientagen Kultur besichtigen kann, das ist ja in letzter Zeit ungeheuer groß rausgekommen, dieses Ferienmachen in Sportcamps, morgens Tennis oder Kanufahren oder Wasserski oder einen kleinen Triathlon, und nachmittags dann ein Museum oder besser noch eine Ausstellung oder am besten ein Kreativseminar mit sich anschließender Ausstellung der kreativ hergestellten Kreativarbeiten in einem Museum. Meine Frau und ich aber haben eine unerklärliche Abneigung gegen Sportcamps, keineswegs aber gegen den in ihnen betriebenen

Sport, was sich schon dadurch beweist, dass wir unsere Kinder in jeden Sommerferien dazu drängen, Sport zu machen, man muss ja nicht immer alles, was man für gut und schön befunden hat, selber machen, man kann es ja auch passiv genießen, gerade Sport ist ja ausgesprochen genießbar, Sport ist etwas für Zuschauer, ohne Zuschauer gäbe es keinen Sport, weswegen wir uns auch dem Sport insofern verpflichtet fühlen, als dass wir immer wieder die Zuschauer-Rolle einnehmen. Kinder dagegen, Kinder hassen ja bekanntlich nichts mehr als die Zuschauer-Rolle, Kinder schauen dem Sport nicht gerne zu, sondern machen ihn am liebsten selbst, perfekt!, wunderbar!, sagen meine Frau und ich jede Ferien: Liebe Kinder, ihr macht Sport, und wir sind die Zuschauer, besser könnte es dem Sport als Gesamtaktion von Sportlern und Zuschauern gar nicht ergehen.

Bevor es jedoch so weit ist und wir mit dem Sport beginnen, sind wir ja erst noch mit dem Wagen auf der Autobahn Richtung Süden unterwegs, meist ist es in unserem Wagen wegen eines unerwarteten Ausfalls der Klimaanlage unerträglich heiß, macht nichts, sage ich meistens, das macht doch nichts, das macht doch *überhaupt* nichts, im Süden ist es halt heiß, das gehört ja zum Süden, deswegen fahren wir ja in den Süden, damit uns den ganzen Tag richtig heiß ist. Die Kinder antworten dann meist, dass es nicht heiß, sondern *zu heiß* sei, *zu heiß* sei es, nicht heiß, und ich sage dann, dass ich nicht bereit sei, mich auf unserer Fahrt in den Süden wegen eines winzigen Wörtchens zu streiten, sonst schon, sonst gehe es mir als Schriftsteller ja immerzu um jedes winzige, noch so unauffällige Wörtchen, in diesem Fall aber nicht, es ist wie mit dem Sport, man muss nicht immer in eine Sache einsteigen, man kann sie auch manchmal als Zuhörer auf sich beruhen lassen, deshalb lasse ich das *zu heiß* denn auch meist auf sich beruhen oder übersetze es ins Italienische, *troppo caldo* heißt so etwas im Italienischen, sage ich dann, *troppo*, *zu sehr*, merkt Euch das, *troppo caldo*, natürlich verbirgt sich hinter meinem Sprung ins Italienische ein raffinierter Schachzug, ich lenke vom Thema ab und offeriere gleichzeitig eine kleine Italienisch-Lektion. Meist bringe ich denn auch noch einige weitere von mir besonders geliebte italienische Wendungen ins Spiel, auf so einer Fahrt in den Süden sollte man sich langsam und allmählich auf die fremde Sprache umstellen, einen sanften Übergang vom Deutschen ins Italienische strebe ich an, während die Kinder hinter mir, auf den meist übel durch allerhand Gepäck zugekeilten Rücksitzen des Wagens laut zu stöhnen beginnen, noch kann man sie mit den italienischen Wendungen nicht richtig ködern, es ist noch etwas *zu früh* und natürlich vor allem *zu heiß*, und außerdem lieben sie es nicht besonders, wenn ich Italienisch spreche, Italiener dagegen dürfen pausenlos mit ihnen Italienisch sprechen, ich jedoch nicht, Italienern nehmen sie ihr sprudelndes Italienisch gerne ab, mich aber unterbrechen sie sofort, wenn ich Italienisch zu sprudeln beginne, manches in der Welt ist schwer zu erklären, zum Beispiel, dass meine Kinder es nicht ertragen, mich Italienisch sprechen zu hören, dabei spreche ich keineswegs irgendein Italienisch, sondern ein seit Jahrzehnten gepflegtes, autodidaktisch erworbenes, stilsicheres, in der Aussprache leicht toscanisch gefärbtes Italienisch, das alte Dante-Italienisch, wenn man genau sein will, Dantes toscanisch gefärbtes klassisches Italienisch. Nun gut, etwas beleidigt halte ich auf unserer

Autofahrt in den Süden den Mund und memoriere im Stillen den berühmten Anfang der *Divina commedia*, ich schweige und halte das Steuer, so eine Fahrt auf der Autobahn in den Süden ist ja meist nur ein einziges Halten des Steuers und kein Lenken, man hält sich am Steuer fest und hat Zeit, seinen Dante zu memorieren, also starre ich vor mich hin auf den flimmernden, in die Nervenbahnen hinein dunstenden Asphalt, ich halte und schweige und starre so lange und so intensiv, bis meine Kinder sich meiner erbarmen, meist fängt mein kleiner Sohn, der ein gutes Herz hat, mit dem Erbarmen an und fragt mich etwas auf Italienisch, meist vergisst er auch nicht, einen kleinen Fehler in seine Frage zu schmuggeln, so dass ich ihn kurz korrigieren kann, ich korrigiere ihn nicht ausdrücklich, neinnein, natürlich nicht, ich wiederhole nur seine italienisch gestellte Frage in der korrekten Version und korrigiere den Fehler damit ganz nebenbei und ohne großes Aufhebens um ihn zu machen. Wir fangen dann alle an, ein wenig Italienisch zu sprechen, meine Frau hat einen etwas härteren Akzent, wie man ihn in den Abruzzen spricht, die Kinder dagegen sprechen den weichen und milden Akzent Venetiens, mir macht es unglaubliche Freude, dieses italienische Familien-Mixtum zu hören, wir fahren die lange, unendlich erscheinende Autobahn-Gerade der Adria-Küste entlang, wir sprechen und singen italienisch, bis der große Moment näher rückt, einer der großen Momente, um dessentwillen wir jedes Jahr in den Süden aufbrechen, ein Moment von der Art, wie ihn die ersten großen Entdecker erlebten, die Entdecker Amerikas oder des Mondes, die Entdecker also, die etwas entdeckten, das sie zuvor noch niemals gesehen hatten.

Il mare ...!, auf jeder unserer Fahrten bin ich es, der es rufen und schreien darf, *il mare ...!*, schreie ich jedes Mal als Erster, und dann schreien und rufen es auch die andern, *il mare ...!*, fast kommt unser Wagen über diesem Schreien und Toben zum Schlingern, jedenfalls muss ich das Steuer jetzt besonders fest halten, denn links von uns taucht hinter den unendlichen Reihen der Oleander-Büsche und zwischen meist dicht ans Meer postierten Hoch- und Niedrighäusern aus Beton eine gleißende, blauweiße Linie auf, ein wallendes Gekräusel, wie eine Erhitzung der Ferne, ein Horizont-Gären, hinreißend einfach und schön, eine Verlockung, die selbst aus der Ferne gleich den Körper erreicht und nach ihm grapscht, *ich will hinein, dorthin, ich will ins Meer! ...*, sagt der Körper und ist von diesem Moment an für alles andere so gut wie verloren. Dieses Verloren-sein-für-alles-Andere ist indes durchaus wörtlich zu verstehen, denn von dem großen Moment des ersten Anblicks des Meers gibt es auf unserer Fahrt in den Süden keinerlei weitere Unterbrechung, jedes Mal erhöhe ich vielmehr das Tempo, eine heftige, in uns allen rasende Gier hat uns ergriffen, die langsameren Mitfahrer in den Süden werden zur Seite gescheucht, ich gebe Gas und hole aus dem von der langen Fahrt längst überreizten Wagen das Letzte heraus, mit ungeheurem, durch nichts mehr zu bremsendem Tempo nähern wir uns San Benedetto del Tronto und unserem Hotel direkt am Meer, wir nehmen die obligatorische Begrüßung durch die Hotel-Familie nicht weiter zur Kenntnis, *später, später ...*, rufen wir und schaffen es gerade noch, das Gepäck auf unsere Zimmer zu schaffen, schon reißen wir uns die Kleidung vom Leib, schon bieten wir uns dem kaum noch hundert Meter entfernten Meer in aller Nacktheit dar, für Voyeure wäre es ein denkwürdiger, beinahe rührender Anblick: Wie sich da vier Menschen unterschiedlichen Alters fast zugleich die Kleidung vom Leibe reißen, in Badezeug schlüpfen, sich gerade noch ein Handtuch überwerfen und, ohne jede weitere Besinnung, über die sich am Meer entlangziehende historisch bedeutsame Palmenallee von San Benedetto del Tronto hinwegeilen, ihre Handtücher irgendwohin in den brüllend heißen Adria-Sand werfen und sich endlich, schreiend und längst außer Sinnen, mit dem Meer vereinigen, *il mare* ..., endlich, endlich, geliebtes, ich habe dich so lange begehrt, endlich sind wir wieder eins.

Um der Wahrheit die Ehre zu geben, muss ich hier nun aber gleich einfügen und bekennen, dass einer von uns vieren diesen Vereinigungsvorgang um zwanzig oder dreißig Minuten später vollzog, einer dehnte die Vorlust um diese Minuten hinaus und verweilte noch etwas im Hotelzimmer, natürlich war ich es, ich, der ich als Schriftsteller unter einem lästigen Schreibzwang leide, einem Schreibzwang, der mich dazu zwingt, in regelmäßigen Abständen Notizen zu machen und handschriftlich zu fixieren, die literarische Welt weiß inzwischen von diesem Schreibzwang, ich habe bereits hier und da darüber berichtet und einige der Hunderte, nein Tausende von Notizheften und Kladden in kleinen Portionen der literarischen Welt vorgestellt, die Hefte machen einen manischen, verrückten Eindruck, ich weiß, was soll ich machen?, der Schreibzwang ist eine Krankheit wie andere auch, dabei handelt es sich aber um nichts Gefährliches oder gar Ansteckendes, neinnein, es genügt, wenn ich mich täglich dann und wann für einige Minuten von meinen Mitmenschen trenne und zum Schreiben zurückziehe, das allerdings muss unbedingt sein, ohne das geht es nicht, sonst treten an meinem Körper empfindliche Störungen auf, meine gesamten inneren und vor allem äußeren Sprachen verdorren, diese Sprachen verklumpen also in meinem Körper, was dazu führt, dass ich sukzessive beginne zu schweigen, zunächst würge ich an der stehen und stocken gebliebenen Sprache, ich würge am Sprachfluss, dann aber beginnt eine Art von Ersticken, die Sprache breitet sich wie ein lähmendes Gift in mir aus, nun gut, ich gehe hier nicht weiter in die Details, schließlich ist diesen panischen Zuständen ja leicht Abhilfe zu schaffen, ein unliniertes Blanco-Notizheft und ein Stift mit einer extrem dünnen Mine genügen, ich nehme irgendwo Platz, der Ort ist nicht weiter von großer Bedeutung, im Falle unseres Hotels setze ich mich auf den Balkon, das schäumende, wallende Meer liebend im Auge, so war es jedenfalls im Sommer 2001, wenige Minuten nach unserer Ankunft, seit Bozen hatte ich nichts mehr notiert, es war höchste Zeit, ich musste notieren, notieren, und so setzte ich mich hin und notierte: *Plötzlich das Meer, ganz nah, eine helle, stille, beinahe völlig beruhigte Fläche … Gegen zehn Uhr sahen wir es, unaufdringlich und groß, die Sonne war noch nicht richtig da, der Himmel noch etwas fahl, an den Stränden die Bewegung der Frühe, ein paar vereinzelte Menschen, die schiefen, zusammengeklappten Sonnenschirmpilze, Liegengebliebenes …, doch das Wenige reichte schon, mich zu erregen, es war eine meinen ganzen Körper erfassende Erregung, unglaublich, eine Sucht nach Vereinigung, an nichts anderes war noch zu denken, ich raste dem Meer entgegen, und nun sitze ich auf dem Balkon des Hotels und schaue auf diesen gewaltigen, sich im Wellenrhythmus unaufhörlich öffnenden und schließenden Leib, nur noch Minuten, und es wird so weit sein …*

Das sollte vorerst genügen, mit diesen Zeilen hatte ich mir zumindest für eine oder anderthalb Stunden Luft und Befreiung verschafft, ich schlug das Notizbuch wie üblich zu und schob es beiseite, doch halt!, meine innere Unruhe hatte sich noch nicht ganz gelegt, ein kleiner Rest Schreibzwang steckte anscheinend noch immer in mir, deshalb schlug ich das Notizbuch erneut auf und schaute blöde hinein, mein Gott!, was hatte ich da gerade geschrieben?, ich las die Zeilen und stutzte, das alles war ja nicht nur eine Liebeserklärung reinsten Wassers, sondern geradezu ein Stück erotischen Schreibens, unverkennbar und beinahe peinlich erotisch war ja das Ganze, peinlich?, aber warum denn peinlich?, nein, es war ein Stück völlig unverkrampfter, befreiter Erotik, ein erotisches Werben, ein erotischer Hymnus, ganz im Gegensatz zu den sonst meist mit Erotik in schriftlicher Form verbundenen Verrenkungen, genau das aber war mein kleiner Text nicht, nein, dieser Text strahlte ja geradezu von freier, unverklemmter Begierde, denn zwischen meiner Begierde und dem Objekt dieser Begierde gab es nichts störendes Drittes, keine Ablenkung, nichts sonst, kein Drumherum, nicht einmal Symbolik, auch rein gar nichts für Herrn Sigmund Freud und all seine Vasallen, neinnein, mein kleiner Text ließ jede Analyse ja geradezu houchsouverän abblitzen, es gab nichts zu analysieren, alles war eindeutig und klar, mein Mund redete und pries etwas Geliebtes und sang, Italienisch und Deutsch, *il mare ...*, *plötzlich das Meer ...*, so direkt und jubelnd, ja geradezu jauchzend, dass mich mein Text an einen älteren, ehrwürdigen Text des Liebesjubels erinnerte ...: *Auf, du, meine Freundin, meine Schönste, komm! Denn siehe, vorbei ist der Winter, der Regen verschwunden, vergangen! Die Blumen erscheinen*

am Boden, die Zeit zum Beschneiden der Reben ist da,
das Gurren der Turtel hört man in unserem Lande, auf,
auf, meine Freundin, meine Schönste, komm! ..., so erinnerte ich mich stark und betrachtete noch einen Moment
die Zeilen in meinem Notizbuch, denen ich in diesem
hilflosen Moment ein Fragezeichen hinterherschickte, so
hatte ich ja zumindest noch etwas Winziges, Kleines notiert, meine Liebeszeilen waren mir nun einmal trotz ihrer
unüberhörbaren Schönheit nicht ganz geheuer, ein kleines
Fragezeichen war in diesem Moment der letzte Ausdruck
meines Notierens und Erstaunens, denn im nächsten Augenblick zog mich die übermächtige Begierde auf und davon, ich sprang die Hoteltreppen herunter, ich überquerte
die Palmenallee, warf mein Handtuch beiseite und stürzte
mich in das weich auf und ab rollende Meer, kopfüber, tief
hinein, ich tauchte ab und schwamm ununterbrochen und
schnappte nur manchmal kurz nach Luft, um erneut un-
terzutauchen, schon bald ward ich vom Strand aus kaum
noch gesehen, ich glitt davon, in Richtung des mächtigen
Riffes weit draußen, in Richtung der einsamen Insel, wo
das Meer und ich uns in aller Einsamkeit begegnen würden, ich, die Insel, das Meer, kaum ein Geräusch, nur das
flache Säuseln der Wellen, nur mein Körper, der sich den
Wellenbewegungen ganz hingab und auslieferte ...

2

Es waren merkwürdige Ferien in diesem Sommer 2001,
Tag für Tag erwachte ich kurz nach Sonnenaufgang, stand
leise auf, zog mir etwas über und schlich aus dem Hotelzimmer, meine noch schlafende Frau und meine tief
schlafenden Kinder zurücklassend, draußen überquerte

ich eilig die historisch bedeutsame Palmenallee von San Benedetto del Tronto und stürzte mich dann sofort ins Meer, in diesen frühen Morgenstunden war ich ja mit ihm allein, kaum ein Mensch bewegte sich bereits an den langen, sich an der Küste entlangziehenden Sand-Stränden, die touristischen Massen drängte es erst nach dem Frühstück in diese Gefilde, vor acht, neun, ja oft zehn Uhr näherten sie sich dem Meer nicht und gingen auch dann lange Zeit nicht ins Wasser, die meisten Italiener gingen sogar den ganzen Tag nicht ins Wasser, sondern standen höchstens für ein paar Minuten des Tages mit den Füßen im Wasser, um im Meer ein Fußbad zu nehmen und ein Schwätzchen mit den anderen vielen Fußbadenden zu halten, ich verstand so etwas nicht, ich verstand überhaupt niemanden, dem das Meer gleichgültig war oder der sich gerade mal so, zum Zeitvertreib, vor oder in ihm bewegte, mich jedenfalls zog es bereits zwischen fünf und sechs Uhr hinein, zu dieser Zeit waren das Meer und ich in schönster Verbundenheit allein, ich schwamm und tauchte und glitt durch die in der Früh meist noch kaum spürbaren Wellen, um mich daraufhin am Meer entlangzubewegen, nach dem morgendlichen Frühbad war ein Spaziergang am Meer meine ganze Freude, kilometerlang ging ich raschen Schrittes am Meer entlang, seinem sanften Morgenmurmeln lauschend, im Gespräch mit dem Meer, könnte man sagen, denn bekanntlich plagt mich außer meinem lästigen Schreibzwang ja auch das absolute Gehör, das mich jedes wahrgenommene Geräusch tonlagen- und tonartenmäßig exakt fixieren lässt, na so was, stelle ich zum Beispiel dann fest, heute Morgen haben wir es mit einem Meer in fis-Moll zu tun, es liegt eine echte Brahms-Stimmung in fis-Moll über dem Meer, bis zum Mittag wandelt sich so etwas durch den Einfluss der Sonne dann meist hin zu A-Dur, ich könnte lange darüber schreiben, kehre aber der Kürze zuliebe zu meinen morgendlichen Spaziergängen zurück, die mir die gesamte Umgebung des Meeres näher brachten, die Sportcamps im Norden der Stadt, den großen Hafen mit seinen Fischkuttern und die Gegend rund um den Leuchtturm, wo sich eine kleine Werft befindet, in der die älteren Schiffe wieder aufgemöbelt werden. Am äußersten nördlichen Punkt meines Spaziergangs, dort, wo es nicht mehr weiterging und der Sand überging in felsenreiches Gelände, gab ich dem morgendlichen Schreibzwang nach und setzte mich mit dem Blick aufs Meer auf einen der Felsen, um in mein Blanco-Notizheft die stärksten Eindrücke meines Weges frisch zu notieren, gerade in den Morgenstunden haben die Notate etwas von unglaublicher, geradezu duftender Frische: *Das Meer ... – jeden Morgen lockt es mich schon beim Aufwachen, mich lockt sein weiches Morgengrau und das gedämpfte Murmeln, das ich schon höre, bevor ich die Palmenallee überquere. Am Strand stehe ich einen Moment still, als wollte ich es begrüßen und als wollten wir ersten Kontakt aufnehmen, ich starre hinaus auf seinen jetzt noch beinahe reglosen, so stark und konzentriert erscheinenden Körper, es ist, als stehe ich unter Beobachtungszwang, keine Regung entgeht mir, keine Nuance, und dann lasse ich mich hineingleiten, für Minuten verschwinde ich vollständig in ihm, wir sind zusammen, wir sind allein, nichts ist zwischen uns, kein einziger störender Laut ...*

Nach zwei, drei Stunden kehrte ich dann wieder ins Hotel zurück, meine Frau und meine Kinder waren gerade erst aufgestanden und machten sich auf den Weg in den großen Frühstücksraum des Hotels, *raschrasch*, rief ich ihnen zu, in Italien frühstückt man nicht so wie bei uns, breitärschig und lange und von diesem und jenem essend und sich mästend, neinnein, in Italien frühstückt man im Stehen, man schlürft einen Caffè, man zupft an einem Croissant, und schon geht es ans Meer, an den Strand, kommt, ihr Lieben, tut es mir nach, ich habe bereits eine Stunde geschwommen und war zwei Stunden zu Fuß am Meer entlang unterwegs, schwimmen und baden wir ein wenig zusammen, später aber könnten wir uns den großen Fischmarkt von San Benedetto del Tronto anschauen, auch der ist, was unser Wissen vom und unsere Verbindung zum Meer betrifft, nicht uninteressant, gerade der Fischmarkt offenbart uns ja etwas von den Geheimnissen und Tiefen des Meeres, von jenen Zonen also, die wir tauchend und schwimmend niemals erreichen, von den Tiefen- und Herzzonen des Meeres, zu denen wir auf dem Weg über die Fische und die anderen Innereien des Meeres jedoch zumindest einen kleinen Zugang oder Zuschlupf haben, wir sollten ihn nutzen, wir sollten uns am Nachmittag auf den Weg zum Fischmarkt machen und uns später im Hafen aufhalten, wo es uns vielleicht sogar gelingt, einen der schönen Fischkutter zu betreten, die in den Nächten zum Zwecke des Fischfangs mit dem Meer allein sind, die Fischkutter und das Meer unterhalten eine tiefe nächtliche Vertrautheit, wusstet ihr das schon, wusstet ihr, dass das Meer sich in den Nächten entzieht und nur Fischkutter duldet?

Jeden Morgen starrten meine Kinder und meine Frau mich nun kopfschüttelnd an, sie antworteten nicht und schließlich reagierten sie überhaupt nicht mehr auf meine guten

Vorschläge und Avancen, der Hafen, der Fischmarkt, ja sogar das einzige Museum der Stadt, ein Meeresmuseum der besonderen Art, in dem von der Strandasse über den Sandhüpfer und die Becherqualle bis hin zu den gewaltigen Adlerrochen alle Innenbewohner des Meeres in großen, gut beleuchteten Vitrinen ausgestellt waren, waren ihnen vollkommen gleichgültig, nun gut, liebe Kinder, sagte ich schließlich, ich mag euch nicht zwingen, geht ihr eurer Wege, im Norden zum Beispiel gibt es ein fantastisches Sportcamp, wo ihr euch die Zeit vertreiben könnt, wenn es euch am Meer, wie ihr sagt, zu eintönig und langweilig erscheint, und auch du, liebe Frau, nimm nicht an mir Anstoß, ich recherchiere, ich erforsche das Meer, das soll dich nicht kümmern, geh auch du deiner Wege oder erkunde das Landterrain mit Hilfe unseres Automobils, ich begleite dich auch gern einmal ein Stündchen des Nachmittags hinauf in die Berge, denn von dort oben hat man ja einen besonders schönen Blick auf das Meer, von der Höhe der Berge kann der Blick seine Schönheit erst so richtig erfassen, denn erst von oben erkennt man das Strahlen des Meeres, seine Liebesbereitschaft, seine ganze Fülle und Kraft.

Ich nippte an meinem Caffè, ich zerrupfte mein Croissant, dann ließ ich meine Lieben beim Frühstück zurück und überquerte die Palmenallee von San Benedetto del Tronto, um direkt am Meer in einem Liegestuhl Platz zu nehmen und pflichtgemäß etwas zu notieren: *Auf den ersten Blick hat es den Anschein, als habe sich meine Liebe zum Meer aus einem plötzlichen Impuls heraus entwickelt, ich vermute aber, dass ich in Wahrheit, ohne es freilich zu wissen, genau auf ein solches Ereignis wartete, ja sogar*

darauf vorbereitet war. Wenn ich nämlich an meine letz-
ten Monate denke, so waren sie vollkommen ruhig, ich
erledigte alle Aufträge und Arbeiten sehr geduldig, dabei
fühlte ich mich jedoch etwas schwach, nicht impulsiv
genug, mitten im Sommer saß ich manchmal allein unter
Scharen von Menschen in einem Biergarten, ich trank
Bier und fand doch keinen rechten Geschmack daran,
ich ließ das Bier schal werden und schob das Glas endlich
fort, innerlich war ich abwesend und nur ab und zu etwas
neidisch auf die penetranten Paare, die sich ganz in mei-
ner Nähe küssten und als heiteres Liebespaar inszenier-
ten. So ruhte ich, mein Körper ruhte, meine Phantasien
auch, ich hielt still, ich wartete auf das Glück. Jetzt ist es
da, unerwartet und stark, jetzt habe ich, unerwartet und
stark, meine große Liebe gefunden.

3

Es waren wirklich merkwürdige Sommerferien in diesem
Sommer 2001, denn nach einigen Tagen hatte ich den
Kontakt zu meiner von mir geliebten Familie beinahe
vollständig verloren. Ich stand extrem früh auf, vereinigte
mich eine Stunde lang mit dem Meer, lief, Meeresgedichte
mit üppiger Metaphernfülle rezitierend, an seinem Ufer
entlang und besuchte dann die Fischmärkte des alten Fi-
scherortes San Benedetto del Tronto, um mit Händen und
Fingern Kontakt aufzunehmen mit all den Tintenfischen,
Garnelen und Brassen, deren Leben ein Meeresleben gewesen war und die sich unter den Strahlern des Marktes
in all ihrer sich dem Meer verdankenden Meeresschönheit
rekelten. Wenn ich dann einige Zeit später zu unserem
gemeinsamen Familien-Rapidissimo-Frühstück im Hotel

erschien, rückte die Familie sofort von mir weg, mein sonst mit einem guten Herzen bestückter Sohn behauptete plötzlich, ich stinke nach Fisch, während meine sonst sanfte, den Vater in typischer Tochter-Liebe verehrende Tochter das Gespräch mit mir ebenso wenig suchte wie meine Frau. Was habt ihr denn bloß?, pflegte ich nur noch zu flüstern, was stellt ihr euch an?, ich dufte nach Meer, das ist alles, ich habe eine Meereshaut und Finger des Meeres, kommt, ich lade euch ein, lasst uns einen kleinen Rundgang durch die besten Strand- und damit Fisch-Restaurants einlegen, wir könnten den Köchen in ihren Fischküchen über die Schultern gucken oder ihnen, noch besser, meine Lieben!, dabei zur Hand gehen, wenn sie die typischen Meeres- und Fisch-Gerichte dieser Region zubereiten, wusstet ihr schon, dass es hier in San Benedetto del Tronto, früher einmal der größte Fischereihafen ganz Italiens, die berühmteste und seit über hundert Jahren noch immer nach demselben Rezept zubereitete Fischsuppe gibt, einen *brodetto*, wie man ihn nennt, *brodetto sanbenedettese*, um genau zu sein, eine Suppe, zu deren Herstellung man zwölf verschiedene Meeresfischsorten verwendet, eine heilige Suppe demzufolge, wie sie der Herr Jesus mit seinen zwölf Jüngern einmal zu sich genommen haben soll? Ich brauchte nicht weiterzureden, ich musste erkennen, dass es sich nicht lohnte, lauter prachtvolle Vorschläge zur Tagesgestaltung zu machen, mein Sohn hatte sich in einem dunklen as-Moll verhärtet und stand ohne ein weiteres Wort auf, um sich mit seiner Schwester in das Sportcamp im Norden der Stadt zu verabschieden, während meine Frau in einer Landkarte der Umgebung blätterte, um eine Fahrt in jene fernen Höhenregionen der Abruzzen zu planen, von denen aus ein

Ausblick aufs Meer unmöglich ist. Minuten später hatten sie den Frühstücksraum des Hotels auch schon verlassen, ich saß noch einen Moment allein am Tisch, um etwas zu notieren, dann machte ich mich auf den Weg in das von mir schon länger ins Auge gefasste Restaurant *il pescatore*, um in der dortigen Meeresfischküche nach dem Rechten zu sehen und mich beim Putzen, Zerlegen, Dünsten, Kochen und Braten der Fische nützlich zu machen und den Meister-Fisch-Köchen jene Geheimrezepte der legendären Fischsuppe zu entlocken, die ich dann am Nachmittag, in einem Liegestuhl am Meer, heimlich notierte: *Die Fischsuppe wird hier in kleinen Portionen in tiefen weißen Tellern serviert, die Fischsuppe ist das Meer in nuce, in nuce. Der Sud ist hoch konzentriert, sie kochen ihn hier tagelang, sie stellen einen Fond her aus Gemüse, Zwiebeln, Knoblauch und sehr viel Weißwein, und dann fügen sie immer wieder Fischstücke hinzu, Muscheln, Garnelen, Tintenfische, Rochen und Brassen, das alles kochen sie mit, auf sehr kleiner Flamme, es dickt gleichsam ein und wird tiefrot, die starke Farbintensität entsteht durch den Safran. Nach einer Weile nehmen sie das Gekochte heraus und lassen die Suppe dann stehen, bis wieder etwas darin gekocht wird, sie wird dann wie Öl, das intensivst Schmeckende und Beste, das man hier essen kann.*

Es waren wahrhaftig sehr merkwürdige Sommerferien in diesem Meeres-Sommer 2001, von Tag zu Tag nämlich wurde ich durch meinen gesunden Lebenswandel schmaler und schmaler, ich schwamm und tauchte, ich bewegte mich fast nur noch am Meer entlang, ich schwitzte mit den Köchen in den Meeres-Fisch-Küchen von San Benedetto del Tronto und ernährte mich ausschließlich von

Fischsuppen, frischem Fisch und dem ausgezeichneten, die Liebes-Stimmung immer wieder ins Hymnische steigernden Weißwein der Region. Der Kontakt mit meiner Familie war schließlich ganz abgerissen, ich hatte mir, um meine Lieben nicht weiter zu stören, ein Einzelzimmer mit bequemem französischen Bett in einer noch näher als unser Hotel am Meer gelegenen Pension genommen, in dem ich meinen Düften und Gerüchen freien Auslauf lassen konnte. Kinder, lasst Vater tun, was er mag, Vater ist krank, mit diesen herben Worten hatte meine Frau sich von mir verabschiedet, ach was, Vater ist doch nicht krank, Vater ist gaga, hatte mein Sohn rüde gesagt, während meine sanfte, den Vater sonst immer gegen Attacken jeder Art verteidigende Tochter sich immerhin zu einem flüchtigen, jedoch sichtbar von Ekel bestimmten Abschiedskuss und dem mir leise zugeflüsterten Sätzchen *pass auf dich auf!, Pa, tu mir den Gefallen!* ..., hatte hinreißen lassen, heutzutage haben die gut erzogenen Kinder bereits etwas von der Weisheit des Alters der früher Achtzigjährigen, während die Achtzigjährigen wieder zu Jugendlichen mutieren, die sich von ihren Kindern Ratschläge zu ihrem Lebenswandel geben lassen. Ich bin nicht achtzig, um das klarzustellen, ich hatte im Sommer 2001 vielmehr das kritische fünfzigste Jahr erreicht, mit fünfzig darf man sich durchaus noch einmal emphatisch und hymnisch verlieben, sagte ich mir, ich mache ja keine verklemmte oder sonstwie abwegige Sache daraus, ich liebe emphatisch und hymnisch, aber doch still und heimlich, das Lieben schlägt sich vor allem in den Hunderten und Tausenden von Notizen nieder, die sich jetzt bereits wie Notizen eines Liebesromans lesen, in der Tat, ja, es handelt es sich um einen Liebesroman in nuce, in nuce, der Sud ist hoch konzentriert, ich koche ihn nun schon etliche Tage, alles, was ich sehe, koche ich mit, auf sehr kleiner Flamme, längst ist er tiefrot. Es handelt sich aber um einen vollkommen anderen Liebesroman als man erwarten könnte, denn ich befinde mich ja als Erzähler und Figur mitten in diesem Liebesroman, ich befinde mich immerzu im Lieben selbst, ich betrachte das Lieben ja keineswegs von außen, ich umschleiche es nicht und erst recht entstehen in meinem Liebesroman keine störenden Neben- und Seiten-Geschichten oder gar Geschichten von verhinderter, misslungener oder halbgarer Liebe, wie wir sie aus Goethes *Werther* und den auf ihn folgenden großen Liebesromanen des neunzehnten Jahrhunderts wie etwa *Madame Bovary* oder *Anna Karenina* kennen, neinnein, all diese Geschichten von verhinderter oder halbgarer Liebe haben mit meinem Liebesroman nichts zu tun, mein Liebesroman ist ein Liebesroman in nuce, er besteht wirklich aus Liebe, ja er *ist* geradezu Liebe, er ist die sogenannte Zweisamkeit an sich, die erfüllte, Tag und Nacht füllende, euphorisch gelebte Zweisamkeit. Ein winziges Manko meines Liebesromans besteht höchstens darin, dass mein geliebtes Liebesobjekt zu dominant ist, denn das ist ja nicht zu übersehen, ich liebe ein sehr dominantes Liebesobjekt, mein Objekt ist ja geradezu hypergewaltig und groß, ja es ist für den menschlichen Sinn beinahe unendlich, schließlich besteht unsere Erde zu gut Dreiviertel aus meinem Liebesobjekt, so dass man sagen könnte, dass ich Dreiviertel der Erde liebe, ich bin in Dreiviertel der Erde verliebt, ich gebe mich Dreiviertel der Erde hin, Vater ist gaga, hat mein Sohn diesen Anspruch genannt, Vater ist krank, hat meine Frau diesen Anspruch charakterisiert, nur meine kluge Tochter hat erkannt, dass man meinen Anspruch nicht ins Lächerliche ziehen, sondern versuchen sollte, ihn auf ein menschliches Maß zu reduzieren, ihn gleichsam einzukochen: *Pass auf dich auf!, Pa!*, was ja, einmal in die Tiefenschichten der Sprache übersetzt, meint: Du brauchst den Ozean nicht unbedingt auszutrinken, Pa, eine gute Fischsuppe und dazu ein oder zwei Flaschen Weißwein könnten ja vorerst auch einmal genügen.

4

Es waren verdammt merkwürdige Sommerferien in diesem Sommer 2001, nach etwa zwei Wochen führte ich das pure Meeres-Leben, ich schwamm und tauchte, ich ging am Meer entlang, ich half in den berühmten Fischküchen aus und begleitete die Fischer bei ihren nächtlichen Fischzügen hinaus aufs Meer, längst hatte ich bemerkt, dass jede noch so kleine Notiz meiner Notizhefte sich auf nichts anderes bezog als das Meer, mein Liebesroman lebt von einem emphatischen, strengen Purismus, dachte ich, er hat eine geradezu minimalistische Handlung, dafür aber eine einzige, starke Atmosphäre, es ist die Atmosphäre des Meeres, die jede einzelne Notiz durchdringt und speist, in einem solchen Liebesroman gibt es keine unatmosphärischen Sätze, jeder Satz ist vom Thema der Liebe durchdrungen, das ist ja das Verblüffende, von mir überhaupt nicht Erwartete, was für eine Erlösung nach all meinen anderen Romanen, den Zeit- und Gesellschaftsromanen sowie all den Romanen mit großen historischen Stoffen, was für eine Erlösung!, mein Liebesroman bedarf keiner Planungen und keiner jahrzehntelangen Vorarbeiten, er bedarf einfach nur meines Liebens und Notierens, selbst ein harmloser Satz wie *Ich stand früh auf* ist von diesem Lieben durchdrungen, denn selbstverständlich hat das frühe Aufstehen, wie überhaupt alles, was in einem solchen Liebesroman Platz hat, mit der Liebe zu tun, denn das genau kennzeichnet ja die absolute, vollkommene Liebe, dass es keinen Moment des Lebens mehr gibt, der nicht von ihr bestimmt wäre.

Natürlich war mein Zustand auch den inzwischen mit mir befreundeten Fischverkäufern des Marktes, den Köchen und Fischern nicht verborgen geblieben, einige machten sich bereits gewisse Sorgen um mich, andere aber plädierten dafür, dass man die Liebe ausleben müsse, weswegen sie mich mit den bekanntesten Meeresexperten der Region zusammenbrachten, so etwa mit einem in ganz Italien bekannten Schriftsteller und Philologen, der damals in Anlehnung an Essays Walter Benjamins gerade ein Buch über die berühmte Fischsuppe von San Benedetto del Tronto schrieb[1], der berühmte Schriftsteller und Philologe tafelte mit mir in einem der schönsten, direkt am Meer gelegenen Fischrestaurants, und zwar so, dass wir uns laufend zwischen der Küche und unserem Tisch hin und her bewegten, wir verfolgten die Entstehung der Suppe, tranken Weißwein, kosteten und verfolgten wiederum das Werden der Suppe, es war die Mahlzeit von zwei Passionierten, die sich in der Deutung und Beschreibung des Gesehenen und Gekosteten laufend zu überbieten versuchten. Auch zum Meeresmuseum von San Benedetto del Tronto stellten meine Freunde eine Verbindung her, das Meeresmuseum

---

1 Renato Novelli: *Brodettogonia. Riflessioni intorno a un piatto.* Ancona 2005

wurde von zwei Direktoren geleitet, am späten Vormittag eines heißen August-Sommer-Tages der denkwürdigen Sommerferien des Jahres 2001 hatte ich einen Gesprächstermin mit dem leitenden Direktor, der leitende Direktor wollte mir die Sammlungen seines Museums zeigen, ich wartete auf ihn im Foyer, als mir eine junge Frau entgegenkam und sich vorstellte, der leitende Direktor ist eine Frau, dachte ich nur noch konsterniert, nicht ein Poseidon, sondern eine Aphrodite entsteigt hier offensichtlich dem Meer!, es ist nicht zu fassen: *Sie war ungewöhnlich groß und hatte langes, blondes Haar, mit einem Stich ins Rötliche, sie trug ein langes, grünes Kleid, mit dessen Schlichtheit die beiden einzigen goldenen Schmuckstücke, eine Halskette und ein Ring kontrastierten. Als sie mich erkannte, fuhr sie sich mit der Rechten durchs Haar, es war eine leicht verlegene Geste. Ich hatte eine der üblichen Kurzführungen erwartet, einige Worte über die Gründung und den Bau des Museums, einen knappen Rundgang, der mir einen Überblick verschaffen sollte, doch es kam dann ganz anders. Sie führte mich anscheinend ohne System oder Plan durch die Räume, wir begannen irgendwo in der Mitte, gingen wieder in die Nähe des Eingangs, sahen uns weiter hinten, in den dunkleren Zonen um, jedes Mal ging es um einen einzigen Fund, ein Fischskelett, eine Schnecke, winzige Algenspuren auf weißem Grund. Sie sprach knapp und ganz detailliert von all diesen Objekten, sie erklärte sie nicht und erwähnte ihre Eigenarten mit keinem Wort, stattdessen deutete sie nur auf ein paar kaum sichtbare Besonderheiten, die Färbung einer Außenlippe, die Wölbung einer hornigen Außenschicht, die Durchsichtigkeit von geöhrten Tentakeln. Es war eine Art Schau, ein begeistertes Sehen, auch ihr*

Tonfall vermittelte diese Begeisterung, eine Verliebtheit in den Anblick von Schönheit, als ginge es hier nicht um Gegenstände der Forschung, sondern um rein ästhetische Reize. Hilflos und ohnmächtig ging ich neben ihr her, es wäre mir wie eine Pietätlosigkeit vorgekommen, sie zu unterbrechen, ich hatte jetzt keine Fragen zu stellen, ich durfte mich im Grunde nicht einmal bemerkbar machen, sonst hätte ich alles verdorben. Je länger wir gingen, umso mehr wuchs meine Anspannung, ihre Begeisterung sprang auf mich über, am liebsten hätte ich mich dann und wann als gelehriger Schüler erwiesen und selbst einmal mit irgendeinem kurzen Hinweis geglänzt, aber ich wusste genau, es war dafür zu früh. Was geht hier vor, dachte ich nur, als müsste mir ein gutes Wort dazu einfallen, und dann kam ich auf Verzücktheit, *plötzlich drehte sich dieses altmodische Wort in meinem Kopf,* sie ist verzückt, und sie macht mich verzückt, *dachte ich und hätte, um zumindest irgendeinen zustimmenden Laut von mir zu geben, beinahe laut zu summen begonnen. Die gefleckten Antennen der Langusten, die Augenstiele der Krebse, die stacheligen Höcker der Seespinnen – sie benannte das alles sehr genau, ich begriff, dass ich nur hinschauen und mich wundern sollte, es war wie ein kleiner Grundkurs in Aufmerksamkeit, am liebsten hätte ich sie dabei gefilmt. Aber ich wagte nicht einmal, sie von der Seite anzuschauen, nur für einen kurzen Moment sah ich ihr Gesicht in einem Spiegel, es war leicht, kaum merklich gerötet, als versuchte sie, ihre Begeisterung nicht zu verraten. So zogen wir, ohne irgendwo länger zu verweilen, durch alle Räume, ihre Führung hatte beinahe etwas von der Art eines Kindes, das sich nur auf die schönsten und hervorstechendsten Dinge beschränkt und sich an ihnen nicht sattsehen kann. Am Ende kamen wir wieder in ihrem Büro an, atemlos, dachte ich und sagte nach der langen, schweigsam verbrachten Zeit nur, dass mir die Schönheit all dieser Lebewesen noch nie so gegenwärtig gewesen sei. Was glauben Sie, warum ich mich damit beschäftige, antwortete sie, genau deshalb, aus keinem anderen Grund. Sie sagte das wie zum Abschluss und als sagte sie es nur so dahin, aber ich spürte, dass es in Wahrheit die Antwort auf mein Gestammel gewesen war, sie hatte mir, ohne sich aufzuhalten, das eigentliche Thema gezeigt.*

Unschlüssig blieb ich neben ihr stehen und überlegte, was ich sie noch hätte fragen können, als sie sagte, dass ein tieferes Eindringen in die Materie natürlich nur am Meer selbst möglich sei, die Sammlungen vermittelten zwar einen Eindruck, die eigentlich substantiellen Eindrücke aber erhalte man in direktem Kontakt mit dem Meer, so etwa bei einer Außenvisite, einem Forschungsvormittag wie etwa dem morgigen, bei dem ich sie, wenn ich denn Zeit hätte, begleiten könne, sie erforsche mit einer kleinen Studentengruppe ein Strandstück ganz in der Nähe, da sei man direkt an der Materie dran, da erschließe sie sich. Ich war sofort einverstanden, natürlich wollte ich bei einem solchen Eindringen in die Materie dabei sein, wir verabredeten uns also für den nächsten Morgen und tranken dann noch draußen, in einem der kleinen Cafés im Hafengelände, in dem sich auch das Museum befand, einen Caffè, sie erzählte mir, dass sie meist frühmorgens aufstehe, um den Tag mit einem Bad im Meer zu beginnen, das sie dann in einen Strandgang am Meer entlang übergehen lasse, um später, gegen neun Uhr, erfrischt, den gesamten Körper belebt, zur Arbeit im Museum zu erscheinen. Nicht wahr?, fragte ich sie, Sie frühstücken ebenfalls rapidissimo, ein Caffè und ein Croisssant genügen Ihnen?, stimmt's?, und nicht wahr?, Sie sind eine Expertin für Fischsuppen, Sie mögen Fischsuppen, sagen Sie und bestätigen Sie mir doch bitte, dass Sie die Fischsuppen dieser Region über alles mögen ...

Schnitt, *cut!*, ich breche hier ab, ich deute höchstens noch an, dass sie die Fischsuppen der Region sowie ihren Weißwein wahrhaftig über die Maßen mochte und, ganz wie ich erwartet hatte, rapidissimo frühstückte ..., ich ..., neinnein, Schnitt!, *cut!*, ich breche hier ab und erzähle höchstens noch kurz vom darauffolgenden Tag und der Außenvisite ..., wo es um die Untersuchung der Artenvielfalt in einem markierten Strandstück ging, von ›Organismen‹ war immer wieder die Rede, *sie wurden mit einer chemischen Lösung betäubt und aus dem feuchten Sand geschlämmt, sie schwebten in sehr dünnen Netzen, wo sie mit winzigen, haarfeinen Pipetten aufgenommen wurden, es handelte sich um Wimperntierchen und Strudelwürmer, am besten gefiel mir das Wort* Kleinturbellarien, *mit bloßem Auge waren all diese Lebewesen kaum zu erkennen. Landeinwärts aber war ein kleines Zelt aufgeschlagen, Franca führte mich hin, wir duckten uns in die beinahe tropische Schwüle, auf einem Tisch waren drei oder vier Mikroskope aufgebaut, ich hatte so etwas erwartet, Mikroskope entsprachen genau meiner Vorstellung von dem, was hier vor sich ging. Als ich durch eines von ihnen schaute, musste ich grinsen, denn vor meinen Augen bewegten sich in gleichmäßigen rhythmischen Zuckungen jetzt große, obszöne Gebilde mit darmartigen*

Windungen, sie wanderten unaufhörlich durch das Bild, ließen den Wimpernpelz zittern, rollten sich zu einer Spirale zusammen oder streckten die kleinen Saugnäpfe der Füße weit von sich. Wir gingen wieder hinaus, Franca sprach ununterbrochen, sie beschrieb, welche Schlüsse man aus dem Vorhandensein welcher Art ziehen konnte, anscheinend qualifizierten sich die Strände durch eine bestimmte Zusammensetzung all diesen Gewürms. Am meisten aber gefielen mir die Ablagestellen der Fundstücke, sie waren auf großen, feinmaschigen Sieben zum Trocknen gelagert, Franca zeigte mir Pilz- und Fächerkorallen, Möveneier, Schnecken und Seeigel, einige besonders schöne Muscheln mit schmalen, gezähnten, längs verlaufenden Schlitzen hatten einen beinahe lackartigen Glanz. Zum Schluß des Rundgangs erhielt ich eine Mappe mit Unterlagen, Franca bat mich zu fragen, wenn ich bestimmte Worte nicht sofort verstand, ich sagte ihr, dass ich versuchen werde, die Texte in Ruhe zu lesen, sie lächelte mir zu und ging dann wieder hinüber zur Gruppe, die mit einer Art hartnäckiger, stummer Passion vor sich hin arbeitete. Ich setzte mich auf einen kleinen Schemel neben einem größeren, stark bemoosten Felsen, ich gab mir Mühe, in den Texten zu lesen, und begann, sie Seite für Seite vorzunehmen, sie waren nicht schwer zu verstehen. Ich nahm mein Notizbuch hervor und wollte mich zwingen, die Untersuchungen kurz festzuhalten, ich schlug das Notizbuch auf, ich blickte hinüber zu der den Strand verlesenden Gruppe, ich schaute zu Franca, die sich in die Tabellen vertieft hatte, wahrscheinlich nahmen jetzt alle an, dass auch ich mich mit den Forschungen beschäftigte und erregt lauter Details notierte. Ich nahm jedoch meinen Stift und schrieb, ich schrieb ..., ja, ich schrieb ... Nach einiger Zeit kam Franca wieder zu mir, was notieren Sie denn alles, fragte sie, Sie hören ja gar nicht mehr auf!, ich erklärte ihr, dass ich immerzu notiere, ja, dass ich ein geradezu manischer Notierer sei und das Notieren mir Freude mache. Sie schaute mich einen Moment nachdenklich an ..., dann gab sie sich einen Ruck und sagte, gehen wir noch etwas am Meer entlang, die Gruppe ist gleich fertig für heute, ich habe aber keine Lust, mit ihr zurück nach San Benedetto zu fahren, nichts lieber als das, antwortete ich, ich habe jetzt lange genug hier gesessen. Die Gruppe beendete ihre Arbeit und räumte einige Geräte ins Zelt, wir verabschiedeten uns und machten uns auf den Weg, wir machen uns auf den Weg, dachte ich wirklich, ich hatte das Gefühl, als bahnte sich nun etwas an, ich spürte es daran, wie wir uns auf den Weg machten, es hatte etwas Entschlossenes, Endgültiges und wirkte auf mich so, als wollten wir gar nicht mehr zurück. Während wir am Strand entlanggingen, bückte sie sich immer wieder, sie hob etwas auf und zeigte es mir, ihr ganzer Instinkt war noch von ihrem Forschungsinteresse besetzt, sie hatte eine enorme Fähigkeit, etwas zu entdecken, mir jedenfalls fiel kaum etwas auf, sie aber filterte anscheinend aus den blassen Strandbildern lauter Details, sie erkannte Spuren von Möven, Reihern und sogar Kormoranen, sie las die seltsamsten Muscheln auf, die sich im Geröll der Kiesel versteckten, wie machst du das bloß?, fragte ich, ich erkenne nicht mal die Hälfte der Fundstücke, die du jetzt aufliest, ich habe eine jahrelange Übung darin, antwortete sie, vielleicht ist aber auch mein Farbsinn stärker entwickelt, ich reagiere auf Farben nämlich besonders empfindlich, wir haben das *sogar im Institut einmal getestet, die Werte waren unglaublich. Wir gingen immer weiter, es dämmerte schon, ich wagte nicht zu fragen, wohin der Weg führte oder ob sie ein bestimmtes Ziel vor Augen hatte. Wir befanden uns längst in einer Gegend, die auf mich vollkommen entlegen wirkte, der Strand war felsig geworden, so dass wir nur langsam vorankamen, dann erreichten wir menschenleere, verwaiste Strandflächen mit hohen, wie entrückt im Wind schaukelnden Gräsern, dichte Bestände von Stranddisteln mussten wir überwinden, wir tanzten zwischen den Pflanzen hindurch und scheuchten Scharen von Seeschwalben auf, die kreischend landeinwärts flogen. Wir sprachen nicht mehr miteinander, manchmal gingen wir wegen des beschwerlichen Wegs auch in großer Distanz, ich fragte mich, was sie vorhatte, sie ließ sich nichts anmerken, sondern ging, ohne sich auch nur einmal umzudrehen, voraus, als wüsste sie genau, wohin es gehen sollte. Endlich gelangten wir in eine kleine Bucht, dort steckte ein längst zerborstenes Boot noch im Sand, daneben stand eine einzelne Umkleidekabine aus Holz, ich ging hin und öffnete die Tür, alles wirkte intakt, nur dass das bleiche Holz sich gegen die grüne Farbe durchgesetzt hatte, ein paar schwache Grünspuren waren auf der kleinen Bank gerade noch zu erkennen, sonst war das Holz blass und grau, als habe das Meer es immer wieder bespült. Ich wollte die Tür schließen, als sie an mir vorbei hineinschlüpfte, komm!, sagte sie, komm!, ich folgte ihr, wir zogen die Tür von innen zu ...*

Schnitt, cut!, ich breche hier ab, denn wir befinden uns ja längst in meinem Roman, wir befinden uns auf der Seite 161 meines Romans *Die große Liebe*, Schnitt, cut!, ich breche hier ab, ich beende hier meine poetologische Erzählung von jenen merkwürdigen Ferien, den Sommerferien des Jahres 2001.

5

Im Sommer des Jahres 2003 fuhr ich mit meiner Frau und unseren beiden Kindern in den Süden, an die italienische Adria-Küste, genauer gesagt: In den südlich von Ancona an der italienischen Adria-Küste gelegenen Ort San Benedetto del Tronto. In den beiden zurückliegenden Jahren hatte ich den Roman *Die große Liebe* geschrieben, im Juli 2003 war dieser Roman erschienen, der heftige Liebesrausch war verflogen, denn so ist es ja mit dem Schreiben bestellt, durch das tägliche, langjährige Schreiben verwandelt sich jeder anerlebte und durchlebte Rausch in einen Schreibrausch, der nach getaner Arbeit in eine ungeheure Leere übergeht, die es dann wieder mit laufendem Notieren zu füllen gilt. Wie in den elf Jahren zuvor stiegen wir auch im Jahr 2003 in dem uns vertrauten Hotel ab, diesmal jedoch gaben wir uns alle Mühe, den von der nahen Umgebung ausgehenden starken Impulsen nicht sofort nachzugeben und zu erliegen, neinnein, diesmal zogen wir uns nicht sofort um und stürzten uns auch nicht sofort ins Meer, vielmehr schlenderten wir nach unserer Ankunft gegen Mittag in das nahe am Meer gelegene Restaurant *il pescatore*, um gleich zu Beginn unseres Aufenthaltes eine der guten Fischsuppen der Region zu kosten. Als wir aber das Restaurant betraten, hielt mich mein meist hellwacher Sohn am Arm zurück, da drüben liest jemand dein Buch!, sagte er, und während ich noch erwiderte, wie bitte?, was meinst du? meinst du den neuen

Roman?, sagte mein Sohn, Leute, nix wie weg!, da drüben sitzen sogar zwei, die Vaters Buch lesen! Ich blieb einen Moment stehen und schaute genauer hin, in der Tat, es handelte sich bei den beiden Büchern, die von einem still dasitzenden Paar gelesen wurden, wirklich um Exemplare meines Roman, das Tiefrot des Umschlags war deutlich zu erkennen, und wenn man länger hinschaute, konnte man sogar den Titel exakt entziffern, nix wie weg!, murmelte ich, aber ich hätte es gar nicht mehr zu murmeln brauchen, denn die ganze Familie befand sich bereits draußen, zu Fuß unterwegs zu einem anderen Fischrestaurant etwas weiter nördlich, nahe dem Hafengelände, wo wir zehn Minuten später eintrafen und wo es diesmal meine nun auch in derartigen Inspektionsdingen hellwach gewordene Tochter war, die bereits aus einiger Entfernung verkündete, Pa!, da drüben liest ein ganzer Tisch deinen Roman, das sind mindestens vier, da lesen mindestens vier Leute gerade deinen Roman, verdammt noch mal!, rief da mein Sohn, das haben wir nun von deinem verdammten ewigen Schreiben, die besten Restaurants können wir nicht mehr besuchen, dabei habe ich von der verdammt langen Fahrt einen verdammt großen Hunger, los, es hat ja keinen Zweck, ich gehe jetzt keinen einzigen Schritt weiter und auf gar keinen Fall gehe ich noch einmal weiter zum nächsten Fischrestaurant, denn da wird bestimmt ein Bus aus Hannoversch-Münden Halt gemacht haben, weil alle Businsassen sich wahrscheinlich nichts anderes sehnlicher gewünscht haben als diesen verdammten Roman in einem der verdammten Fischrestaurants der Region zu lesen und dabei eventuell noch dem verdammt blöden Autor zu begegnen. Ruhe jetzt!, rief ich laut, und dann schlug ich vor, irgendwo *ein Stück Pizza* im Stehen zu essen, nach so einer langen Fahrt sei der Magen sowieso noch nicht richtig bereit, so etwas Köstliches wie eine Fischsuppe der Region angemessen aufzunehmen, während eine Pizza im Stehen keinen Schaden anrichten könne, schließlich sei der Magen Pizza im Stehen ja noch aus Deutschland gewohnt ...

Ich breche meine Erzählung von den Sommerferien 2003, die wir in einer Bergregion der Abruzzen, von der aus das Meer nicht zu sehen ist, verbrachten, hier ab und berichte zum Schluss nur noch von der Leser-Post, die ich nach unserer Rückkehr nach Deutschland monatelang, beinahe Tag für Tag, erhielt. Ein Großteil dieser Leser hatte den Roman zwei-, drei-, manchmal sogar fünfmal gelesen und dankte mir oft für irgendeine Heilung, anscheinend hatte der Roman liebesunfähige Männer in liebeshungrige, der Liebe entwöhnte Paare in wieder leidenschaftlich liebende, einsam lebende Frauen in zweisam liebende verwandelt, vor allem aber hatte er der Region in und um San Benedetto del Tronto zu einem Besucherstrom größten Ausmaßes verholfen, wie mir all die Postkarten und Grußworte aus dem Süden bewiesen: haben gerade eine wunderbare Fischsuppe direkt am Meer gegessen ..., gleich fahren wir in das hoch gelegene Örtchen, in dem Sie und die Direktorin sich geküsst haben ..., wir sind auf der Suche nach der Strandkabine, in der Sie diesen tollen Sex auf Seite 162 Ihres Romans erlebt haben, können Sie uns einige Angaben machen ...? Den Höhepunkt all dieser Nachrichten, Karten und Briefe bildete jedoch das kurz gehaltene, am früheren Telegramm-Stil orientierte Grußwort eines Paares aus Dortmund: Haben uns nach Lektüre Ihres Buches ein paar Wochen in San Benedetto del

Tronto aufgehalten, haben nach unserer Rückkehr nach Deutschland alles, was wir dort besaßen, verkauft und leben jetzt für immer im Süden, das alles haben wir Ihnen und nur Ihnen zu verdanken, herzlichen Dank!

Klaus Siblewski

Wie Romane entstehen (2)

>»Ich bin auf der Jagd nach Konstruktionen.
Ich komme in ein Zimmer und finde sie in einem Winkel weißlich durcheinander gehen.«

Franz Kafka, Tagebücher

ERSTE VORLESUNG
Poetische Vision

Sehr geehrte Damen und Herren!

Poetische Vision ist sicher ein klotziger Begriff, und die Beschäftigung mit diesem Begriff soll auch nicht am Anfang unserer Überlegungen stehen, wie Romane entstehen – oder zunächst doch nur indirekt.

Beginnen wollen wir damit, womit das Schreiben von Romanen aus Sicht von jemandem beginnt, der das Schreiben von Romanen begleitet, in meinem Fall einem Lektor. Dieser (beobachtete) Anfang darf nicht als der Beginn des Schreibens an einem Roman angesehen werden. Dieser Beginn liegt erheblich früher (siehe die vorangegangenen Vorlesungen von Hanns-Josef Ortheil) und er wird in vielen Fällen selbst von Autoren erst im Nachhinein als der Moment erkannt, zu dem eine neue Arbeit einsetzte, an deren Ende dann ein Roman steht. Ich möchte von diesem zweiten Anfang des Romanschreibens sprechen, und zu diesem zweiten Anfang kommt es häufig, wenn Autoren ihre Romanwerkstatt[1] verlassen und darüber zu sprechen beginnen, dass sie an einem Roman arbeiten. Dieser zweite Beginn ist deshalb besonders wichtig, weil ab diesem Zeitpunkt das Schreiben nicht mehr nur eine Angelegenheit des Autors ist. Ab diesem Zeitpunkt werden und sind andere in das Schreiben mit einbezogen und ab diesem

---

1 Hier wie in anderen Fällen wird an Begriffe angeknüpft, die Hanns-Josef Ortheil in seinen Vorlesungen entwickelt hat.

Zeitpunkt nimmt das Schreiben einen riskanteren Charakter an. Der Autor stellt seine Arbeit zur Diskussion.

Wie ein derartiger Anfang verlaufen kann, ein Beispiel: Im August 1994 schickte ein jüngerer Autor aus Österreich ein Roman-Manuskript an den Verlag. Dieser Autor hatte bereits zwei Romane in einem anderen Verlag veröffentlicht. In seinem Brief, den er dem Manuskript beilegte, wies er darauf hin und begründete, weswegen er einen neuen Verlag suche. Der Verlag, in dem er bisher seine Romane veröffentlicht habe, müsse wahrscheinlich Konkurs anmelden und hätte sich bereits aus dem Buchgeschäft zurückgezogen.

Mit dem Hinweis auf die beiden Buchveröffentlichungen verfehlte der Autor nicht seine Wirkung. Diese Bemerkung wies ihn als einen bereits erfahrenen und erfolgreichen Romanautor aus, ein Gewinn für einen Verlag. Auch das Manuskript erfüllte diese Erwartungen – über weite Strecken zumindest. Ich lud den Autor in den Verlag ein.

Über einen Vertrag wurde nicht gesprochen, Autor und Lektor hatten sich darauf verständigt, über dieses Thema bei nächster Gelegenheit zu sprechen. (Auch mit einem Agenten, wenn der Autor, was damals im Gegensatz zu heute nicht üblich war, sich durch einen Agenten hätte vertreten lassen, hätte ich mich auf diese Vorgehensweise geeinigt.) Der Autor wollte erst die Beziehungen zu seinem alten Verlag endgültig lösen und, wenn das geschehen sei, über einen neuen Vertrag verhandeln. Also ging es bei den Gesprächen im Verlag im Wesentlichen darum, sich kennenzulernen – im gemeinsamen Nachdenken über das Manuskript. Selbstverständlich wurden die Leistungen des Autors zunächst beschrieben und ausführlich gewürdigt, dann kam auch die Rede auf Stellen im Manuskript, die dem Lektor weniger gelungen erschienen. Diese Einwände betrafen Passagen, in denen von den Gründen die Rede war, weswegen der junge Mann und Held des Romans mit seiner Biografie gebrochen und bei einem reichen Mann Zuflucht als Chauffeur gesucht und gefunden hatte. Diese Passagen waren noch nicht nachvollziehbar genug geschildert.

Wegen dieser Vorbehalte kam es zwischen Autor und Lektor keineswegs zum Streit. Der Autor klebte sich gelbe post-its an die entsprechenden Seiten – und nachdem der Lektor den Autor mit den Mitarbeitern des Verlags bekanntgemacht hatte, die sich für sein Buch bei der Presse und im Buchhandel einsetzen würden, gingen beide mit der Verabredung auseinander, der Autor würde sein Manuskript dem Lektor wieder zusenden, sobald er die Arbeit daran fortgesetzt habe. Und wenn er sich von seinem Verlag verabschiedet hätte, dann sei ohnehin über den Vertrag zu sprechen.

Dazu kam es dann aber nicht – der Lektor bekam weder eine überarbeitete Fassung zugesendet, noch wurde über einen Verlagsvertrag weiter gesprochen, und der Roman ist bisher auch in keinem anderen Verlag erschienen. Der Autor reagierte auf Briefe und Postkarten des Lektors nicht mehr – und bis heute weiß ich nicht, weswegen es zu diesem überraschenden Abbruch nicht nur eines viel versprechenden Verlagskontakts gekommen ist, sondern zum Abbruch einer Schriftstellerbiografie. Die Fortsetzung der Arbeit an dem Manuskript hätte sich gelohnt. Aber genau das ist nicht geschehen, dafür hat der Autor aber anscheinend wahr gemacht, wovon er bei dem Treffen im Verlag in einem Nebensatz auch gesprochen hatte.

Ab und zu überlege er, ob er in seinen Beruf als Chemiker zurückkehre. Eine harte Entscheidung.

Wenn ich heute darüber nachdenke, warum es so weit hat kommen können, dann gehen mir verschiedene Überlegungen durch den Kopf: Sicher war der Zeitpunkt, zu dem dieser Autor Kontakt zu einem Verlag gesucht hatte, sehr spät gewählt worden. Vielleicht missfiel ihm, wenn er an die Arbeit dachte, die er bereits in das Manuskript gesteckt hatte und an die unsicheren Aussichten, die sich ihm als Autor trotz seines großen Arbeitseinsatzes und früherer Erfolge boten, dieses Missverhältnis zwischen Geleistetem und Ertrag, und er hat sich deswegen gegen das weitere Schreiben von Romanen entschieden. Vielleicht ist er aber auch, wenn wir persönliche Gründe einmal außer Acht lassen, mit den grundsätzlichen Problemen des Erzählens nicht weitergekommen und hat schließlich Zuflucht bei der Einsicht gesucht, dass er diese Probleme nicht lösen wird und damit als Erzähler auf der Stelle tritt? Das kann eine schmerzhafte Einsicht sein, wenn ein Autor den Eindruck hat, er wird ein bestimmtes erzählerisches Niveau nicht erreichen, und glaubt sich deswegen nicht sicher sein zu können, dass namhafte Verlage an der Veröffentlichung seiner Manuskripte dauerhaft interessiert sein werden. Bevor wir jetzt aber weiter über diesen Fall sprechen und spekulieren, was den Autor zu seinem spektakulären Schritt bewogen haben könnte, sollten wir die erste grundsätzliche Überlegung anstellen: Schreiben und Veröffentlichen stehen offenbar in einem engen Verhältnis zueinander.

Denn wenn dieser Fall uns in unserem Nachdenken über das Thema »Wie Romane entstehen« weiterhelfen kann, und dieser Fall bringt dazu die Voraussetzungen mit, da zwischen Autoren und Lektoren häufiger Gespräche dieser Art geführt werden und da sich die Abbrüche von Schriftstellerbiografien häufen, dann verhilft dieses Beispiel zu folgender ersten Einsicht: Die entscheidenden Komplikationen treten regelmäßig auf, wenn Autoren über die Publikation ihrer Manuskripte nachzudenken beginnen und vorsichtige Schritte unternehmen, ihre Pläne zu realisieren. Das heißt nicht, dass diese Schwierigkeiten mit der Publikation des Manuskripts in einem direkten Zusammenhang stehen. Nur zeigen sie sich häufig zu diesem Zeitpunkt, und die Autoren bewerten, nachdem sie den Kontakt zu einem Verlag gesucht haben, entweder ihre Arbeitssituation oder die literarische Qualität ihres Schreibens oder sogar beides, erheblich skeptischer und düsterer, als sie das getan haben, bevor sie an einen Verlag herangetreten sind.

Auch wenn wir mit unserem geringen Kenntnisstand noch nicht sagen können, ob die Schwierigkeiten des jungen Autors aus Österreich nicht vom Schreiben selber herrühren, lässt sich eines doch feststellen: Das Schreiben von Romanen und das Publizieren von Romanen hängt eng miteinander zusammen. In der Umkehrung bedeutet das: Wir müssen uns von Vorstellungen verabschieden, dass Schreiben und Veröffentlichen als zwei voneinander getrennt existierende Vorgänge anzusehen sind – in dem Sinn, dass zuerst ein Manuskript geschrieben wird, und dass dann, wenn diese Arbeit abgeschlossen ist, mit Überlegungen begonnen wird, wie dieses Manuskript veröffentlicht werden könnte. Beide Vorgänge durchdringen sich wechselweise und lassen sich deswegen nicht voneinander lösen.

Damit sind wir aber an einem heiklen Punkt angekommen: Schleichen sich nicht, wenn Autoren beide Vorgänge miteinander verwoben sehen, vollkommen unkünstlerische Denkweisen, nämlich aus der Verwertung von Romanen herrührende Überlegungen, in die literarische Vorstellungswelt eines Autors hinein und vermengen sich dort mit literarischen Überlegungen auf unstatthafte Weise – also zum Schaden des Romans? Noch im Vorwort zur jüngsten Ausstellung im Deutschen Literaturarchiv in Marbach über Ordnungssysteme, die sich Autoren beim Schreiben schaffen, hat Michael Maar den künstlerischen Vorgang des Schreibens schon gegenüber erheblich geringeren Beeinflussungen als die, die durch das Veröffentlichen herrühren, verteidigt: »Imposant die Entwürfe, die Alfred Andersch für seinen Roman »Efraim« angelegt hat – architektonische Zeichnungen, gegen die der Aufriss von Harry Potters Hogwarts ein Kinderspiel wäre. (...) Es gibt ein paar Blätter, die den Verdacht nähren, dass die Akkuratesse des Plans einen gewissen Mangel an Eingebung weniger verdeckt als erst ans Licht rückt. Manchmal gerät man in Zweifel darüber, ob die Ordentlichkeit des Plans nicht überhaupt in umgekehrtem Verhältnis zur Wucht des fiktiven Werkes steht. Je eruptiver, desto besser (...).«[1] Diese Skepsis bezieht sich auf das genauere Planen des Schreibens und verlässt damit nicht einmal den engeren Bezirk der Arbeit am Manuskript. Das zeigt, für wie empfindlich das Schreiben eines Romans immer noch angesehen wird, und dass die Beeinflussung des Schreibens durch Aspekte des Veröffentlichens von Puristen wie Michael Maar zu der Formulierung noch erheblich stärkerer

---

[1] Michael Maar, Präludium I, in: Ordnung. Eine unendliche Geschichte, Marbacher Katalog 61, 2007, S. 9/10

Vorbehalte herausfordern würde. Dennoch müssen wir unsere ursprüngliche These nicht nur aufrechterhalten, sondern sogar noch verschärfen: Das Schreiben eines Romans zielt nicht nur auf Veröffentlichung, es zielt sogar in besonders hohem Maß auf Veröffentlichung!

Warum? Kein anderes Schreiben ist mit dem Medium Buch derart eng verbunden wie das Schreiben von Romanen. Gedichte können in Zeitungen und Zeitschriften veröffentlicht werden. Auch hier spielen Publikationsüberlegungen hinein, allerdings brauchen Gedichte das Buch als Veröffentlichungsform nicht zwingend. Dasselbe gilt für Erzählungen und in einem noch viel höheren Maß für Theaterstücke. Bei Theaterstücken ist die Publikation des Textes in einem Buch als eine Zugabe anzusehen, die den Zugang zu dem jeweiligen Text eher erschwert als erleichtert. Darum werden Theaterstücke, die ihr öffentliches Leben nur in Büchern führen, entweder vergessen oder sie genießen das Ansehen klassischer Texte, und haben sich damit von einem Leben in einer speziellen Publikationsform überhaupt entfernt. Dies ist bei Romanen anders.

Romane benötigen, damit sie das Publikum wahrnehmen kann, die Publikation als Buch. Daraus ergibt sich die enge Verbindung beider Vorgänge, und das bedeutet eben, die Arbeit am Roman ist nicht erst dann abgeschlossen, wenn das Manuskript einen Verlag gefunden hat und publiziert ist. Das bedeutet, dass die Einflussnahmen des einen Vorgangs auf den anderen schon erheblich früher einsetzen und dass Autoren, wenn sie darüber nachdenken, ob sie einen Roman schreiben wollen, mit diesem Gedanken auch gleich einen zweiten anschieben: In welchem Verlag könnte dieser Roman erscheinen?

Diese außerordentlich zugespitzte Publikationssituation hat wiederum Rückwirkungen auf das Schreiben selbst – und wie diese Auswirkungen beschaffen sind und zu welchen Gesprächssituationen sie jeweils führen, dem wollen wir hier nachgehen. Und da wir hier darüber nachdenken, wie literarisch ernst zu nehmende Romane entstehen, bildet die jeweilige Schreibsituation des Autors und die ästhetische Konstellation, auf die sich die Autoren einlassen, den Ausgangspunkt unserer Überlegungen. Bevor wir jedoch darauf eingehen können, müssen wir ein noch differenzierteres Bild von der Publikationssituation entwerfen, die von den Autoren gesucht wird.

Publikationssituation – alleine, dass diese Vokabel bisher im Singular verwendet wurde, zeigt, wie grob unsere Vorstellungen bisher sind. Wenn wir von Veröffentlichung sprechen, muss dazu gesagt werden, dass damit keineswegs nur die Veröffentlichung des Romans als Buch gemeint ist. Dieser finalen Publikation sind eine Reihe anderer Veröffentlichungen vorgelagert. Sie ersetzen weder als Einzelne noch in ihrer Summe die Buchpublikation, sie bereiten aber diese Publikation vor und stehen insofern in einer nicht zu lösenden inneren Beziehung zum Erscheinen des Romans als Buch – und damit auch jeweils zum Schreiben des Romans.

Wie Autoren bei diesen Vorveröffentlichungen (in Gesprächen über Pläne, Figuren, mögliche Handlungsabfolgen, in Exposés, bei der Suche nach Materialien und der gelegentlichen Bitte um Hilfe dabei usw.) – wie also Autoren bei diesen unterschiedlich weitreichenden Veröffentlichungen ihres Romans auch immer vorgehen, hängt von deren jeweiligem Temperament ab. Es gibt Autoren, die gerne über entstehende Arbeiten sprechen und sich keineswegs scheuen, das vom denkbar frühesten Moment an zu tun. Es gibt Autoren, die die ersten Kapitel zuerst geschrieben haben wollen, bevor sie ihre Romanwerkstatt verlassen. Unter diesen Autoren finden sich wiederum zwei unterschiedliche Typen: Diejenigen, die sich zu diesem Zeitpunkt bereits in der Lage sehen, einzelne Manuskriptteile aus der Hand zu geben, und andere Romanciers, die sich in dieser Phase ihrer Arbeit damit begnügen, aus ihrem Manuskript vorzulesen und im Anschluss an ihre Lesung das Gespräch über das Vorgetragene suchen. Es gibt Autoren (mittlerweile nicht wenige), die Exposés ihrer Romanvorhaben anfertigen, diese Exposés versenden und dann auf Reaktionen warten. Es gibt Autoren, die pausenlos über ihr Romanprojekt reden und jeden Schritt ausführlich kommentieren und besprechen wollen, es gibt Autoren, denen es ein Graus ist, überhaupt über ihr Schreiben zu sprechen, und die erst dann größere Partien ihres Romans aus der Hand geben, wenn sie das Ende der Arbeiten daran absehen können. Und schließlich gibt es Autoren, die überhaupt nicht von ihrer Arbeit sprechen möchten und sich erst dann über ihr Manuskript zu reden gestatten, wenn sie diese Arbeit zum Abschluss gebracht haben.

Bestimmt gibt es noch andere Arten und Zeitpunkte, mit einem Manuskript an die Öffentlichkeit zu treten, und sicher ist ein einzelner Autor ebenfalls nicht auf eine Art festgelegt, andere in sein Schreiben einzuweihen. Wie Autoren reagieren, kann sich von Projekt zu Projekt verändern. Wichtig bei diesen unterschiedlichen Strategien ist nur, dass sie erfolgreich verlaufen. Und erfolgreich heißt in diesem Zusammenhang: Der Autor muss den Eindruck haben, es ist verstanden worden, wovon er gesprochen hat oder was von ihm an Schriftlichem versendet wurde. Dieser Eindruck ist deshalb wichtig, weil er zwar vorgibt, an einem fruchtbaren Austausch interessiert zu sein und dies auch ist, darüber hinaus aber weitergehende Interessen verfolgt: Er möchte sich vergewissern, ob er sich auf dem richtigen Weg befindet.

Warum Autoren jedoch dieses starke Bedürfnis nach Vergewisserung haben, darüber kann es keinen Zweifel geben. Sie möchten herausfinden, ob ihr Roman die Chance hat, an die Öffentlichkeit zu gelangen, oder ob sie sich mit einem Projekt beschäftigen, das nur bei ihnen große Begeisterung auslöst, bei anderen aber verhaltene Reaktionen hervorruft. Ist die Zustimmung groß, dann sehen sie auch die Aussichten auf Veröffentlichung ihres Manuskripts als gut an, und der Autor kann im Prinzip seine Arbeit fortsetzen, wie er sie begonnen hatte. Fallen die Reaktionen dagegen zurückhaltend aus, dann muss der Autor entscheiden, was er tun möchte: seine Ideen verteidigen und sie weiterverfolgen oder sie zu seinen privaten Mythologien rechnen und aufgeben.

Auch wenn wir davon ausgehen müssen, dass das Schreiben und Veröffentlichen zwei nahe beieinanderliegende Vorgänge sind, darf daraus nicht der Schluss gezogen werden, Autoren würden nur darüber nachdenken, wie und unter welchen Bedingungen ihr Manuskript zu Lesern gelangen könnte. Das Vertrackte bei diesen Gesprächen (und den vorausgehenden und nachfolgenden Überlegungen der Autoren) besteht darin, dass es nicht nur um das Abwägen von Publikationschancen geht (und bei langfristig mit einem Verlag zusammenarbeitenden Autoren um die Frage, wie gut die Publikationsaussichten ihres neuen Manuskripts sind), sondern stets auch um Literatur. Wenn ein Autor darüber sprechen möchte, ob seine Figuren als anziehend oder abstoßend angesehen werden, dann möchte er auch wissen, wie diese Figuren tatsächlich beurteilt werden. Wenn er nachfragt, ob der Lektor meine, ein Handlungsstrang sei in seinen Grundzügen als nachvollziehbar einzuschätzen, oder glaube, er wirke eher konstruiert, dann möchte er eine Stellungnahme zu dieser Frage erhalten. Es geht also immer auch um Literatur, also um den Roman, an dem gerade die Arbeit aufgenommen worden ist, und den Wunsch eines Autors, diese Fragen mit einem Lektor oder einem anderen kritischen Leser durchzusprechen. Diese Fragen werden keineswegs stellvertretend und ersatzweise gestellt, um ein anderes Thema anzuschneiden, und sind als solche zu beantworten.

Damit haben wir uns jetzt aber nahe genug an die allgemeine Schreibsituation von Romanen (auch das sei gesagt, es geht nicht um das Nachzeichnen der Entstehung eines einzelnen Romans, sondern von Romanen) heranbewegt, und wir können uns mit der ersten zentralen Schreibsituation beschäftigen: Was geschieht, wenn sich erste poetische Visionen eingestellt haben? Dies ist nicht nur ein guter Zeitpunkt, zu dem Autoren ihre Romanwerkstatt verlassen und sich mit ihren Plänen an andere wenden. Autoren sind in dieser ersten Phase der Arbeit am Roman sehr überzeugt von ihrem neuen Projekt, sie werden regelrecht von Begeisterung und Euphorie getragen, und ihnen fällt es leicht, mit ihrer Arbeit die ersten Schritte weg von ihren Schreibtischen und hinaus in die Welt zu tun. Dies ist auch der Moment, in dem sich der künftige Roman zum ersten Mal auf eine detaillierte und zugleich stabile Weise zeigt – und die Autoren etwas mitzuteilen haben.

Ein Autor, der hochgestimmt ist, weil er glaubt, er würde in seiner Arbeit auf einen Roman zusteuern, ist gewiss kein Garant dafür, dass die Gespräche mit ihm ebenfalls in guter Stimmung verlaufen. Und genauso wenig muss dieses Gespräch einen positiven Verlauf nehmen, dass der Autor mit dem sicheren Gefühl wieder an seinen Schreibtisch zurückkehrt, er könne dort ohne weitere Bedenken seine Arbeit fortsetzen. Seine gute Laune und erstes aussagefähiges Romanmaterial zeigen vielmehr, worin die Schwierigkeiten dieser ersten Gespräche liegen können, und welche Aufgabe sich in diesen Gesprächen stellt. Es geht darum herauszufinden, von welcher poetischen Substanz die erste Romanvision des Autors ist. Besitzt sie überhaupt die Qualität einer Romanvision oder handelt es sich bei dem, was der Autor präsentiert, nicht um Ideen, von denen er viele haben kann und die sich aus einem nur schwer nachvollziehbaren Grund als hartnäckiger als andere, längst untergegangene und nicht wieder aufgetauchte Ideen, zeigen. Damit Lektoren und andere Gesprächspartner sich dem Autor in dieser Situation überhaupt gewachsen zeigen können, müssen sie eine nähere Vorstellung davon haben, worin eine poetische Vision im Grunde besteht. Da durch die Begeisterung des Autors eine starke Dynamik in das Gespräch hineingetragen werden kann, ist es gut, wenn sich die Gesprächspartner ihrer Einschätzung sicher sind und sicher beurteilen können, womit der Autor sie konfrontiert. Und das ist umso wichtiger, da in dieser Phase eine schwer wiegende Entscheidung getroffen wird, ob der Autor seinen Einfällen weiter nachgehen soll, oder sich besser ein anderes Projekt zur weiteren Ausarbeitung sucht.

Ideen nämlich haben Autoren viele, und es ist ja geradezu ein typisches Zeichen, solange sie notieren, dass sie sich für Vieles interessieren und auf alle möglichen Wahrnehmungen ansprechen und sich von ihnen wegtragen lassen. Allerdings unterscheiden sich dabei die eingesammelten Ideen ganz erheblich von dem, was wir als eine Vision bezeichnen. Im Grunde haben es Autoren erst dann mit einer poetischen Vision zu tun, wenn sie nicht mehr verschiedenen Ideen nachgehen und sie ausprobieren. Aus einer anderen Blickrichtung betrachtet, könnte man auch sagen, die Beschäftigung mit den heranstrudelnden Ideen führt schließlich dazu, dass der Autor von einer poetischen Vision erfasst wird und dann nicht mehr anders kann, als dieser Vision zu folgen. Es findet eine starke und ganz einzigartige Konzentration in der Aufmerksamkeit des Autors auf eine Sache statt. Aber verfolgen wir diesen Vorgang mehr im Detail.

Autoren sind zunächst und eine lange Zeit mit Notieren und Sammeln beschäftigt, eine Arbeit, die zunächst im Zusammenhang mit keinem Projekt steht.[1] Dieses Schreiben ist ungezielt, und die Notizen können verschiedensten Themen nachgehen und mannigfaltigste Charakterzüge besitzen. Besonders gut lässt sich das beispielsweise in den Tagebüchern von Franz Kafka verfolgen. In ihnen mischen sich Notizen zu den unterschiedlichsten Sujets, es lassen sich gleichzeitig und ungeordnet die verschiedensten Schreibtemperaturen feststellen, und der Autor ist dauernd damit beschäftigt, entweder über sein Schreiben nachzudenken und selber ins Erzählen hineinfinden zu wollen und erste längere erzählerische Blöcke aufzuschreiben. Es ist eine Mischung aus klassischem Tagebuch, Arbeitsjournal und Sammlung von Erzählsplittern, und

---

1 Siehe wiederum die Vorlesungen von Hanns-Josef Ortheil.

besonders interessant für uns ist dabei, wie sich der Duktus in diesen Notizen verändert. Je nachdem, wie diese Veränderungen verlaufen, sieht der Autor sich »plötzlich« in der Lage, längere Prosa schreiben zu können. Anders formuliert: Wir können nachvollziehen, welchen Weg er zurücklegt, bis er auf eine poetische Vision stößt.

In der Mehrheit befinden sich in Kafkas Tagebüchern kurze Beschreibungen seines Befindens. Ein Beispiel: »24. Januar. Das Glück der jungen und alten Ehemänner im Bureau. Mir unzugänglich, und wenn es mir zugänglich wäre, mir unerträglich und doch das einzige, an dem zu sättigen ich Anlage habe.«[1] Kafka hält fest, was ihm begegnet, die jungen und alten Ehemänner, stellt dem seine Situation gegenüber, nicht verheiratet zu sein, und glaubt, dass die einen in ihren Ehen glücklich sind, und er dagegen froh ist, ledig zu sein. Er hält einen Gegenwartsmoment fest, und dieser Augenblick besteht für ihn aus einem Ineinander von Beobachtung, Gefühl und Reflexion, und wenn an dieser Stelle eine Mutmaßung über den Impuls erlaubt ist, der Kafka dazu gebracht hat, diese Zeilen aufzuschreiben, dann kann dieser Impuls in Folgendem bestanden haben: Er war derart unabweisbar froh über seine Ehelosigkeit, dass sie ihm als eine glückliche Fügung vorgekommen ist, die es wert war, festgehalten zu werden.

Von diesen Notizen gibt es viele in Kafkas Tagebüchern, und Notizen wie diese lassen Kafkas Tagebücher als außerordentlich reich und anregend erscheinen. Betrachten wir diese Notiz jedoch von ihren erzählerischen Möglichkeiten her, zeigt sie sich als ausgesprochen be-

---

1 Diese und die anderen Zitate aus den Tagebüchern sind entnommen: Franz Kafka, Die Tagebücher 1909–1923, Frankfurt am Main: S. Fischer Verlag 1999.

grenzt und muss im Grunde als eine Notiz mit unerzählerischem Kern angesehen werden. Sie ist durch ihre Gegenwärtigkeit und den kleinen Schub an Empfindungen und Gedanken, der von diesem Moment ausgelöst wurde, festgelegt. Wenn niedergeschrieben ist, was sich dem Autor an Beobachtung im Äußeren und Reaktion in seinem Inneren bot, dann hat sich dieser Schreibimpuls beruhigt und lässt sich durch nichts weiter am Leben erhalten.

Von Notizen wie diesen unterscheiden sich andere, die einen anekdotischen Kern in sich tragen. Diese Notizen tauchen seltener in Kafkas Tagebüchern auf, und der Unterschied zu den anderen Aufzeichnungen ist auf den ersten Blick nicht leicht auszumachen. Eines dieser selteneren Beispiele: »Das langbeinige schwarzäugige gelbhäutige Mädchen, lustig frech und lebhaft. Sieht eine kleine Freundin, die den Hut in der Hand trägt. ›Hast du zwei Köpfe?‹ (...).« (389) In der Vorgehensweise bleibt sich Kafka treu. Er greift wieder ein äußeres Ereignis auf. Ihn interessiert wieder, was er sieht, allerdings verzichtet er auf eine Wiedergabe der Empfindungen, die von dem ausgelöst werden, was er beobachtet hat. Er bleibt bei dem stehen, was er sieht: Ein Mädchen, das ihm gefällt, und das er – hier beginnen die Unterschiede – mit großem sprachlichen Aufwand bedenkt. Drei Adjektive verwendet er für die Beschreibung dieses Mädchens, und es wird auch klar, warum er diesen Aufwand betreibt. Dem Mädchen stellt er eine zweite Figur zur Seite. Die erste Figur braucht in dieser Gegenüberstellung eine zusätzliche Standfestigkeit – aber nicht nur darum geht Kafka weiter sprachlich aus sich heraus, als er das sonst tut: Zwischen beiden Figuren entspinnt sich ein Gespräch.

Für die Bewertung der Schreibmöglichkeiten, die in die-

ser Notiz liegen, ist das nähere Erfassen dieser Wechsel-
beziehung zwischen zwei Figuren wichtig: Kafka lässt damit das in seiner Gegenwärtigkeit eingefriedete Moment,
das seine anderen Notizen auszeichnet, hinter sich, und
eine Art von Dauer breitet sich aus. An die erste Gegenwärtigkeit schließt sich eine zweite Gegenwärtigkeit an,
und Fortsetzungen wären denkbar. Das bedeutet: Kafka
kommt ins Erzählen. Dieses Erzählen nötigt den Autor
noch keineswegs dazu, weiter auszugreifen. Deshalb ist
diese andere Anlage dieser Notiz auch schwerer auf den
ersten Blick zu erkennen. Aber, und das macht solche
Notizen für den Romancier Kafka zweifellos kostbar: Es
wird ein Ablauf wiedergegeben, der Schreibimpuls bleibt
für eine längere Zeit vital und beruhigt sich nicht sofort
wieder.

In Kafkas Tagebüchern gibt es aber nicht nur Notizen
mit einem erzählerischen Kern oder ohne ein solches Zentrum. Die Notizen mit einem erzählerischen Kern sind
auch nicht alle von der gleichen Qualität (selbst dann,
wenn umfassendere Situationen festgehalten werden und
der – falsche – Eindruck entsteht, der Autor befände sich
auf dem Weg zu einer längeren Erzählung; es handelt sich
nur um längere Erzählpassagen, für die es keinen weiteren
Grund gibt, warum sie weitergeführt werden müssen).
Unter diesen Notaten befinden sich Aufzeichnungen, die
nochmals einen erheblichen Schritt weitergehen als die
Notizen, in denen sich Gegenwartsmomente aneinander-
reihen. Ein Beispiel: »27 Juli. Nächsten Tag zu den Eltern
nicht mehr gegangen. Nur Radler mit Abschiedsbrief ge-
schickt. Brief unehrlich und kokett. ›Behaltet mich nicht
in schlechtem Angedenken.‹ Ansprache vom Richtplatz.«
In dieser Notiz aus dem Jahr 1914 begegnet uns Kafka

als der, den wir bereits kennengelernt haben. Wieder wird ein äußeres Geschehen festgehalten, diesmal der Gang zu den Eltern. Erneut reagiert er auf diese Schilderung mit einem Kommentar: Er bezichtigt sich, nicht den richtigen Ton getroffen und auch nicht das Richtige geschrieben zu haben. Dann jedoch setzen die Unterschiede ein. Kafka betritt neues Terrain: poetisches Gebiet. Für seine Formulierung und für die Situation, aus der heraus er zu dieser Wendung greift (»Behaltet mich nicht in schlechtem Angedenken«), findet er ein Bild: »Ansprache vom Richtplatz.« Mit dieser Übersetzung in ein Bild stößt er das Tor zum Erzählen weit auf.

Das Bild hat etwas Unabgeschlossenes, und damit sind wir mit dieser Notiz bei etwas angekommen, was man als Urszene des Erzählens bezeichnen kann. Die Bezeichnung Urszene ist angebracht, auch wenn zunächst das Szenische nur eine Beigabe ist. Mehrere Dinge müssen zusammenstehen: Der persönliche Impuls des Schreibens ist in seiner Erkennbarkeit gelöscht worden. Personen sind erkennbar, ein Ort wird greifbar und Aktionen deuten sich an. Damit wäre für das Erzählen bereits viel gewonnen. Aber in der Urszene wird nicht nur ein setting entworfen, dieses setting besitzt die besondere Qualität, dass es den Autor herausfordert, Fragen zu stellen: Wo befindet sich der Richtplatz, wie ist er beschaffen, wer hat ihn eingerichtet und wer besitzt die Erlaubnis, dort Ansprachen zu halten, und vor allem, welchen Inhalt könnten diese Ansprachen haben? Diese Fragen zielen samt und sonders darauf ab zu klären, was geschehen könnte. Es zeichnet sich, und damit vervollständigt sich die Urszene zu einer poetischen Vision, eine Erzählperspektive ab. Eine (scheinbare) Unendlichkeit ist aufgestoßen, und der Autor ist nicht länger nur ein Sammler von Notizen, sondern er kann sich in einen Erzähler verwandeln.

Allerdings muss er, damit er den Verwandlungsprozess auch tatsächlich durchlaufen kann, die Chancen, die sich bieten, auch erkennen. Zwischen dem Aufschreiben einer derartigen Notiz und dem Erkennen der Möglichkeiten, die in dieser Notiz stecken, besteht keine direkte Verbindung. Kafka kam an dieser Stelle ins Erzählen. Er hat noch im selben Jahr 1914, in dem er diese Aufzeichnung in seinem Tagebuch festgehalten hatte, seine legendäre Erzählung »In der Strafkolonie« geschrieben. Andere Autoren hätten sich vielleicht nur gewundert, zu welchen Sprachschöpfungen sie neigen, wenn sie im Fluss des Notierens sind, und hätten damit begonnen, die nächste Prosaminiatur zu entwerfen. Damit ein Autor zum (strukturellen) Kafka wird und in den Bann der poetischen Vision gerät, muss er noch einige weitere Stationen passieren.

Bleiben wir also noch einen kurzen Moment bei Kafka. Er gelangt an die Schwelle des Erzählens und (wenn wir nur die Tagebücher als Grundlage zur Beurteilung dieses Vorgangs heranziehen) wahrscheinlich intuitiv über sie hinweg. Eine andere Art der Annäherung an ein Erzählprojekt findet sich bei Thomas Bernhard. Dieser Autor geht erheblich zielstrebiger vor. Seine Annäherung an ein Roman-Projekt macht deutlich, was hinzukommen muss, damit ein Autor die erzählerische Potenz wahrnimmt (oder zumindest davon erleichtert wird), die in seinen Beobachtungen und Notizen stecken kann.

Thomas Bernhard ist hemmungslos in seiner Suche nach Stoff. Er durchkämmt beispielsweise Zeitungen, nicht als Leser, sondern in der Haltung eines Romanciers. Und das heißt: Er legt es darauf an, auf Material zu stoßen.

Im Roman »Der Stimmenimitator« schildert er, wie eine Nachricht Neugier erwecken kann, und diese Episode kann durchaus als Modell genommen werden, wie Romane entstehen: »Eine Frau in Atzbach (...) ist von ihrem Mann erschlagen worden, weil sie das falsche Kind aus dem brennenden Hause (...) in Sicherheit gebracht hatte.« Alleine die Abgründe, die sich im Verhalten dieser Menschen zeigen, hatten seine Aufmerksamkeit zunächst gefesselt. Die Begründung des Mannes jedoch, weswegen er den Sohn bevorzugt hätte und es ihm lieber gewesen wäre, wenn er und nicht seine Tochter gerettet worden wäre, muss Bernhard elektrisiert haben: »aus dem Sohn hätte er einen Anarchisten und diktatur- und also staatsvernichtenden Massenmörder« machen können.

Nun muss klarerweise gesagt werden, dass Bernhard keineswegs die Sache von »diktatur- und also staatsvernichtenden Massenmördern« vertreten möchte, noch dass es ihn reizt, einen Mann näher porträtieren zu wollen, der seine Frau erschlagen hat, weil sie ihm die Chance geraubt hat, seinen Sohn zu einem derartigen »Massenmörder« zu formen. Dies ist insofern nicht überflüssig zu sagen, weil es darauf aufmerksam macht, dass er diese Ereignisse nicht aus einem moralischen, sondern aus einem poetischen Blickwinkel betrachtet. Das entscheidende poetische Gewicht liegt dabei in dem speziellen und überraschenden und seinerseits moralfreien Blick des Ehemanns. Er ist weit davon entfernt, den Vorgang selber alarmierend oder erscheckend zu finden und seiner Frau danken zu wollen. Die Frau hätte, wenn es nach ihm gegangen wäre, besser nichts getan und das Feuer bei seiner Arbeit einfach weiter beobachtet. Das hätte ihn nicht weiter beschäftigt. Dass in ihrem raschen Zugreifen für ihn aber eine Präferenz sichtbar wird, die nicht seine ist, weil an ihrem Verhalten seine Vorliebe für Menschen mit der Anlage zu Massenmördern nicht abzulesen ist, bringt ihn aus der Fassung – und eröffnet Bernhard eine Erzählperspektive: eine Figur, die in ihrer Empörung über einen grauenhaften Vorgang zu erkennen gibt, dass sie eigentlich noch viel grauenhaftere Neigungen verfolgt. Thomas Bernhard, noch im »Stimmenimitator«: »Ich brauche zunächst einmal Anregung und irgendeinen chaotischen Zwischenfall. Das Chaos beruhigt ja. Mich halt.«

Damit sind wir auf der Suche nach dem, was Erzählen ermöglicht, auf ein weiteres entscheidendes Moment gestoßen. Bernhard bekommt nicht nur eine Erzählperspektive geliefert, der Schluss der Anekdote bringt ihn auch in ein Verhältnis zur Welt, das ihm weiteres Erzählen möglich macht: Wie nimmt jemand unsere Welt wahr, der Massenmörder in sein Herz geschlossen hat, und wie ist eine Welt beschaffen, die einen Menschen mit solchen extremen Vorlieben ausrüstet? Diese aberwitzige Feindseligkeit macht ihn produktiv.

Abschließend möchte ich noch auf einen Aspekt eingehen, den wir bisher nur gestreift haben. Der Autor muss entflammbar sein, wenn er sich auf der Suche nach einem Stoff befindet und dann auf brauchbares Material stößt. Das Finden beim Suchen hängt mit dieser Entflammbarkeit direkt zusammen. Besäße der Autor diese Neugier nicht und wäre er nicht von einem vitalen Darstellungswunsch getrieben, dann wäre mit dem Autor, wenn er auf die Zeitungsnotiz gestoßen wäre, das passiert, was mit den anderen Lesern dieser Nachricht auch geschehen ist: nicht viel. Er hätte die Nachricht wahrgenommen, sich vielleicht über das absurde Auftreten des Mannes gewundert, und hätte dann weitergeblättert und wäre über die folgenden Seiten der Zeitung gestreift, ohne sich nachhaltig für eine der Nachrichten zu interessieren.

Kehren wir aber wieder zu unserer Ausgangsüberlegung und der Frage zurück, was setzt bei Autoren das Schreiben eines Romans in Gang und was kann zu substantiellen poetischen Visionen führen? Die müssen keineswegs nur durch Anekdoten angeregt werden. Die schreibauslösenden Impulse können sich auch während subtilerer Begegnungen bilden und den Autor dauerhaft zum Arbeiten bringen. Dafür besitzt der Autor Thomas Bernhard ebenfalls ein waches Gespür, genauer, er schildert in seinem Roman »Verstörung« dieses wache Gespür. Bernhard: »Überhaupt fällt mir auf, wie bereitwillig die Menschen auf irgendein bestimmtes Wort reagieren, auf Empfindlichkeitswörter, an die sie sofort eine unglückliche Geschichte hängen, die sie einmal erlebt haben und die sie einmal zutiefst beeindruckt hat.«

Bisher hatten wir von Geschichten gesprochen, die auf den Autor zukommen. Jetzt verkehrt sich die Perspektive, und wir blicken ins Innere des Autors. Dort kann sich durch eine simple Vokabel, die aber nur simpel für andere und nicht für den Autor ist, eine Geschichte formieren. Und nicht nur das. Sie vermag sich zu einer poetischen Vision zu verdichten, und damit findet der Autor nicht als Zeitgenosse und Beobachter seiner Zeit, sondern durch aufmerksames Registrieren von Vorgängen in seiner Gefühlswelt einen Roman.

Daraus lernen wir für das Zustandekommen von Romanen noch etwas Grundlegendes: Entflammbarkeit hat nicht nur mit starken Emotionen zu tun, die geweckt werden können. Der Autor muss auch ein inneres Leben besitzen, das einen Widerhall aussendet, sobald er auf Material stößt. Erst wenn er über eine innere Vorstellung von Romanen verfügt, kann das Material, auf das er trifft, seine Kraft tatsächlich entfalten. Solange sich dieser innere Roman nicht gebildet hat, bleibt das Material stumpf und stumm und in seinen erzählerischen Qualitäten unentdeckt.

Allerdings kann man bei diesem inneren Roman genauso wenig davon ausgehen, dass er zur Verfügung steht und nicht wie die poetische Vision erst zögernd zu entwickeln ist. Der innere Roman will genauso gegen Widerstände entdeckt werden. Dort, wo es etwas zu entdecken gäbe, breitet sich zunächst nichts als eine stumme Uninspiriertheit aus, eine prekäre Balance aus Nichtwissen und matten Empfindungen. Wenn der Autor jedoch Zugang zu den dort verborgenen Schätzen finden möchte, dann muss er diese prekäre Balance erst aus dem Gleichgewicht bringen. In der Regel ist das ein schmerzhafter Vorgang.

Damit sich dieser Vorgang nun seinerseits nicht hinter metaphorischen Undeutlichkeiten verbirgt, können wir ihn auch mit einer ganz unpoetischen Vokabel beschreiben: Etwas Verdrängtes bricht auf. Der Autor findet überraschend Zugang zu unbekannten Räumen in seinem Inneren. Daher die ungewöhnliche Dynamik, mit der diese Suchbewegungen einsetzen, sobald dieses verdrängte Material berührt wird. Allerdings müssen diese unbekannten und vor unserem Bewusstsein abgeriegelten Räume nicht nur im Inneren der Autoren alleine liegen. Autoren können auf Erkundungszügen durch historische, soziale, geografische Welten ebenfalls auf unbekanntes Terrain (Vorgänge beispielsweise, die dem historischen Gedächtnis entzogen wurden, weil sie mit einer bestimmten Geschichtsschreibung kollidierten usw.) aufmerksam werden – und erklären wird sich die Explosivität dieses Vorgangs in seiner nicht zu bremsenden Vitalität daraus, dass beides in einem glücklichen Moment zusammentrifft: Dass die Suchen im Inneren und Äußeren auf bisher unerforscht gebliebenes Terrain geraten sind und die Autoren sich von dort nicht mehr zurückziehen können und weiter forschen. Und wenn wir sagen sollten, welcher von beiden Romanen der wichtigere ist, dann wird man bei aller Wichtigkeit, die beide besitzen, doch sagen, dass dem inneren Roman eine größere Bedeutung zuzumessen ist. Ohne die Zurückgewinnung solcher ins Nichterinnern abgesunkener Geschichten wird ein literarisch ernst zu nehmendes Erzählen nicht in Schwung kommen und in Geläufigkeiten dahinplätschern. Das Abarbeiten an dauerhaft dem Erzählen sich entgegenstellenden Widerständen dürfte eine der Grundkonstanten des Romanschreibens sein.

Von hier aus können wir uns langsam wieder an den Ausgangspunkt unserer Überlegungen zurückbewegen. Wir hatten uns die Frage gestellt, wann wir sicher sein können, dass wir es mit einer poetischen Vision und nicht, negativ gesprochen, mit einem Sammelsurium von vagen Möglichkeiten zu tun haben. Diese Frage wollten wir klären, damit wir von der Sache her besser erfassen können, womit uns Autoren konfrontieren: Tatsächlich einem Roman in seiner Urform, oder ersten Ergebnissen einer Suche nach diesem Roman, die noch lange nicht abgeschlossen ist. Dies unterscheiden zu können, ist für uns im Gespräch mit Autoren wichtig, damit wir Empfehlungen aussprechen können, welche Romanidee unbedingt weiterzuverfolgen ist und welche Überlegungen zu einem Roman noch nicht diesen Grad an Reife besitzen.

Eine gewisse Sicherheit in der Beurteilung solcher Fragen wiederum ist aus zwei Gründen wichtig: 1. ob man mit Autoren bereits über ein Ideengebilde sprechen kann, das auf ein Buch zusteuert – oder ob diese Hoffnung zu früh aufkeimt. Und 2. wie wir den weiteren Schreibprozess begleiten wollen.

Viele Autoren stehen nämlich durchaus schwankend ihrem neuen Schreibvorhaben gegenüber. Einerseits werden sie von einem Wirbel von Hochstimmungen mitgerissen, andererseits lässt sie ihr Realitätssinn nicht ganz im Stich, und dieser Realitätssinn sagt ihnen, dass sie noch zu klären haben, wie tragfähig ihre Romanidee ist, und erst wenn sie diesen Test durchgeführt haben, wissen, ob sie sich entmutigt fühlen dürfen. Anders gesprochen: Nach dreißig oder vierzig Seiten der ersten Niederschrift kann sich noch immer herausstellen, dass sich ihre poetische Vision als erheblich schwächer erweist, als sie gehofft haben, und sie die Arbeit an diesem Romanvorhaben besser einstellen. Grund: Der Strom des Erzählens versiegt.

Daraus ergibt sich nicht nur eine einzigartige und einmalige Gesprächssituation, sondern wiederum auch eine besondere Aufgabe: Die Autoren werden zwar von der Bedeutung dessen sprechen, woran sie zu arbeiten begonnen haben, es kommt aber entscheidend darauf an, ob wir ihr Vertrauen in die poetische Vision ihres Unternehmens weiter stärken und sie damit auffordern wollen, ihre Arbeit daran fortzusetzen, oder ob es uns als ratsam erscheint, zurückhaltender aufzutreten und damit den Schreibprozess zu bremsen. Noch sind die Verbindungen zu den inneren Vorgängen des Autors sehr frisch, und er ist zu leicht zu irritieren. Das macht den Schreibimpuls noch in beiden Richtungen formbar: hin zum Roman bzw. weg von einer Romanillusion.

Es gibt aber noch zwei Gründe, warum es in dieser Arbeitsphase gut ist, vorsichtiger aufzutreten, selbst dann, wenn die ersten Überlegungen zum Roman eher Hoffnungen wecken. Autoren hören auf viele innere Stimmen. Es kann durchaus sein, dass sie bei der vermeintlichen Größe und Bedeutung ihrer poetischen Idee Zuflucht suchen und glauben, das Wichtigste sei bereits getan, und das Schreiben des Romans nur noch als eine Übung in Fleiß und im Durchhalten ansehen. Umgekehrt wäre es aber auch schlecht, wenn sie die Kräfte, die es braucht, aus der Vision einen Roman zu machen, überschätzen, verzagen und vor einem Romanprojekt kapitulieren, noch bevor sie zu schreiben begonnen haben, nur weil sie glauben, ihre Kräfte würden nicht ausreichen. Beides ist zu vermeiden.

Wie aber ist eine Romanidee konkret beschaffen? Ein Beispiel. Der Autor Matthias Politycki erzählt (sinngemäß): »Am letzten Tag meines ersten Aufenthalts auf Cuba bin ich in einem Lokal von einer einheimischen Frau zum Tanzen aufgefordert worden. Mein Meniskus war angerissen und zwei Tage nach der Rückkehr aus Cuba war der Termin für die Operation des Meniskus angesetzt, entsprechend sah mein ›Tanz‹ aus. Als ich das Lokal verlassen habe, ist mir diese junge Frau nachgelaufen und wollte von mir einen Zehnpesoschein gewechselt haben. Ich konnte das Geld wechseln, gab das Wechselgeld (drei Geldscheine) dann gleich für einen ›batido‹ aus (der Durst war groß), und kam im Hotel dann ins Grübeln: Warum wollte diese Frau von mir Geld gewechselt bekommen ... Ich habe sofort zu notieren begonnen: was wollte die Cubanerin mir sagen? Am letzten Tag habe ich dann sogar noch eine Wohnung gemietet, damit ich eine Bleibe habe, wenn ich zum Recherchieren wiederkomme ...«

Nun muss man Matthias Polityki bestimmt nicht vor dieser Romanidee in Schutz nehmen. Im Gegenteil: Wenn er berichtet, was ihm am Ende einer Urlaubsreise passiert ist, fällt an diesem Bericht als Erstes auf, wie verwoben sein Erzählmaterial mit seiner Biografie ist. Darin vermag sich durchaus die Stärke des Romans zeigen, der sich abzeichnet, seit er auf der Treppe zum Lokal der Frau wiederbegegnet ist. Allerdings tut er gut daran, sich im Erzählen von seinem Erleben in gewissem Maß zu emanzipieren.

Um besser zu verstehen, was damit gemeint ist, lohnt es sich, nochmals an Thomas Bernhards Vorstellung von der inneren Balance zu erinnern, die außer Kraft gesetzt sein will, damit der Autor ins Erzählen findet. Bei Polityki zeigt sich, dass dieser Vorgang zunächst einmal nichts Quälendes an sich haben muss, sondern durchaus beglückende Momente bereithält. Der Autor stolpert über eine »Zufallsbekanntschaft« in einen Roman hinein. Er wird durch eine Cubanerin in eine Vorstellungswelt gestoßen, die ihm bisher nicht offenstand. Alleine dadurch wird eine enorme Dynamik freigesetzt. Zudem lässt er seine Romanfigur entgleisen, und diese Entgleisung hat noch eine weitere eruptive Wirkung. In seiner Imagination besitzt er nicht einfach bloß drei neue Geldscheine, sondern seine Vorstellungen beginnen zu wuchern und sich zu einem Roman zu formen. Etwas schwer zu Greifendes ist mit dem Autor, seit er das Lokal verlassen hat, geschehen – aber was?

Wenn wir diesen Vorgang auf seine erzählerischen Dimensionen hin betrachten, dann zeichnet sich etwas Entscheidendes ab: Handlung. Handlung ist deshalb etwas Wichtiges, weil Handlung eine einzigartige Chance in sich birgt: Von einem Erlebnis so zu erzählen, dass es nachvollziehbar wird. Und nachvollziehbar bedeutet: Dass es zwar das Erlebnis des Autors bleibt, dass dieses Erlebnis aber nachvollzogen werden kann, ohne dass wir den Autor kennen oder der Autor von sich reden muss, damit das, wovon er erzählt, zu verstehen ist.

Wie aber gelingt das dem Autor? Durch Interpretation. Im Fall von Matthias Politycki bedeutet das zum Beispiel: Der Mann, der die Geldscheine zugesteckt bekam und sie seither wie ein Unterpfand auf sein Glück hütet, wird die junge Frau suchen – und zwar deshalb, weil er sich mit der Vergeblichkeit seiner Suche, die sich bereits abzeichnet (wo soll er mit seiner Suche ansetzen?), nicht abfinden mag und weil er dieser Vergeblichkeit gleichwohl einen nicht geringen Reiz abgewinnen kann. Dementsprechend beschäftigt er sich mit einer »unheimlichen« Lust mit allem, was ihm bei der Suche nach dieser Frau helfen könnte. Wer kann ihn mit weiteren Auskünften über seine ausgegebenen Geldscheine versorgen? Welche Anhaltspunkte geben ihm der Ort, an dem er die Frau erstmals getroffen hat, und überhaupt die Stadt, in der er sich aufhält? Wie reagieren die Menschen hier auf jemanden, der aus einem reichen europäischen Land kommt, und worauf hat er sich an diesem Ort einzustellen, an dem er sein zivilisiert gedämpftes Leben, das er in Europa bis zum Überdruss geführt hat, endlich aufgeben darf. Und letztlich muss er sich sogar fragen, ob er überhaupt diese Frau sucht, oder ob er sie nur wiederfinden will, weil er auf diese Weise erhofft, etwas viel Umfassenderes für sich zu erobern: Ein Leben, von dem er sagen kann, dass es sich zu führen lohnt. Oder noch besser: Bei dem sich die Frage, ob es sich lohnt, gar nicht erst stellt.

Vom Schreibvorgang aus betrachtet, bedeutet das: Der Autor sucht, wenn er von seiner poetischen Vision spricht, nicht nur sein Vertrauen in diese Vision zu stärken. Er will auch herausfinden, ob das Poetische an der Vision, nämlich jener durch Interpretation gewonnene Teil, der erst den Roman zu denken möglich macht, ausreichend tragfähig ist. Über dieses Verständnis des Autors lässt sich nicht nur sprechen, bei diesen Gesprächen können sich Lektoren eingeladen fühlen, Einwände zu formulieren, falls sie Einwände haben sollten. Es geht um den Mitteilungswert der Geschichte, und Lektoren können sich im Gespräch als diejenigen zur Verfügung stellen, an denen sich herausfinden lässt, wie gut sich die Geschichte bereits mitteilt und in welchen Passagen sie noch dunkel bleibt und sich einem weiterreichenden Verständnis versperrt. Und auch wenn keine Einwände formuliert werden, ist dieses Gespräch unbedingt zu führen. Es geht darum, die poetische Idee zu festigen und zu stärken – zwei Effekte, die es wert sind, dass sie eintreten.

Denn die poetische Vision verdient noch aus einem sehr vitalen Grund gestützt und am Leben erhalten zu werden. Die poetische Vision soll den Autor nicht nur am Anfang seiner Arbeit am Roman tragen. Diese Romanvision begleitet auch sein Schreiben und gibt ihm eine Richtung, bis der letzte Punkt des Romans gesetzt ist. Mit der Romanvision hat sich eine konkrete Vorstellung vom Telos des speziellen Projekts eingestellt. Auf ein Wissen darum kann ein Erzähler nicht verzichten (Romane ohne poetische Vision und stark zu spürenden Telos werden im besten Fall zu gefälligen Proben von guter Handwerkskunst). Das klingt aber noch etwas luftig und ist es auch. Die Romanvision bringt einen ungeahnten Schwung in den Empfindungshaushalt und in die Vorstellungswelt des Autors und liefert ihm einen starken Grund, weswegen er diesen Roman schreiben will. Geschrieben ist bisher aber noch nichts (oder nur wenig). Der Roman liegt als (ungeschriebenes) Exposé vor, und der Roman stellt ein riesiges Projekt dar, mit dessen Ausarbeitung der Autor beginnen möchte. Genauer ausgearbeitete Passagen wird es dennoch so bald nicht geben.

Nicht nur im Schaffen von Vertrauen in die poetische Vision und in der Vertiefung des Verständnisses, worin deren poetisches Gewicht besteht, finden die ersten Gespräche mit Autoren ihren Gegenstand und ihre Ausrichtung auf die Zukunft. Es kommt noch etwas Elementares hinzu: Die Autoren beginnen spätestens dann, wenn ihre poetischen Visionen konkretere Züge angenommen haben, auch über die Publikation dieser Romane konkret nachzudenken. Dies geschieht keineswegs nur in Tagträumereien, in denen sie die nebelhaft bleibende Vorstellung, eines Tages ihren Roman als Buch in Händen zu halten, außerordentlich elektrisiert. Dass die Autoren ausgerechnet zu diesem Zeitpunkt über das Publizieren ihres Romans genauer nachzudenken beginnen, hat auch einen eminent literarischen Grund: In der Vision wird der Roman erstmals in seiner publizierbaren Form imaginiert. Der Autor hat jetzt nicht nur ein lebhaftes Gefühl für seinen Roman, er weiß jetzt, wie der Roman beschaffen sein wird, den er veröffentlichen möchte. Fantasie und praktische Überlegungen sind in der Romanvision unauflösbar miteinander verschmolzen. Allgemeiner ausgedrückt: Schreiben und Medien gehen hier eine enge Verbindung ein.

Und damit haben die ersten Gespräche mit Autoren weitere starke Themen: Wann der Roman erscheinen, welchen Platz er im Verlagsprogramm eingeräumt bekommen könnte, ob und an welche finanziellen Vorleistungen der Verlag gedacht hat, usw.

Die Position des Autors in diesen Gesprächen ist stark, immerhin hat er einen Roman anzubieten, und im Vergleich zu den anderen Gattungen (Gedichten, Erzählungen oder Theaterstücken) darf er sogar davon ausgehen, dass auf Romane gewartet wird, er also ein Manuskript anbietet, das grundsätzlich begehrt ist. Außerdem kann er seine Begeisterung für das eigene Projekt noch ungebremst ins Spiel bringen. Das führt in der Regel dazu, dass der Autor in der Lage ist, seine Sache überzeugend zu vertreten.

Gleichwohl wird der Autor eher gebrochen offensiv auftreten, und das liegt nicht daran, wie stark sein Glaube daran ist, auch ein gutes Manuskript erarbeiten und damit seine Erwartungen in seinen Roman erfüllen zu können. Bei allen Stärken, die er in dieser Phase der Arbeit auf seiner Seite weiß, befindet er sich, literarisch gesehen, gleichwohl in einer schwachen Position. Schwer abschätzbar ist, welche Rückwirkungen diese Gespräche auf die poetische Vision haben und auf das Schreibvermögen der Autoren. Es gibt Autoren, die lange Zeit nicht darüber sprechen wollen, dass sie überhaupt mit der Arbeit an einem Roman begonnen haben, und bei denen es große Ängste auslöst, wenn sie sich gezwungen sehen, über erste Einzelheiten des Projekts zu sprechen. Den Rückwirkungen solcher Gespräche wird mit gemischten Gefühlen entgegengesehen, und diese gemischten Gefühle haben eine gemeinsame Quelle: Die Autoren haben Angst, dass in diesen Gesprächen ihre poetische Vision leiden könnte und Schaden nimmt – insbesondere dann, wenn Kritik formuliert wird und sie nicht automatisch davon ausgehen dürfen, dass ihr Roman mit einer guten Aufnahme rechnen kann. Was aber dann, wenn der Jubel leiser ausfällt oder sogar ganz ausbleiben sollte? Tritt dann für den Autor nicht eine gefährliche Situation ein? Was ihm bisher als groß und leuchtend erschien, kann sich auf einmal als grau und gering ausnehmen, und geschwächt muss der Autor dann die Entscheidung herbeiführen, ob er trotzdem an seinem Projekt festhält und die Kraft zu dessen Realisierung aufbringt, oder ob er klein beigibt und das Projekt nicht weiter verfolgt.

Ähnlich gebremst verlaufen insgesamt die Gespräche über literarische Fragen in dieser frühen Phase. Die Autoren möchten erfahren, was über ihre Arbeit gedacht wird, allerdings fürchten sie sich vor dem Gedanken, es könnten Einwände formuliert werden, nicht weil sie sich als derart großartig ansehen, dass ihre Arbeit nicht auch Kritik auslösen kann. Sie sehen ihre Arbeitsfähigkeit in Gefahr und sind sich dann, wenn Bedenken geäußert werden, nicht mehr sicher, ob sie zu ihrer alten Leistungsfähigkeit zurückfinden werden oder abbrechen müssen, womit sie gerade erst begonnen haben, selbst wenn sie das nicht wollen.

Wenn wir schon die Ängste von Autoren ansprechen, dann muss auch gesagt werden, dass sie in diesen ersten Gesprächen noch etwas suchen: Kraft für ihr Projekt. Am stärksten ist die Energie, die ihnen zuwächst, wenn Lektoren ihnen sagen, dass sie sich freuen, ihren Roman in das literarische Programm des Verlags aufnehmen zu können. Zu unterschätzen ist auch nicht die Kraft, die davon ausgeht, wenn Lektoren die literarische Qualität eines Projekts hoch einschätzen und sich deswegen auf das Manuskript freuen. Diese Zustimmung im Literarischen lässt die Autoren ebenfalls mit großer Energie an ihren Schreibtisch zurückkehren und ihre Arbeit fortsetzen. Und obwohl die Autoren gerade in dieser Phase regelrecht verliebt in ihr Projekt sind, tun ihnen positive Stellungnahmen gut und helfen ihnen, ihre Arbeit fortzuführen. Man könnte auf die Idee kommen, Romanprojekte würden von einer Art von Urmisstrauen in ihre Qualität begleitet, ein Misstrauen, das auch durch die größte Begeisterung für ein Projekt nur in den Hintergrund gedrängt, aber nicht ausgelöscht oder in Vertrauen umgewandelt werden kann.

Das aber heißt: Lektoren haben in dieser Situation eine große Verantwortung. Sie können Autoren ermutigen, aus dünnen Überlegungen einen dünnen Roman zu machen. Oder sie können einen Autor, der glaubt, er schriebe den Roman der Romane, aber an nichts anderem als einem windigen Projekt sitzt, in die Irre laufen lassen, wenn sie ihn nicht rechtzeitig warnen. Sie können aber auch, um die Aufzählung der schlechten Möglichkeiten noch ein wenig fortzusetzen, eine gute poetische Vision nicht als das erkennen, was sie ist, und dem Autor ein Romanprojekt ausreden wollen, an dem er festhalten sollte. Und da es viele Mischformen von Ideen und Visionen gibt, und da selbst abwegige Einfälle nicht einfach und komplett nur abwegig sein und bleiben müssen, sondern auch etwas Brauchbares besitzen können, gibt es viele Möglichkeiten, sich zu irren. Und deshalb ist es für Lektoren und andere kritische Leser auch gut (und nützlich), die reizvollen und schwieriger zu beurteilenden Zwischenformen von

Ideen zu kennen, die zu Romanen führen können, es aber keineswegs zwingend müssen. Wilhelm Genazino macht uns in seinen Poetik-Vorlesungen »Die Belebung der toten Winkel« mit vielen Viertelromanideen und Achtelvisionen und den Umwegen bei der Arbeit bekannt.

Beim Sammeln von Materialien ist Wilhelm Genazino in keiner Weise wählerisch. Was immer sich einstellt, wird auf seine Verwertbarkeit hin überprüft. Nicht einmal am Schreibtisch hält es ihn, er wandert auf langen Fußmärschen durch Frankfurt, betrachtet Fassaden, Auslagen und beobachtet Menschen, an denen er auf seinen Wegen vorbeikommt. Sein Blick scheint auf alles gerichtet zu sein, doch dieser Eindruck täuscht. Nicht einmal durch Frankfurt scheint er wirklich zu laufen, obwohl er durch die Straßen dieser Stadt geht und dort nicht das erste Mal unterwegs ist. Er hat Frankfurt in einen riesigen Materialienpark verwandelt, in ein Reservoir für seine Romane, und sein Blick ist dabei auf spezielle Vorgänge gerichtet. Er nimmt nur wahr, was ihm beim Schreiben als verwendbar erscheint, alles andere registriert er nicht einmal. Es liegt außerhalb seiner Wahrnehmungszonen und deshalb brauchte es das alles auch nicht geben.

An Walter Benjamins Flaneur zu denken, liegt dabei sehr nahe, diese Assoziation zahlt sich aber nur aus, wenn wir die gravierenden Unterschiede zu Genazinos Art, durch Frankfurt zu gehen, sehen und festhalten. Wenn Genazino sein Frankfurt durchwandert, dann vibriert er vor Entschlossenheit. Sein Blick schweift nicht, sondern sucht etwas ganz Bestimmtes. Er ist als Jäger in seinem Prosagehege unterwegs. Er sondiert, kundschaftet aus und beschränkt sich dabei keineswegs nur auf die zurückhaltende Rolle des Beobachters. Als sei er auf der Pirsch, legt er Fallen aus. Er möchte literarische Funde anlocken und wenn sie sich nicht einstellen wollen, dann sorgt er dafür, dass etwas geschieht, damit er an Stoff zum Schreiben kommt. Beispielsweise holt er seine Wäschestücke aus der Reinigung nicht ab und beobachtet, welches Schicksal diese Wäschestücke haben, sobald sie auf dem Ständer vor dem Laden gelandet sind, an denen auch vergessene Kleidungsstücke von anderen hängen. Wer kommt dorthin? Wie gehen Leute mit dieser Wäsche um? Interessiert sich jemand für seine Kleidungsstücke, und welche Schlüsse kann er aus welchem Verhalten eigentlich ziehen?

Das Schreiben kann in dieser Phase durchaus skurrile Züge annehmen, es hat aber in jedem Fall etwas leicht Asoziales, und gegen moralische Einwände, sie könnten mit ihrem Vorgehen ihre eigene Intimsphäre verletzen oder unerlaubt und unerwünscht in die Intimsphäre anderer Menschen eindringen und sie preisgeben, sind Autoren imprägniert. Sie übertreten Grenzen, die sie im zivilen Leben achten würden. Wilhelm Genazino macht auf beeindruckende Weise klar, worum es dabei alleine geht: Um das Zusammentragen von poetischem Material. Was dem nützt, wird getan, was diesem Zweck nicht dienen kann, wird unterlassen, und wenn die Autoren von ihren Jagden ohne Beute zurückkehren, dann sind sie frustriert und beklagen sich zu Recht darüber, dass ihre Anstrengungen zu keinem greifbaren Ergebnis geführt haben.

Weiter ins Detail mag Genazino in der Beschreibung seiner Vorgehensweise nicht gehen. Er unterscheidet nicht, von welcher spezifischen Qualität sein poetisches Material im Einzelnen ist. Er scheint froh zu sein, es aufgestöbert zu haben. Nur was das Poetische dieser Funde ausmacht, beschreibt er näher. Es ist für ihn ein »gemeinsamer Blitzschlag von Zeitempfindung und Dingempfindung[1]«. Damit meint er, »herrenlos gewordene Zeit« würde sich in diesen Dingen »künstlich stauen.« Wenn er beispielsweise eine Fotografie findet, wird deutlich, was er meint: Die Geschichte der Menschen, die auf dieser Fotografie abgebildet sind, findet sich dort in einer Momentaufnahme festgehalten. Ihren Herrn hat diese Zeit jedoch verloren, das Foto ist seinem Eigentümer abhandengekommen. Diese Erklärung hilft auch die Substanz von poetischen Ideen genauer zu fassen: die »herrenlos gewordene Zeit« wird als solche erkannt und hat jemanden gefunden, der sich in den Besitz von ihr bringen möchte. In Matthias Polityckis Urerzählung seines Romans ließe sich diese künstlich gestaute Zeit leicht finden: Die schwer entschlüsselbare Zeit (= die Geschichte) einer unbekannten Frau mit einem Geldschein. Sobald Genazino aber genügend Material gesammelt hat, kann er damit beginnen, die komprimierte Zeit darin zu »entstauen.« Das heißt: mit dem Schreiben des Romans Ernst zu machen.

Und für den Lektor bedeutet das: Er muss darauf achten, ob der Autor mit dem, was er vorhat, tatsächlich Ernst machen soll. Es ist deshalb kein Wunder, dass in dieser frühen Phase der Kontakt mit Autoren sehr intensiv ist, denn es geht ums Ganze – ein Gebilde, von dem man erst ahnt, dass es fehlt, wenn man es kennt: einen neuen Roman.

Diesen Roman gibt es aber noch lange nicht. Erst einmal muss und kann sich die Romanvision beweisen.

---

1 Alle Zitate auf dieser Seite: Wilhelm Genazino, Die Belebung der toten Winkel, München: Carl Hanser Verlag 2009, S. 9 und S. 11.

Recherchieren, Konzipieren
(Schreiben 1)

Sehr geehrte Damen und Herren!

Ich möchte wieder auf den jungen österreichischen Autor und sein Verschwinden aus dem Literaturbetrieb zurückkommen. Diese Frage hatte uns zu Anfang der ersten Vorlesung beschäftigt und jetzt, nachdem die enge Verbindung von Schreiben und Veröffentlichen deutlicher geworden ist, lassen sich gezieltere Spekulationen darüber anstellen, warum er untergetaucht ist. Offenbar tat er sich schwer, die notwendigen Schritte weg von seinem Schreibtisch zu unternehmen, damit sein Roman publiziert werden konnte. Wenn wir zum Maßstab nehmen, wie sich der Autor bei seinem Besuch im Verlag verhalten hat, dann hat er sogar lange Zeit gezögert und überhaupt nichts unternommen, das ihn der Publikation seines Manuskripts näher gebracht hätte. Und wenn wir über die Gründe für diese Zurückhaltung spekulieren, dann können wir sagen: Er war anscheinend selber von seiner Arbeit nicht sonderlich überzeugt gewesen, denn sonst hätte er diesen Schritt von seinem Schreibtisch weg doch eher gehen können.

Wenn wir jetzt einmal davon ausgehen, dass diese Spekulationen einen realen Kern haben, und wenn wir uns dann überlegen, welche Gründe im Manuskript den Ausschlag für die übergroße Vorsicht des Autors gegeben haben (auf Gründe, die in der Person des Autors liegen, möchten wir im Rahmen dieser Vorlesungen nicht eingehen), dann lassen sich einige Anhaltspunkte dafür finden.

Wir wissen, dass der Autor mit einer zentralen erzählerischen Frage in seinem Manuskript nicht zurechtkam – und an diese Beobachtung können wir einige weiterführende Überlegungen knüpfen. Es ist durchaus denkbar, dass ihn während der ganzen Arbeit am Roman ein sachtes Gefühl von Unbehagen begleitet hat. Und dieses hartnäckig sich meldende Gefühl ließ ihn zögern, weil er ahnte, er würde auf ungute Reaktionen stoßen, sobald er sich mit seinem Manuskript an einen Lektor wenden würde. Vor dieser Zurückweisung wollte er sich so lange wie möglich bewahren. Ein Fehler, wie sich herausstellen sollte.

Möglicherweise hatte der Autor aber nicht nur mit seinem Manuskript Mühe. Vielleicht hatte er auch eine Abneigung davor, sich mit seinem Manuskript überhaupt an einen Verlag zu wenden. Vielleicht gehörte er zu den Autoren, die zwar an die Öffentlichkeit gelangen wollen, die aber in diesen Annäherungen an die Öffentlichkeit einen literarisch unwürdigen Vorgang sehen und deswegen vor diesem Schritt zurückscheuen. Falls dies so gewesen sein sollte, dann sah sich dieser Autor nicht nur durch seine Schwierigkeiten mit dem Manuskript daran gehindert, seinen Schreibtisch zu verlassen. Seine reservierte Haltung gegenüber der Öffentlichkeit stand ihm darüber hinaus im Weg und hinderte ihn daran, sich der gelegentlich schmerzhaften Dynamik des Publizierens zu überlassen.

Damit wir aber genauer verstehen lernen, wie sich Autoren in dieser Situation verhalten und welche Aufgaben Lektoren dabei zuwachsen, müssen wir wiederum etwas genereller ausholen.

Autoren machen sich durchaus genauere Vorstellungen davon, was der Verlag zu dem Manuskript sagen wird, an dem sie arbeiten. Selbst der junge österreichische Autor hatte ziemlich präzise Vorstellungen davon gehabt, wie Verlage auf sein Manuskript reagieren werden. Wenn er zu Verlagen keinen Kontakt suchte, dann hieß das keineswegs, dass er über die Reaktionsweisen von Verlagen nicht nachgedacht hätte, sondern im Gegenteil mit Einwänden und Vorbehalten rechnete, und dass diese Einsprüche ihm derart massiv vorgekommen sein müssen, dass er stillhielt und darauf verzichtete, seine Romanwerkstatt zu verlassen und nach außen zu treten.

Und wie glaubte dieser Autor, würde sein Manuskript aufgenommen werden? Die Antwort darauf fällt einfach aus: negativ. Er glaubte, dass sein Manuskript nicht auf die Zustimmung stoßen würde, die er sich erhoffte. Genauer müssen wir im Augenblick nicht wissen, vor welchen Argumenten konkret er sich fürchtete. Für unseren Zweck reicht es aus zu wissen, dass sich Autoren eine lebhafte Vorstellung von den Reaktionen auf ihr entstehendes Manuskript machen, und dies aus einem doppelten Grund:

– Auch ohne dass der Autor sich dem tatsächlichen Kontakt mit Lektoren oder anderen kritischen Lesern seines im Anwachsen begriffenen Romans aussetzen müsste, bezieht er deren Stellungnahmen mit in seine Arbeit ein. Entweder setzt er die Arbeit so lange fort, bis er einen Text vorweisen kann, von dem er glaubt, er trifft auf keine scharfe Ablehnung mehr. Oder er sucht diese Konfrontation, weil er eine Ästhetik verfolgt, die in der Ablehnung Bestätigung sieht – nach dem groben Muster, wenn Verlage sich gegenüber seinem Manuskript reserviert verhalten, dann kann er daraus den Schluss ziehen, er verfolge nicht-kommerzielle (also literarische) Schreibstrategien. Der Autor wird also beim Schreiben von einer inneren Vorstellung begleitet, wie das Gespräch über das jeweilige Manuskript verlaufen könnte. Und:

- Autoren verhalten sich in diesem Stadium zurückhaltend; die Grundlage, auf der ihre Arbeit bisher steht, ist ihnen noch zu fragil beschaffen. Jeder noch so harmlose Einwand kann nach wie vor die Sprengkraft in sich tragen, das Romanprojekt als solches zu gefährden.

Diese Zurückhaltung ist auch bei Autoren zu beobachten, die offensiver auftreten und denen zunächst einmal nicht anzumerken ist, dass sie mit ihrem Schritt weg vom Schreibtisch auf kritische Leser zugehen. Wenn wir diese Zurückhaltung als eine Konstante im Verhalten von Autoren nehmen, wie sie nach außen treten und wie der schreibbegleitende Veröffentlichungsdialog in ihrem Inneren beschaffen ist, dann gelangen wir zu verschiedenen Typen von Autoren:

- Der Debütant: Er besitzt keine Kenntnisse davon, wie aus einem Romanmanuskript ein Buch wird, möchte sich diese Unkenntnis auch bewahren, kann gelegentlich aber forsch auftreten.

- Der Verlagsprofi: Dabei handelt es sich um Autoren, die einige Bücher veröffentlicht haben und genau wissen, wie unter den bestehenden Verlagsverhältnissen ihr Roman zu einem garantierten Erfolg gemacht werden kann.

- Der übergangene Autor: Ein einst berühmter oder ein in seiner Größe längst nicht ausreichend anerkannter Romancier. Er mag nicht verstehen, warum die Veröffentlichung seiner Bücher schwierig ist (zumindest schwieriger, als er glaubt), und sieht in der Einsicht in diese Schwierigkeiten eine Zumutung.

- Der anerkannte Autor: Er versichert sich, dass sein Projekt erwünscht ist, und setzt die Arbeit daran fort.
- Der zögernde Autor: Er spricht mit Lektoren und Agenten, schreibt Ankündigungen von Projekten, hält Kontakt, sein Projekt macht große Fortschritte, größere als er zugeben mag.
- Der übertreibende Autor: Er gibt sich kommunikativ, und die Arbeit an seinem Projekt ist immer kurz vor dem Abschluss, auch wenn noch keine Zeile geschrieben ist.
- Der Aquisiteur: Dazu sind jene Autoren zu zählen, die ein Gespräch über die Arbeit an einem Roman nicht beenden, ohne von anderen Romanen zu sprechen, an denen sie auch bald arbeiten werden und über deren Erwünschtheit sie sich bereits jetzt klare Aussagen erhoffen.
- Der Autor als Lieferant: Er sieht sein im Entstehen begriffenes Manuskript als Gesprächsgrundlage an, und Mitleser und Lektoren sollen entscheiden, welchen Roman er überhaupt schreiben soll und wie dieser Roman in seinen groben Bestandteilen beschaffen sein könnte.
- Der Spätankündiger: Autoren, die davon überzeugt sind, von einem Projekt erst dann sprechen zu müssen, wenn es kurz vor dem Abschluss steht. Wird das Projekt für gut befunden, dann steht einer Publikation nichts im Weg, wird das Projekt skeptisch beurteilt, dann sinken auch dessen Publikationschancen, selbst wenn früher Gespräche darüber geführt worden wären.

Natürlich muss man an dieser Stelle nochmals betonen, dass es sich bei diesen Kurzcharakterisierungen um starke Typisierungen des kommunikativen Verhaltens von Autoren handelt, und dass diese Typen in ihrer reinen Ausprägung ausgesprochen selten anzutreffen sind. Die meisten

Autoren vereinen mehrere Teile aus den jeweiligen Kurzbeschreibungen in sich. Außerdem sind sie jetzt in eine Arbeitsphase eingetreten, in der sich die Frage stellt, ob und mit wie viel Schwung sie ihre Zurückhaltung überwinden mögen und sich an penible Mitleser wenden wollen. Denn sie befinden sich jetzt in der Arbeitsphase, in der sie sich am stärksten zurückziehen und am ausschließlichsten darauf achten, wie sie mit der Arbeit vorankommen, und sich darüber hinaus um nichts anderes kümmern mögen.

Dabei geht es nicht darum, wie kommunikativ die Autoren überhaupt sind, die Arbeit selber ist von einer Art, die viele Autoren eher zurückhaltend sein lässt. Sie sind jetzt mit Planen und Recherchieren beschäftigt. Sie haben es mit vielen Eventualitäten zu tun und müssen sich überhaupt erst des Materials ihres Romans versichern. Nachdem sie eine erste globale Vorstellung von ihrem Roman gewonnen haben, beginnt nun die Organisation der Arbeit und die langwierige Beschäftigung mit den Details. Dies ist eine Phase, in der der Roman in der Regel als Text nicht wächst und in der das Zutrauen in das Projekt nur in geringen Mengen Nahrung erhält und damit abnimmt. Der Autor arbeitet, kann jedoch kaum etwas vorweisen.

Damit hat sich die kommunikative Situation, in die sich Autoren durch ihre Arbeit versetzt sehen, stark verändert. Während sie über ihre Romanvisionen noch sprechen konnten und dabei auf Zustimmung hofften, bekamen sie in jedem Fall eine starke Rückmeldung. Jetzt können sie allenfalls von Material sprechen, auf das sie gestoßen sind und das im besten Fall ihre Hoffnungen an den Stoff befriedigt und vielleicht übertrifft – mehr als Interesse kann diesen Arbeitsberichten nicht entgegengebracht werden, und Interesse ist eine schwache Reaktion, wenn wir sie mit den Reaktionen vergleichen, die eine Romanvision auszulösen vermag.

Damit sind die Arbeitssituation am Roman und ihre Auswirkungen auf die Kommunikationsfreude des Autors nur sehr unzureichend umschrieben. Bevor er überhaupt mit der Ausarbeitung des Romans beginnen kann, hat er sich andere dringende Fragen zu beantworten: Welche seiner Projektideen er verfolgen möchte – und wann. Die Vorstellung, dass es ein Autor mit einer Romanvision zu tun hätte und er dann, wenn sich diese Vision eingestellt hat, mit deren Ausarbeitung beginnen würde, ist eine eher künstliche Annahme. Im wesentlich häufigeren Fall sind Autoren dauernd mit dem Sammeln und Sichten von Ideen, Überlegungen, Eingebungen aller Art beschäftigt. Sie suchen nicht unbedingt nach Neuem, es stellt sich ein, und die Autoren sehen ihre Aufgabe darin, das, was sich eingestellt hat, zu bewerten, und vor allen Dingen zu entscheiden, welche Ideen sie weiterverfolgen wollen und welche sie ruhen lassen. Ein Autor berichtet: »Wenn man sich dazu entschieden hat, als Schriftsteller von Ideen zu leben, dann ergibt sich daraus eine Grundhaltung, und die Grundhaltung besteht darin, stets offen für neue Ideen zu sein. Neue Einfälle sind mir jederzeit willkommen. Das aber bedeutet, ich muss nicht nur registrieren, dass sich ein neuer Einfall einstellt, ich muss auch nach neuen Einfällen Ausschau halten. Daraus ergibt sich eine Haltung, die Ideen anzieht.«[1]

---

1 Bei diesen Zitaten handelt es sich um Auszüge aus Gesprächen, die mit einigen Autoren zu dem Thema, wie Romane entstehen, geführt wurden und die hier sinngemäß wiedergegeben werden und in einigen Fällen auch aus Montagen von Äußerungen mehrerer Autoren zu einem Aspekt dieses Themas bestehen. Bei den Mails, die später zitiert werden, handelt es sich auch um sinngemäße und häufig aus mehreren Mails montierte Zitate.

Diese Offenheit hat aber zur Folge: Der Autor muss ein dauerndes Ideenmanagement betreiben. Und Ideenmanagement bedeutet keineswegs nur, dass es um literarisches Abwägen geht. Die Autoren lassen sich in dieser Phase nicht nur praktische Fragen durch den Kopf gehen, sondern auch Fragen wie die folgenden: Wie lange werden sie an welchem Projekt arbeiten, welche Projekte trauen sie sich überhaupt zu, und in welcher Reihenfolge möchten sie sich mit welchem Projekt beschäftigen? Das sind elementare Fragen des Schreibens, der Schreibvorbereitung.

Diese Überlegungen sind allerdings in der Hauptsache privater Natur. Der Autor hat für sich die Entscheidung zu treffen, welche Ideen er überhaupt weiterverfolgen möchte und wie viel Kraft und Lebenszeit er auf welches Schreibprojekt verwenden will. Diese Entscheidung können nur Autoren selber treffen, und es sind Entscheidungen, für die nur sie die Souveränität und erklärtermaßen die Kompetenz besitzen, sie zu fällen. Und in dieser einsamen oder exklusiven Entscheidungssituation, je nach Blickrichtung, befinden sich die Autoren an diesem Punkt ihres Abwägens, da ästhetische Überlegungen alleine noch nicht den Ausschlag geben. Kritische Leser können sich zu diesen Fragen nicht wirklich ernst zu nehmend äußern.

Nun wäre es aber falsch, wenn wir dieses Nachdenken über Einfälle und Visionen als einen Vorgang ansehen würden, der separat vom Schreiben abliefe. Im Gegenteil, beides hängt eng miteinander zusammen. Vor allem muss das Schreiben auch organisiert werden. Ein Autor berichtet:[1] »Mir war immer klar, dass ich über meinen Vater einmal einen Roman schreiben wollte. Das stieß al-

---

1 Siehe Fußnote zu den Zitaten aus Gesprächen mit Autoren.

lerdings auf bestimmte Schwierigkeiten: Erstens hatte ich eine Literaturkolumne, die ich regelmäßig mit Beiträgen beliefern musste. Zweitens hatte ich große Lust, einmal einen Band mit sehr ausführlichen Erzählungen zu schreiben. Also keine Kurzgeschichten, von denen ich viele schon geschrieben habe und viele noch schreiben werde, mir geht es da wie Tschechow, der einmal sagte, er hätte Geschichten wie Sand am Meer. Diesen Band wollte ich zuerst zu Ende bringen. Dann hatte ich mit einem autobiografischen Manuskript über mein Schreiben von Kurzgeschichten begonnen: Woher kommt es, dass jemandem dauernd Stoff für Kurzgeschichten zufällt? Dieses Projekt hatte sich mehr zufällig eingestellt. Und schließlich wollte ich endlich mit dem Roman beginnen ...«

Zunächst einmal ist bewundernswert, wie planvoll dieser Autor seine Projekte abarbeitet. Allerdings wird dieser akurate Umgang mit den einzelnen Arbeitsvorhaben nicht von allen Autoren praktiziert und darf auch nicht als ein Ausweis dafür betrachtet werden, ob ein Autor gute Romane schreibt oder ob ihn sein Erzählen in Sackgassen hineinträgt und er nicht mehr weiß, wie er diese Sackgassen wieder verlassen kann. Und nicht einmal auf einen weniger gründlichen Arbeitsstil deutet es hin, wenn Autoren sich überrumpeln lassen und ihre geplanten Projekte nicht weiterverfolgen und ruhen lassen. Auch dafür ein Beispiel: »Goethe ist seit Jahren mein Lieblingsschriftsteller. Vor langer Zeit habe ich einen Roman mit ihm als Hauptfigur geschrieben. Damals hat mich interessiert, wie kommt ein Bürgersohn beim Adel an? – Und ein zweites Roman-Projekt verfolgt mich seit dieser Zeit: Goethes letzte Liebe. Wie kommt der Inbegriff eines erfolgreichen Mannes dazu, sich im hohen Alter in ein Mädchen zu verlieben?

Allerdings bin ich vor Kurzem auf einen ganz anderen Stoff gestoßen. Goethe hatte einen früheren Freund, den Dichter Lenz, aus Weimar verjagt, nun habe ich Dokumente gefunden, die mir dessen furchtbares Ende in Moskau näherbrachten. Dokumente, die bisher noch unentdeckt sind. Im Sommer war ich selber in Moskau, habe dort im Gästehaus der Deutschen Botschaft vierzehn Tage verbracht. Dieses Gästehaus stammt noch aus DDR-Zeiten, und als ich das erfahren hatte, dachte ich: ›Mensch, du hast die DDR überlebt, dir geht es gut, und vielleicht ist es auch Lenz hier in Moskau gut gegangen, und er hat triumphiert, endlich von Goethe losgekommen zu sein. Lenz in Moskau, dachte ich, ein neuer Roman, und den schreibe ich jetzt.‹ ...«

Dieser Autor zieht seine ganze Kraft aus dem Überraschungsmoment seiner Romanvision, die unvorhersehbar und mit Macht auf ihn zukam. Das neu aufgetauchte Projekt lebt von seiner überraschenden Plausibilität und stellt alle vorangegangenen Überlegungen zu anderen Romanen in den Schatten. Diese Dringlichkeit macht die Einzigartigkeit dieses neuen Projekts aus – verweist darin aber auf eine Frage, die den ordentlich jedes einzelne Arbeitsvorhaben zu Ende führenden Autor ebenso bewegt und ihn darin bestärkt so vorzugehen, wie er das tut. Beiden Autoren geht es, und das ist unabhängig von dem Entscheidungsstil für oder gegen Projekte, den sie pflegen, um dasselbe. Die Arbeit will in einen Ablauf gebracht werden, und dadurch, dass sie diese Abfolge entweder planvoll oder impulsiv, aus dem Moment heraus, herstellen, geht es ihnen nur darum: ihre Schreibfähigkeit zu stärken und zu erhalten.

Am Ausgangspunkt unserer Überlegungen stand die

Feststellung, dass Autoren im Umgang mit Ideen und Visionen persönliche Entscheidungen zu treffen haben und dass *sie* diese Entscheidungen treffen müssen, in dieser Situation sich also nur auf sich stützen können. Jetzt zeigt sich, dass dies eine gravierende Entscheidung ist und mit dem Faktor »Zeit« zu tun hat, also mit der Länge der Arbeit an einem Roman und der Ausdauer, die der Autor dafür aufbringen muss. Damit sind aber die Gründe, weswegen Autoren eine spezielle kommunikative Zurückhaltung in speziell dieser ersten Schreibphase sich auferlegen, nur in Ansätzen umrissen. Bisher haben wir uns nur mit der Frage beschäftigt, ob die Entscheidungssituation, in der sich Autoren befinden, ihre Gesprächsfreude fördert oder sie einschränkt. Wenn Autoren dann aber zu arbeiten beginnen, wird ihre Situation keinesfalls einfacher – von der kommunikativen Situation her betrachtet. Damit wir diese aber genauer erfassen können, müssen wir nochmals zu generelleren Überlegungen ansetzen und können noch nicht auf die konkrete Arbeitssituation eingehen, in der sich Autoren in dieser frühen Phase befinden. Allerdings geht es jetzt bereits um eine spezielle Dynamik, die mit Schreiben selber und nicht mehr mit den Vorbereitungen des Schreibens zu tun hat.

Speziell für den Roman gilt dabei, dass sich Kenntnisse, die sich beim Schreiben vom Schreiben einstellen, verflüchtigen. Diese Erfahrung und nur diese Erfahrung teilen Romanciers miteinander. Man muss nicht weit in der Literaturgeschichte zurückgehen, um Belege für diese Flüchtigkeit zu finden. In einem Interview, abgedruckt in der »Zeit« vom 14.6.2007 (Nr. 25), hat Günter Grass vor Kurzem davon gesprochen: »Man kann nicht, wie bei technischen Berufen, auf bestimmte Erfahrungen aufbauen. Das Wagnis, in eine ungeordnete Stoffmasse so etwas wie eine erzählbare Ordnung hineinzubringen, ist für mich ein durch nichts zu ersetzendes Abenteuer.«

Damit ist das entscheidende Problem formuliert: »erzählbare Ordnung« – wie organisieren sich Autoren ihre Arbeit, dass sie auf diese erzählbaren Ordnungen stoßen und sie dann auch realisieren können. Genauer: Wie sie ins dauerhafte und zu einem guten Ende führenden Erzählen gelangen? Diese Frage stellt sich mit jedem Roman neu, und das bedeutet: Autoren beginnen an jedem neuen Roman zu arbeiten, als seien sie Debütanten in diesem Fach. Sie können nicht auf Erfahrungen zurückgreifen und müssen mit ihrem Projekt wieder lernen, wie es sich zu einem literarisch befriedigenden Resultat bringen lässt. Versuchten sie, den Roman, den sie geschrieben haben, nochmals zu schreiben, dann wüssten sie, dass sie sich in ein literarisch unsinniges Unternehmen verfangen würden. Sie kopierten sich selber, würden zum Plagiator in eigener Sache und hätten somit den neuen Roman bereits aufgegeben, bevor sie mit dessen Niederschrift begonnen haben.

Wiederum unter kommunikativem Aspekt betrachtet, bedeutet das, Autoren fühlen sich in dieser Phase wie Anfänger, und das im eigenen Fach. Sie können sich nicht sicher sein, die literarischen Aufgaben, die sie lösen müssen, auch lösen zu können. Sie lassen sich auf ein Unternehmen ein, ohne zu wissen, ob sie diesem Unternehmen gewachsen sein werden, und das lässt sie noch introvertierter reagieren: Wem wollen sie, wenn sie sich zu diesen Unsicherheiten bekennen, imponieren? Denjenigen, die einen Roman lesen wollen und die sich auf dessen Lektüre freuen, beeindrucken sie damit bestimmt nicht. Aber auch Lektoren und anderen Lesern, die wissen, welche Schwierigkeiten in dieser Phase auftreten können, werden Autoren nicht unbedingt von ihren Bedenken erzählen, weil sie bei Lektoren mit Leistungen auffallen möchten und sich mit ausführlichem Reden über Schwierigkeiten dieses Ziel nicht erreichen lässt.

Allerdings versinken Autoren auch in dieser Phase keineswegs in Depressionen. Sie lassen sich nicht nur auf ein neues Projekt ein, sie tun das auch mit der Zuversicht von Debütanten und deren Mut: Warum soll es ihnen nicht gelingen, einen Roman zu schreiben, und zwar einen, wie es bisher noch keinen gegeben hat? Sie sind nicht nur auf eine Weise von ihrer Stärke überzeugt, die keine weiteren Belege braucht, sie werden sogar von dem Glauben getragen, an einem außerordentlichen Projekt zu arbeiten, von dem zumindest auf sehr nachhaltige Weise die Rede sein wird. Warum also auf übertriebene Weise vorsichtig sein? Einen wirklich stichhaltigen Grund dafür gibt es nicht. Oder doch?

Die Erfahrung zeigt, dass von dieser Zuversicht in die Stärke des eigenen Vorhabens keine große Beruhigung ausgeht und dass damit die Furcht vor dem Risiko des Gelingens keineswegs beseitigt ist. Die Autoren haben es mit einer aufwühlenden Mixtur von Eindrücken zu tun: Sie können nicht sicher sein, ob ihre Kräfte ausreichen werden. Einerseits. Andererseits hoffen sie, dass sie es mit einem lohnenden Projekt zu tun haben. In diesem Ineinander von Befürchtungen, die sich aus ihrer aktuellen Arbeitssituation ergeben und den Aussichten auf den großen Roman, die ihnen jeden Einsatz an Energie und intellektueller Kraft als lohnend erscheinen lassen, ziehen sie sich doch lieber zurück. Wenn sie mit ihrem Manuskript weitere Fortschritte gemacht haben werden, können sie, so sagen sie sich, noch immer ihre Romanwerkstatt verlassen und Kontakt zu ersten Mitlesern suchen und aufnehmen.

Und noch eines lässt sie in der Schreibphase, in der sie sich jetzt befinden, zurückhaltend reagieren. Wenn sie sich vorstellen wollen, woher überhaupt die Kraft für ein derart umfangreiches Projekt wie einen Roman kommen soll, dann gibt es auf diese Frage keine befriedigende Antwort. Woher rührt dieser Eifer, kontinuierlich an einem Romanmanuskript zu arbeiten? Woher diese Kräfte stammen (Geld, Ruhm? Das zu erreichen, sind nicht die primären Ziele eines Autors. Befriedigung seines Ausdruckswunsches – schon eher. Zur Literatur zu gehören und ein Autor zu sein – ist verlockend), lässt sich nicht sagen. Irgendetwas Dunkles lässt sie nicht zur Ruhe kommen – ein Arbeitsantrieb, der aber ihren Wunsch, sich über ihre Arbeit auszutauschen, nicht stärkt, sondern die Überzeugung wachsen lässt, sie sollten sich lieber mit den weiteren Arbeiten beschäftigen, die sie jetzt angehen müssen, um tatsächlich zu einem Manuskript zu kommen, als darüber weiter nachzudenken, auf welche Weise sie von ihrer Arbeit in dem jetzigen Stadium sprechen können.

Glücklicherweise (und das meint: die Autoren beschäftigen sich mit den Verunsicherungen, die die im Schreiben nun liegen, nicht über Gebühr) sind die Autoren weiter gefordert. Nachdem sie wissen, an welchem Projekt sie weiterarbeiten möchten, müssen sie das auch machen. Sie haben es mit konkreten Anforderungen zu tun, die zudem viel Zeit erfordern, um tatsächlich zu einem befriedigenden Ergebnis geführt zu werden. Sie sind mit Planen und Recherchieren beschäftigt.

Ein äußerst seltenes Mail, das einen Lektor in dieser Arbeitsphase erreicht: »Bitte winke nicht ab, aber mich beschäftigt wieder eine Beziehungskiste. Ein ungleiches Paar, das zusammenbleibt, obwohl es sich trennen müsste. Und Bamberg spielt dabei eine wichtige Rolle. Dort soll mein Paar nämlich wohnen, denn Bamberg ist eine Stadt, die mit der deutschen Geschichte tief verwurzelt ist, aber nicht auf eine plakativ-platte Weise. Wenn jemand den Ortsnamen hört, denkt er nicht automatisch an deutsche Geschichte. Dann überlege ich, ob meine männliche Hauptfigur, die aus der ehemaligen DDR kommt und obsessiv mit älteren Frauen schlafen muss (Sex als Sucht), nicht insofern in Bamberg festgehalten wird, als sie dort Lehrer ist. Dieser Mann träumt aber davon, wieder zurück nach Chemnitz zu kommen, und ist verheiratet mit einer Frau, die aus München stammt und dauernd unterwegs ist und absolut keine Neigungen verspürt, mit anderen Männern zu schlafen, und der es in Bamberg gefällt. Wenn sie in einen ICE steigt, fühlt sie sich lebendig, und wenn sie in Bamberg wieder ankommt, fühlt sie sich noch lebendiger. Wie lebt dieses Paar zusammen, vor allem und dadurch sollte der Roman weiter in Schwung kommen, da der Mann gerne Kinder hätte, seine Frau aber nicht weiß, wie das bei ihren vielen Reisen (sie ist Vertreterin von Schulbüchern) gehen soll; abgesehen davon, kommt sie aus einer Alt-68er WG und hat im Kinderladen Pappmaschee-Orgien veranstaltet, und traut sich nicht zu, ein Kind großzuziehen, da sie immer an die grauenhaften Beziehungen der Erwachsenen untereinander in der WG denken muss ... Ganz anders: Dieser Roman sollte aus der Perspektive der selten oder fast nie zu Hause sich aufhaltenden Ehefrau geschrieben werden, und bitte sei jetzt nicht böse, wenn ich dieses Mail nicht weiterschreibe, denn jetzt muss ich mir das Material einmal aus dieser (Frauen-)Perspektive (die Frau ist nämlich eine Fetischistin und läuft immer mit den entsprechenden Halsbändern herum) ansehen und jetzt habe ich keine Ahnung, welche Konsequenzen dieses Detail für den Roman hat, und außerdem muss ich jetzt nach Bamberg fahren. Ich melde mich wieder.«

Der Autor plant jetzt detailliert den Handlungsverlauf, und entscheidend bei der Planung sind die Bedeutungen, die er den einzelnen Handlungsdetails gibt. Die Autoren konkretisieren ihre Vision, deuten, was ihnen einfällt (dass die Ehefrau eine Fetischistin ist und was das für Konsequenzen für den weiteren Bau des Romans nach sich zieht), in Hinblick auf den Fortgang der Erzählung und reagieren dann auf diese Deutung: Sie verwerfen den Einfall, modifizieren ihn oder können ihn so akzeptieren, wie er sich eingestellt hat und entwerfen und planen weiter.

In diese Interpretationen des Materials fließen nun Lebenserfahrungen des Autors ein, aber auch ästhetische Vorlieben, Reaktionen auf die literarische Situation, in der er schreibt usw. Aber diese Arbeit des Planens und Entwerfens spielt sich nicht nur im Bereich des Erfassens und Abwägens von Einfällen ab, Kenntnisse gehören auch zu der Konstruktion von Romanwelten. Und diese Kenntnisse beschaffen sich Autoren durch Recherche.

Das aber hat zur Folge: Autoren verlassen schon ihr Haus, allerdings führt sie ihr Weg nicht in die Büros von Lektoren und Verlegern, sondern an die Orte, an denen ihre Romane spielen. Sie gehen in Bibliotheken und durchkämmen das Internet nach Material, das sie kennen müssen und das gut wäre, wenn sie es kennen würden, denn es erleichtert ihnen ihre Arbeit. Wenn es notwendig ist, gehen sie auch auf Reisen, lassen Landschaften auf sich wirken und ziehen geografische Erkundigungen ein. Sie besorgen sich Kartenmaterial von Städten und Lagepläne von Gebäuden. Sie halten sich an Orten auf, die in der Vergangenheit von einer ihrer Figuren eine wesentliche Rolle gespielt haben. Dabei kann es sein, dass sie in den Büchern aus den Bibliotheken nur blättern und an den Orten nichts Gezielteres unternehmen, als sich dort herumzutreiben und zu schauen, was geschieht. Gelegentlich kommt es vor, dass sie mit einem Metermaß in Händen angetroffen werden und die Breite von Straßen vermessen oder die Höhe und Breite von Eingangstüren von Cafés. Speisekarten werden abgeschrieben und die Abfahrtzeiten von S- und U-Bahnen, mit denen sie nie auf Dauer fahren werden. Geologische Formationen werden interessant, verschiedene Architekturen und deren Geschichte. Die Autoren leben sich in ihre Romanwelt ein, und sie tun das, indem sie sich mit Recherchen beschäftigen. Außerdem übt Recherchieren im Umgang mit dem Material, die Autoren wissen dann nicht nur, wovon sie sprechen, sie beherrschen den Umgang mit ihrem Material auch.

Autoren sind aus diesen Gründen vorsätzliche und gefräßige Materialkannibalen, und das bedeutet: Im Zweifelsfall interessieren sie sich für sehr viel, und dazu zählt auch Material, von dem sie noch nicht wissen, in welcher Beziehung es zu ihrem Roman steht. Vielleicht stellt sich der Wert dieses Materials erst noch heraus und falls es sich als unbrauchbar erweisen sollte – dann ist auch das nicht schlimm. Um diese Sorte von Informationen beispielsweise brauchen sie sich bei der weiteren Arbeit nicht mehr kümmern! Wobei das Faktische in seiner Bedeutung bei diesem Vorgang als nicht zu gering angesehen werden darf! Und wenn die Autoren beim Faktischen sind, dann bedeutet das: Sie sammeln Material für ihren Roman.

Autoren überprüfen deshalb mit Lust das Faktische, von dem sie erzählen: die Orthografie von Namen, Lebensläufe, wenn Figuren geschildert werden sollen, bei denen erkennbar sein soll, das sie (einst) lebenden Personen nachgebildet sind. Mit der gleichen Gewissenhaftigkeit gehen Autoren vor, wenn sie Ereignisse schildern, die stattgefunden haben (für Abweichungen muss es jeweils einen triftigen Grund geben). Diese Genauigkeit wird aber keineswegs um ihrer selbst willen betrieben, diese Genauigkeit führt zu besonders intensiven Zusammenstößen mit der Fanstasiewelt, und intensiv bedeutet in diesem Zusammenhang: besonders produktiv für den Romanentwurf und das Schreiben.

Nun wollen wir an dieser Stelle nicht weiter über die Recherchepraxis von Autoren nachdenken. Für die Bewertung der kommunikativen Situation, in der sich die Autoren in dieser Phase ihrer Arbeit befinden, und die Konsequenzen für die Zusammenarbeit, die sich daraus ergeben, ist viel wichtiger zu wissen, wohin sich Autoren auf die Suche nach Material begeben und wo sie regelmäßig etwas finden und mit großen Funden an ihren Schreibtisch wieder zurückkehren und in ihre Romanwerkstatt eintauchen können. Dazu zwei Beispiele.

Die Schriftstellerin Ursula Krechel erzählt, welche Stoffe eine große Anziehungskraft auf sie ausgeübt hatten, als sie eine ganz junge Schriftstellerin war. Ursula Krechel schreibt: Ein Gegenstand habe einen nicht zu brechenden Reiz auf sie ausgeübt, und das sei »... die Aktentasche meines Vaters«[1] gewesen. Merkwürdig denkt man, in einer Aktentasche werden sich doch bestimmt nur trockenste Stoffe finden lassen – doch diese Annahme ist im Fall von Ursula Krechel falsch. In dieser Mappe stieß sie zwar auf Akten, aber diese Akten hatten folgenden Inhalt: »Ein Kind wurde in der Praxis (meines Vaters, K. S.) vorgestellt, es wirkte aufgeregt und niedergeschlagen (...) Aber nicht deshalb war es von einer besorgten Mutter oder von hilflosen Adoptiv- oder Pflegeeltern zum Termin gebracht worden, sondern – und dafür musste ich die Handschrift des Vaters entziffern, Gesprächsprotokolle, aus denen hervorging, daß ein bleiches Mädchen klaute oder ein fröhlich wirkendes Kind unehelich geboren war (...).«

Nun könnte man sagen, ein junges Mädchen ist hier unterwegs, und tatsächlich ist Ursula Krechel um die vierzehn Jahre alt, als sie die Arbeitsunterlagen ihres Vaters durchwühlt, dennoch geht sie intuitiv einen klassischen Rechercheweg. Sie begibt sich an den gesellschaftlichen Rand – und das in einem doppelten Sinn. Sie respektiert nicht die private Sphäre eines anderen, und sie macht sich mit Lebensläufen bekannt, die hinter dem bürgerlichen Lebenszuschnitt, der in ihrer Familie mit einem Vater als Diplom-Psychologen herrscht, weit zurückbleiben. Und exakt dieses »fremde« Material findet sie nun außerordentlich anregend: Weswegen muss dieses Kind »aufgeregt und niedergeschlagen« sein? Sind die Eltern dafür verantwortlich zu machen, weil sie möglicherweise roh mit dem Kind umgegangen sind, oder wissen sie sich nicht zu helfen, und das Kind muss als Opfer einer über-

1 Dieses und die folgenden Zitate von Ursula Krechel sind ihrem Buch entnommen: In Zukunft schreiben, Salzburg und Wien: Jung und Jung 2003.

forderten Familie angesehen werden, oder sollte es Eltern geben, denen es gleichgültig ist, wie es ihren Kindern geht, und die es auch nicht stört, wenn über deren Verhalten Akten geführt werden. Diese Akten enthalten unerlöste Geschichten, und der Kern dieser unerlösten Geschichten ist jeweils selber unerlöst, allerdings auf eine sehr bedrängende Weise. Während die Geschichten sich erzählen lassen, wird das Leben der Kinder dadurch nicht leichter.

Darin liegt die besondere Sprengkraft dieses Materials, in seiner doppelten Herausforderung. Die Autorin muss die private Sphäre ihres Vaters verletzen, damit sie Zugang zu diesem Material bekommt. Es gehört Schamlosigkeit dazu, sich dieser Akten zu bemächtigen. Und wenn sie von diesen Lebensläufen dann erzählt, macht sie das Schicksal von Kindern öffentlich, das sonst nur im Büro eines Psychologen verhandelt worden wäre – und das von einer Qualität ist, die gegen die Gesellschaft spricht, in der es sich ereignet.

Beispiel zwei: Uwe Johnson. Auch er geht im Geheimen vor, und auch wenn die Begleitumstände alle von erheblich gefährlicherer Natur sind, ähnelt seine Art, Stoff aufzunehmen, der Ursula Krechels im Kern auf verblüffende Weise.

Als Mitglied der F.D.J. wird Uwe Johnson angewiesen, gegen die Junge Gemeinde auszusagen. Diese christliche Vereinigung soll ausgeschaltet werden, und angeblich haben einige Mitglieder von ihr einen sowjetischen Soldaten überfallen und mit einem Messer bedroht – einen Vertreter jenes »Bruderlandes«, dem die DDR ihre Befreiung verdankt. Eine taktische Machenschaft.

Doch Johnson weigert sich, die Wirklichkeit zu verbiegen, um einer schwachen Gruppierung zu schaden, und das hat Konsequenzen. Zuerst bürgerliche: Er kann sein Studium nicht fortsetzen. Dann aber auch literarische, die in diesem Zusammenhang besonders wichtig sind. Er macht sich selber zu einem Fall. D. h.: Er hält genau fest, was mit ihm geschieht, sammelt Material, und wächst damit in die Position eines klassischen Erzählers hinein: in die des »Kundschafters«, in seinem Fall eines Zeugen, der von den politischen Machterhaltungsspielen eines Regimes berichtet wird, die einen Studenten und Angehörigen der F.D.J. in die Opposition drängen und ihn zum Staatsfeind machen.

Im Vergleich zu den Recherchen, zu denen Ursula Krechel aufgebrochen ist, haben sich bei Johnson und seiner Art, sich eines Materials zu versichern, das ihn ins Erzählen bringt, die Akzente verschoben. Der Autor ist selber aktenkundig und in eine Randlage gedrängt worden. Er muss sich nicht erst an diesen Rand begeben, er befindet sich da, der Impuls aber, der von dieser Randlage ausgeht, ist der gleiche. Er stößt dort (also bei sich) auf Material, das er nicht ungenutzt lassen kann. Mehr noch: Dieses Material wünscht sich, in Erzählstoff verwandelt zu werden, und es erhebt diesen Wunsch mit einer Autorität, der Johnson sich nicht entziehen kann. Später wird Uwe Johnson davon sprechen, dass ihn die politischen Verhältnisse in der DDR zum Autor gemacht hätten. Das ist etwas übertrieben, aber diese Aussage trifft zumindest insofern zu, als er in einen Gegner des Regimes verwandelt wurde und dadurch auf ein Material stieß, dem er sich nicht entziehen konnte.

Wenn wir von dieser Faszination aus auf die kommunikative Situation zurückblenden, in der sich die Autoren befinden, wenn sie recherchieren, dann ist ihre Zurückhaltung gut zu verstehen. Sie gehen im Verborgenen vor, würden ihre Materialquellen sogar zum Versiegen bringen, wenn sie nicht verdeckt vorgehen würden. Und nicht alleine das. Sie müssen sich genau durch den Kopf gehen lassen, wie sie mit diesem Material umgehen wollen. Immerhin steckt darin eine Brisanz, die politische oder moralische Vorbehalte auslöst oder nicht gering zu achtende literarische Einwände hervorbringt. Beispielsweise konnte Uwe Johnson in einschlägigen germanistischen Studien während seiner Studienzeit bereits lesen, was offizielle Seiten von literarischen Figuren wie der des Michael Kohlhaas hielten, in deren Nähe sich seine Figuren befanden: Nichts.

Zurückbezogen auf die kommunikativen Situationen bedeutet das, dass die Autoren alleine schon wegen der Brisanz zurückhaltend sind, die in dieser Art von Recherchen liegt. Ein gewisses Maß an Geheimhaltung oder gezieltem Verschweigen dessen, was man tut, erscheint geradezu als Voraussetzung dafür, dass diese Recherchen überhaupt durchgeführt werden können. In den beiden zitierten Fällen liegt das auf der Hand. Ursula Krechel findet nur Zugang zu der Tasche, wenn sie kein Wort darüber verliert, was sie vorhat. Und noch offensichtlicher ist das bei Uwe Johnson. Er muss seine Recherchen vor einem ganzen und speziell bereits auf ihn aufmerksam gewordenen Staats-(schutz-)Apparat verbergen, damit er nicht vorzeitig von seinen Informationsquellen ferngehalten wird.

Auch wenn die Schreibsituation sich nicht in allen Fällen so dramatisch wie bei Krechel und Johnson darstellt, halten sich Romanciers dennoch gerne in Randlagen auf. Und diese Randlagen der Autoren finden sich sogar in ihren Romanen abgebildet. Alleine aus dem Umkreis der Autoren, auf die wir in diesen Vorlesungen zu sprechen kommen, lassen sich wiederum zwei Beispiele finden, wie Autoren ihre spezielle Schreibsituation in ihren Roman aufgenommen haben.

In »Faustinas Küsse«, Hanns-Josef Ortheils Roman über Johann Wolfgang Goethe, erzählt nicht Goethe von Goethe und auch nicht Ortheil (in Person eines starken Erzählers) von Goethe, sondern ein junger Römer übernimmt diese Aufgabe. Er weiß nicht, wer Goethe ist, lässt sich sogar dafür bezahlen, dass er Goethe überwacht. Dieser Mann steht am Rande der römischen Gesellschaft und, betrachtet aus der Perspektive der deutschen Literatur, oder, eingeschränkter, nur der Biografie Goethes, hat es dieser junge Römer nicht verdient, auch nur am Rand eine geringe Bedeutung zu spielen. Doch genau das ist die Perspektive, aus der sich Ortheil dem großen Goethe nähert – und vermutlich auch nur nähern kann. Welcher Autor in der deutschen Literatur ist mit mehr Bildungswissen und hoch spezialisierteren Kenntnissen umlagert als Goethe? Sich auf diesen Autor zuzubewegen, kann tatsächlich nur von einer weit entfernten Position aus gelingen. Und diese Position erleichtert deshalb das Erzählen von Goethe, weil sich der Erzähler nicht gleich als ein Kenner und Spezialist dieses Dichters auszuweisen braucht, sondern sich langsam dieser Figur annähern kann und auch dem Leser diesen Spielraum einräumt, sich Schritt für Schritt Goethe zu nähern.

Oder nehmen wir Matthias Polityckis bisher letzten Roman »Der Herr der Hörner«. Weiter am Rand als die Hauptfigur in diesem Roman kann eigentlich keine Figur am Rand stehen. Sein Held hält sich in einem fremden Land auf. Er hat keine Chance, dort Fuß zu fassen und beispielsweise einer Arbeit nachzugehen. Wenn er sich die Frage stellt, woher die Einheimischen Geld beziehen und welche Tätigkeiten genau sie ausüben, dann müsste er ehrlicherweise darauf antworten: Er weiß es nicht. Dann die Frau, die er sucht: Im Zweifelsfall erinnert er sich selber nicht einmal mehr genau daran, wie sie ausgesehen haben mag. Er hängt einem Phantom nach und möchte das finden. Und die Religiosität, mit der er in Berührung kommt: Welche Götter es überhaupt gibt und wer sich nach welchen Regeln diesen Gottheiten annähern kann oder darf, bleibt von Grund auf undurchschaut. Mit einem Wort: Polityckis kompletter Roman besteht aus einer Annäherung an diese fremden Welten.

Bei diesen Recherchen, genauer: bei der Faszination, die ein bestimmtes Material für einen Autor hat und ihn seine Recherchen durchführen lässt, spielen noch Momente eine Rolle, die von erheblich intimerer Natur sind. Um diese Elemente etwas näher fassen zu können, und damit die Gesprächssituation genauer zu verstehen, in denen sich Autoren in dieser Phase ihrer Arbeit befinden, möchte ich nochmals auf Uwe Johnson zu sprechen kommen. Und dies deshalb, weil Uwe Johnson nicht in dem Ruf steht, er würde über private Details seiner Arbeit gerne ins Plaudern kommen, sondern eher zu den Autoren gehört, die eine scharfe Trennungslinie zwischen den Anforderungen ziehen, die ihre Arbeit an sie stellt, und persönlichen Mitteilungen, und die diese Trennungslinie auch beachten. Bei Uwe Johnson spielt am Anfang seiner Recherche zu seinem Roman »Das dritte Buch über Achim« die Mutter eine große Rolle. Johnson: »Einer von den Reisenden war in diesem Herbst mit seinen Interessen geradezu hingeschoben worden zur Deutschen Reichsbahn. Denn zwar zog die Gewerkschaft die Wohnung ein, die sie einer kürzlich geflüchteten Kollegin zugewiesen hatte, sie anerkannte ohne Frage das Recht auf Wohnraum für ihren Sohn; sie vermittelte ihm eines der von ihr verwalteten Zimmer, bei der Eisenbahn.«[1]

Die geflüchtete Kollegin, von der hier gesprochen wird, ist Johnsons Mutter, und Johnson tritt an deren Stelle und nutzt ihre Verbindungen. Welches Verhältnis er zu dieser Frau hatte, wissen wir nicht. In der Arbeit rückt er ihr aber sehr nahe, forscht deren Lebensverhältnisse aus und trägt Gründe zusammen, die es als gerechtfertigt erscheinen lassen, warum sie die DDR hinter sich gelassen hat und die Flucht zum »Klassenfeind« in den Westen angetreten ist – ein, aus Sicht eines loyalen Bürgers der DDR, schlimmes Vergehen.

Nun steht allerdings auch fest, dass Johnson kein Buch über seine Mutter schreiben wollte, sondern dass es bei seiner Arbeit nur zu einer außerordentlich produktiv sich auswirkenden Verschmelzung kommt. Er nähert sich den Lebensverhältnissen seiner Mutter an und gelangt dabei zu wichtigem Material, das ihn in den Stand versetzt, seinen Roman auch schreiben zu können. Zu einer ähnlichen Verschmelzung von zwei verschiedenen Vorgängen kommt es auch bei Ursula Krechel. Wenn man so will, schleicht sie in das Büro ihres Vaters. Sie öffnet seine Tasche, zieht Akten heraus und versucht sich eine Vorstellung von den Menschen zu machen, über die sie in den Akten liest – eine Tätigkeit, mit der ihr Vater ebenfalls den Tag über beschäftigt ist. Sie verehrt anscheinend diesen Mann und

---

1 Diese und die folgenden Zitate von Uwe Johnson sind seinem Buch entnommen: Begleitumstände, Frankfurter Vorlesungen, Frankfurt am Main: Suhrkamp Verlag 1980.

möchte ihm zeigen, dass sie bereits mit einem ähnlichen Grad an Ernsthaftigkeit und Sachverstand mit diesem Material umgehen kann – freilich aus einem ganz anderen Grund. Sie will den Vater nicht bei seiner psychologischen Beratungstätigkeit unterstützen, sondern verfolgt eigene Zwecke, die nur sie als Autorin verfolgen kann: Material zum Erzählen zu finden und es auch zu verwenden. Sie folgt einer vom Vater vorgezeichneten Spur – allerdings aus höchst eigenen Gründen heraus.

Jetzt soll nicht behauptet werden, dass Materialrecherchen die Autoren von Romanen stets in große Nähe zu ihren Eltern bringen und dass sie sich deswegen lieber abkapseln und nicht über ihre Arbeit sprechen, solange sie sich ihres Materials versichern. Der ganze Vorgang ist erheblich komplizierter. Er hat mit biografisch aufgeladenen Details zu tun, und damit, dass man die Recherche-Phase probeweise auch als die Jugend-Phase der Arbeit an einem Roman bezeichnen könnte (und dass Autoren, wenn wir Grass ernst nehmen und es für richtig halten, dass sich die Arbeitserfahrungen an Romanen nur schwer konservieren lassen, Autoren mit jedem neuen Roman stets wieder in diese jugendliche Arbeitsphase eintreten, und mit dem Projekt auch älter werden). Allerdings sind dabei auch Prozesse berührt, die mit diesen Vorgängen nichts zu tun haben, sondern alleine aus der Dynamik des Schreibens herrühren.

Damit kommen wir auf Fragestellungen zu sprechen, über die Autoren – und man ist versucht, davon zu sprechen, dass dies in der Natur der Sache liegt – sich nicht gerne äußern. Dabei handelt es sich auch um dunkle Vorgänge, und jeder Autor geht damit wiederum auf seine eigene Art um. Überdies sind es Vorgänge, die keine

Zeugen kennen, und selbst der Autor, der daran beteiligt ist, kommt als Zeuge nur bis zu einem gewissen Grad infrage. Denn solange er vor seinem weißen Blatt Papier sitzt oder auf den Bildschirm seines Notebooks schaut und registriert, welche Wörter sich dort einstellen und welche semantischen Verbindungen diese Wörter untereinander eingehen – solange er also mit Schreiben beschäftigt ist, beobachtet er nicht, was genau er tut.

Dennoch: Peter Härtling hat vor einigen Jahren einmal den Versuch unternommen, überhaupt einmal festzuhalten, was geschieht, wenn ein Autor schreibt: »Es kratzt und schleift, schnarrt, kreistelt und zwitschert; es pocht, hämmert, klingelt, knattert; es schnalzt, schneuzt, schnurrt, schlotzt und piept; es ist Atem zu hören, dann Stille, jemand rutscht auf dem Stuhl hin und her, scharrt mit den Füßen, reibt mit der flachen Hand Oberschenkel und Tischkante, klopft mit den Fingern einen ungeduldigen Takt, schnieft hemmungslos. Kurz gesagt: Jemand dichtet.«[1] Härtling beschreibt anschaulich die Geräuschkulisse der »poetischen Arbeit«, und dieser Beschreibung ist zu entnehmen, dass der Autor in seiner Welt mit Schreibtisch, Sitzmöbel und Schreibgeräten nur noch als Hülle anwesend ist. Diese Welt aus Schreibtisch(en), Papieren, Stiften usw., seine Romanwerkstatt, hat zwar eine große Bedeutung, dass der Autor in die Arbeit hineinfindet und sich dauerhaft in ihr aufhalten kann. Wenn er aber mit der Arbeit selber beschäftigt ist und seine Romanwelt betreten hat, dann hat er seine Romanwerkstatt wieder verlassen und nimmt diese Wirklichkeit nicht

---

[1] Vom Schreiben 2. Mit einem Essay von Peter Härtling über Dichter und ihre Schreibgeräte, Marbacher Magazin 69, 1994, S.3.

mehr wahr. Was aber geschieht, wenn er in die Welt seines Romans eingetaucht ist und dort die Arbeiten fortsetzt, die zu tun sind? Auf diese Frage geht auch Peter Härtling nicht weiter ein.

Ganz unentdeckt ist dieses Gebiet nicht. In jüngerer Zeit sind Versuche unternommen worden, das Schreiben selber verstehen zu wollen, und dabei wiederum dem kreatürlichen Moment, das beim Schreiben offenbar eine starke Rolle spielt, eine besondere Aufmerksamkeit zu schenken. Allerdings muss man auch sagen, dass diese Überlegungen noch nicht sehr weit gediehen sind und wir uns von den Kräften, die dabei eine Rolle spielen, noch keine genaueren Vorstellungen machen können. Eine amerikanische Neurologin, Alice W. Flaherty, hat einen ersten Versuch unternommen, diese Fragen näher zu klären. Sie glaubt im menschlichen Gehirn jene Regionen ausmachen zu können, die das Schreiben in Gang setzen und in Gang halten. Ihr Beispiel ist Fjodor Dostojewskij. Bei diesem Autor hätten Neurologen festgestellt, dass »die komplizierten Wesenszüge dieses komplizierten Mannes – (...) sein überwältigendes Verlangen zu schreiben (eingeschlossen, K. S.) – zum größten Teil Symptome von Schläfenlappen-Epilesie sind, was bedeutet, die Anfälle entsprängen den Schläfenlappen der Großhirnrinde. Epileptische Anfälle, die in anderen Rindenlappen entstehen, erzeugen diese Wesenszüge nicht.«[1]

Nun würden wir Flaherty sicher missverstehen, wenn wir das Romanschreiben als eine Folge eruptiver Geschehnisse in der Schläfenlappenregion ansehen würden

---

[1] Alice W. Flaherty, Die Mitternachtskrankheit. Warum Schriftsteller schreiben müssen, Autorenhaus Verlag 2004, S.28/29.

und damit den Romancier zu einem biologisch bemitlei-
denswerten Opfer erklärten, das unter physiologischen
Anomalien zu leiden hat – glücklicherweise für sich und
für uns mit glücklichem Ausgang, nämlich lesbaren und
lesenswerten Romanen. Die weniger begabten Schriftsteller könnten sich nach dieser Vorstellung dann immerhin damit trösten, dass sie gesünder sind und ihr
Hirn seltener unter krampfartigen Anfällen zu leiden hat,
diese »Gesundheit« allerdings mit der weniger erheben-
den Tatsache bezahlen, dass sie keine Romane schreiben
können, bzw. nur Romane zustande bringen von deutlich
geringerer Qualität. Würden wir diese Erklärung in dieser
Ausschließlichkeit ernst nehmen, dann würde ein Blick
in das Gehirn von Autoren ausreichen und wir könnten
feststellen, wie begabt ein Autor ist. Die Literaturkritik
wäre dann eine veraltete Disziplin und könnte aufgegeben
werden zugunsten einer Gehirntomografie, die, möglichst
exakt durchgeführt, zu genauen Diagnosen gelangte. Derart naiv geht Flaherty allerdings nicht vor.

Über ihre neurobiologischen Vorgänge im engeren
Sinn hinaus bringt sie das Zusammenspiel von linker und
rechter Gehirnhälfte ins Spiel – die eine würde kreative
Prozesse anstoßen und fördern, die andere neige eher
dazu, kritisches Überprüfen der Ergebnisse zu unterstützen. Mit diesem Wissen lässt sich aber auch nicht klären,
welche Vorgänge im Gehirn (wie koordinieren Schläfenlappen die linke und rechte Gehirnhälfte, ihre Aktivitäten,
und welche anderen Partien im Gehirn werden eigentlich
stimuliert, wenn diese Regionen arbeiten?) tatsächlich
dazu führen, dass Romane entstehen. Ihre Überlegungen,
wie dieses Zusammenspiel nun tatsächlich funktionieren
könnte, verlaufen sich. Und wenn wir versuchen, uns eine

genauere Vorstellung davon zu machen, wie diese kontrollierende und koordinierende Instanz arbeitet, dann werden wir auf einen Theoretiker verwiesen, von dem wir uns nicht unbedingt eine nähere Auskunft erhofften, wenn es um das Schreiben von Romanen geht: auf Sigmund Freud und seine Vorstellungen vom Über-Ich.

Nun hat Freud an keiner Stelle seines Werks das Über-Ich in Verbindung mit dem Schreiben gebracht. Allerdings ist es nicht zu weit hergeholt, wenn wir annehmen, dass dort nicht nur Verhaltensnormen gespeichert sind und von dort aus auf deren Einhaltung geachtet wird. Ebenso werden sich dort Vorstellungen davon befinden, wie ein Roman beschaffen ist und was einen literarisch guten Roman ausmacht, und vor allem, welche Instanz auf die Einhaltung dieser Vorstellungen achtet und (damit sind wir von der Physiologie zur Hermeneutik zurückgekehrt) dem »guten« Roman zu Geltung verhilft.

Die Frage, wie ein guter Roman zustande kommt, hat sich Freud nicht gestellt, wohl aber hat er nachzuvollziehen versucht, in welche emotionalen Vorgängen das (literarische) Schreiben überhaupt eingebettet ist. In seinem berühmten Aufsatz, »Der Dichter und das Phantasieren« von 1908, stellt er fest, dass Autoren mit »großen Affektbeträgen« ihrer Arbeit nachgehen würden. Darunter versteht er, dass Autoren mit großer Energie sich ihre Stoffe suchen und mit ebenso viel Energie sich daransetzen, diese Stoffe auszuarbeiten – ein Aufwand, der Nicht-Dichtern nicht im Mindesten als lohnend erscheinen würde, nur um Sätze aufs Papier zu schreiben und dafür zu sorgen, dass diese Sätze in ihrer Abfolge in einen erzählerisch nachvollziehbaren Verlauf kommen. Bei dieser Arbeit sieht Freud dann den Autor in der Rolle »eines spielenden Kinds, das sich eine Phantasiewelt erschafft, die es sehr ernst nimmt (...).«[1] In einem anderen, nicht weniger berühmt gewordenen Aufsatz hat er diesen Gedanken schon einmal aus einer anderen Perspektive formuliert. Dabei sieht er den Autor in einer doppelten Rolle: »Der Dichter geht (im Unterschied zum Analytiker, K.S.) wohl anders vor; er richtet seine Aufmerksamkeit auf das Unbewußte seiner eigenen Seele, lauscht den Entwicklungsmöglichkeiten desselben und gestattet ihnen den künstlerischen Ausdruck, anstatt sie mit bewußter Kritik zu unterdrücken. So erfährt er aus sich, was wir bei anderen erlernen, welchen Gesetzen die Betätigung dieses Unbewußten folgen muß (...), sie sind infolge der Duldung seiner Intelligenz in seinen Schöpfungen verkörpert enthalten.«[2] »(...) infolge der Duldung seiner Intelligenz« – mit dieser Formulierung gibt Freud, ohne darauf abzuzielen, einen wichtigen Hinweis auf das Schreiben.

Nun hat sich Freud nicht die Mühe gemacht, verschiedene Schreibphasen voneinander zu unterscheiden. Wenn Autoren sich auf ihre unbewussten Vorstellungen einlassen, dann tauchen sie in eine längere Phase ein, in der sie die Spur dieses Unbewussten aufnehmen und langsam lernen, ihm zu folgen. Sie befinden sich erst einmal in einer intuitiven Phase, in der sie mit Suchen und Probieren und weiterem Suchen beschäftigt sind. Sie müssen herausfinden, was zu ihrem Roman passt und was darin keinen Platz finden kann, und wenn sie sich diese Frage stellen, dann geht es keineswegs nur um das Material, das in ihrem Roman eine Rolle spielen soll. Das Erproben-Können

---

1 Sigmund Freud, Studienausgabe. Band X. Bildende Kunst und Literatur, Frankfurt am Main: S. Fischer Verlag 1969, S. 172.
2 ebenda, S. 82.

einer Tonlage ist mindestens ebenso wichtig, wenn sie im engeren Sinn zu schreiben beginnen und die ersten Seiten Romantext entstehen.

Zitieren wir wieder aus einem Mail, damit die Gesprächssituation besser zu verstehen ist, in der sich Autoren jetzt befinden: »Lieber Lektor, angehängt findest Du ein kleines Häppchen (15 Tausend Zeichen) Text. Für mich ist das ein sehr großer Teil, weil es der Anfang des Romans ist. Nach dem langen Zusammensuchen von Material, mittlerweile bin ich ein Spezialist in Bienenkunde und in Erdgeschichte (ich kenne sämtliche Theorien, wann die ersten Pflanzen mit Blüten aufgetaucht sein sollen und vor allem warum, da staunst Du!?), habe ich endlich mit Schreiben beginnen können. Lange funktionierte das nicht, ich bin immer in die mittleren Passagen des Romans gekommen, wo ich besonders viel Material habe (Geschichte einer Firma, die von Bio-Honig auf edlen Kunsthonig aus Gesundheitsgründen umgestellt hat – da staunst Du schon wieder!), wie aber beginnen, wusste ich nicht. Jetzt aber habe ich den Einstieg gefunden. Bitte lese, was ich Dir jetzt schicke. Falls Du aber triftige Einwände hast, behalte sie unbedingt für Dich. Ich muss noch weiter reinkommen und bin dann in der Lage, auf diese Einwände reagieren zu können. Wenn Du sie mir jetzt sagst, dann weiß ich überhaupt nicht, wie ich beginnen kann und damit kann ich dann diesen Roman insgesamt begraben. Lies und verhalte Dich so, als hättest Du nichts von mir zugeschickt bekommen.«

Ein Mail wie dieses wird äußerst selten versendet, weil es das Problem, das zum Rückzug führt, offen ausspricht: Die Autoren fühlen sich gegenüber Lesern und scharfsinnigen Bewertern ihrer ersten Arbeiten auf eine unangenehme Weise im Nachteil. Sie haben es noch mit den Befangenheiten zu tun, in die sie während ihres Planens und Recherchierens hineingeraten sind. Und mit diesen Befangenheiten haben sie noch zu tun, weil sie etwas zu schützen haben: den Ton des Erzählens, den sie anschlagen wollen. Erst wenn sie den gefunden haben und sicherer über ihn verfügen können, anders formuliert: wenn der Austausch mit ihren unbewussten Fantasien auf eine stabile Weise eingerichtet ist, sie also ein Gefühl für den Roman entwickelt und ausreichend Gelegenheit gefunden haben, dieses Gefühl zu erproben, spielen die vielen persönlichen Zusammenhänge, in denen die Planungen ihres Romans und die Recherchen für ihren Roman standen, keine Rolle mehr. Wenn sie dieses Gefühl besitzen und wissen, dass sich ihre Obsessionen in Literatur verwandeln lassen und nicht Obsessionen bleiben, dann können sie sich wieder kritischen Lesern und überhaupt der Öffentlichkeit nähern. Solange das aber nicht der Fall ist und solange sie nicht sicher über ihr Gefühl für ihren Roman verfügen, halten sie sich von Mitlesern fern – und tun auch gut daran, sich nicht mitzuteilen und Stillschweigen darüber zu bewahren, woran genau sie arbeiten.

Die Autoren haben in dieser (jugendlich-genialen) Phase des Schreibens etwas zu verteidigen. Damit ist keineswegs nur das Persönliche gemeint, das sich weder bei der Entscheidung, welches Projekt sie verfolgen wollen, noch welche Materialquellen sie attraktiv finden, tatsächlich eignet, diskutiert zu werden. Sie müssen sich einen Freiraum verschaffen, der ihnen erlaubt, diesen persönlichen Regungen zu folgen, der ihnen aber auch das Gefühl vermittelt, sie brauchen die literarischen Fragen nicht vertagen, sondern befinden sich auch in ihrem Erzählen auf dem richtigen Weg – und das möglichst unfehlbar. Sie haben eine gewisse Naivität zunächst zu verteidigen, und sind darum bemüht, dieses Gefühl kräftiger und erwachsener werden zu lassen. Insofern durchlaufen Autoren mit jedem Roman eine neue Schule des (Roman-)Gefühls.

Wie wichtig dieses Gefühl jetzt und für die weitere Romanarbeit ist, lässt sich kaum ermessen. Es erleichtert die Arbeit der Autoren. Mit diesem Gefühl wissen sie, welches Material ihnen weiterhilft und welche Formulierungen passen. Sie müssen zu keinen langwierigen Überlegungen ausholen, sondern können darauf vertrauen, dass sie einfach das Richtige tun. Das beschleunigt die Arbeit, erleichtert Entscheidungen. Vor allem fördert es den Fluss des Erzählens und hält ihn weiter am Fließen.

Wie schwierig es offenbar für Autoren ist zu fassen, was sich in dieser Phase des Planens, Recherchierens und ersten Schreibens ereignet, zeigt sich an den Sprachbildern, mit denen Autoren ausdrücken wollen, was mit ihnen in dieser Phase geschieht. Diese Sprachbilder drücken etwas schwer Beherrschbares aus. Wilhelm Genazino beispielsweise spricht von einem »flackrigen« Zustand, in den er hineingerate. William Faulkner wird in seinen Formulierungen noch erheblich dunkler und dramatischer. Er glaubt, dass er, wenn er ins Schreiben hineinfinde, »von einem Dämon besessen ist und schreiben muss«. Er macht aus dieser Beobachtung sogar ein Kriterium, an dem sich ablesen lasse, ob die Arbeit die nötigen literarischen Funken schlage. Faulkner: Bei der Arbeit habe der Autor »innerlich zu brennen«.[1] Andere Autoren sehen sich, wenn sie

---

1   Gespräche mit Faulkner, Bremen: Achilla Presse 1996, S. 52.

zu schreiben beginnen, zunächst in der Rolle von Verliebten, die ihre Liebe auch über die ersten Enttäuschungen hinüberretten wollen. Diese Wendungen machen unmissverständlich deutlich, dass Autoren rasch und mit großer Zuversicht arbeiten, ihnen aber eine genauere Orientierung fehlt, worin ihre Stärke besteht und wofür genau sie diese Stärke einsetzen. Und offensichtlich ist diese noch fehlende Orientierung kein Manko, sondern gehört ganz wesentlich zum Gelingen der Arbeit dazu.

Für die Beurteilung der Gesprächssituation bedeutet das, die Autoren haben etwas zu verlieren und deshalb schützen sie sich und ihre Arbeit. Und tatsächlich sind sie in dieser Phase besonders angreifbar: Ob es literarisch haltbar ist, woran sie arbeiten, wissen sie nicht. Ihre persönlichen Überlegungen lassen sich nicht nur schwer verteidigen, das Ansammeln von Material und das Hineinfinden in den Fluss des Schreibens taugt ebenso wenig zu literarischen Erörterungen, und über die literarischen Qualitäten besagen diese Arbeiten nichts. Zu viel wird sich noch verändern. Vor allem aber können Genazinos flackrige Empfindungen rasch verlöschen und wie lange Faulkners Dämonen den Dichter jagen, lässt sich auch nicht genau voraussagen. Und wenn sich diese Dämonen zurückziehen, bevor der Autor seinen Roman zu Ende geschrieben hat, dann sitzt er vor einer Ansammlung von Material und ersten Formulierungen und findet keinen Weg mehr, wie er das Projekt weiterführen kann.

Daraus ergibt sich für diejenigen, die Autoren in dieser Phase ihrer Romanarbeit begleiten, eine spezielle Aufgabe und Gesprächshaltung. Wenn ihnen von Seiten der Autoren überhaupt die Chance eingeräumt wird, auf deren Arbeit zu reagieren, sollten sie sich zu Verbündeten der

Autoren machen und die Fortsetzung ihrer Arbeit ermöglichen. Sie werden zu diesen Verbündeten, wenn sie gegen jene Kräfte Position beziehen, die sich gegen die Vereitelung der Arbeit und der destruktiven Stimmungen richten. (Mit einer Ausnahme: Dass sie das Romanprojekt grundsätzlich für ein Hirngespinst halten. In diesem Fall ist jede Zurückhaltung und Vorsicht ohnehin falsch und nur dazu angetan, den Autor noch weiter in sein Unglück zu treiben.) Literaturgeschichtliche Erörterung ist dabei dann genauso fehl am Platz wie literaturkritisches Abwägen und Urteilen. Im Gespräch kann es nur um die Arbeitsprobleme gehen und um die Verbreitung des Eindrucks, dass die Anstrengungen einem bedeutenden Projekt gelten, für das es sich lohnt, sich einzusetzen und ebendiese großen Anstrengungen zu unternehmen. Dass sie sich auf dünnem Eis bewegen, wissen Autor und Lektor, genauso wie sie literarisch beschlagen genug sind, um zu wissen, dass die Arbeit immer noch ins Leere laufen kann und der Autor nach einem guten Beginn ins Stocken geraten kann und schließlich vor einem welken Stapel Papier sitzt …

Von allem, nur davon soll jetzt nicht die Rede sein.

DRITTE VORLESUNG

Schreiben, Gliedern, Entwerfen
(Schreiben 2)

Sehr geehrte Damen und Herren!

Beginnen wir wieder mit dem jungen Autor aus Österreich und seiner unglücklichen Geschichte.

Nur weil wir das dritte Mal über dieses Treffen nachdenken, wäre es falsch zu glauben, wir könnten jetzt genauer sagen, weswegen dieser Autor seine Schriftstellerkarriere abgebrochen hat. Seine Gründe kennen wir nach wie vor nicht, und es wäre gut, wenn wir uns nochmals ins Gedächtnis riefen, dass wir uns auf dem schwankenden Boden von Mutmaßungen bewegen. Dies schmälert aber keineswegs den Gewinn, den wir aus unseren Überlegungen ziehen können, denn wir verlieren uns nicht in reinen Spekulationen. Worüber wir nachdenken, besitzt seine Triftigkeit, und es weist über den Fall des österreichischen Autors hinaus.

Ein Problem hat dieser Autor nicht gelöst: Wie genau er seine Hauptfigur anlegen sollte. Das ist ein sehr globales Problem – was aber heißt das im Detail? Im Grunde hat dieser Autor nicht über eine männliche Hauptfigur, sondern über zwei verfügt – und dazu noch eine Konstruktionsidee. Einmal hat er von einem jungen Mann erzählt, der unzufrieden mit Job und Leben war, und einmal hat er von einem jungen Mann erzählt, der ein neues Leben begonnen hatte und sich unter diesen neuen Lebensbedingungen, die er als Chauffeur eines reichen Mannes geboten bekommt, zurechtfinden möchte. Und er besaß eine reizvolle Idee: Was würde eigentlich geschehen, wenn jemand seinen ursprünglichen Lebensplan aufgibt und eine neue Identität annehmen will? Ist das ein schwieriger Vorgang, oder fühlt sich dieser Mann nicht umgekehrt enorm stark, wenn er ein neues Leben beginnen und ein altes, das ihn unglücklich gemacht hat, hinter sich lassen kann?

Wenn wir etwas auf Distanz zu dem Material des Autors gehen, so ist als Erstes zu sagen: Jedes seiner drei Elemente (zwei Figuren, eine Idee) ist attraktiv und gut nachvollziehbar. Allerdings hat der Autor für einen Roman zwei Elemente zu viel, und wenn wir seine Schwierigkeiten aus seiner Schreibsituation heraus näher betrachten, dann liegt das Problem vor allem in der Konstruktionsidee. Gegen diese Idee ist im Prinzip eigentlich auch nichts vorzubringen – gegen ihre gedankliche Substanz. Allerdings spricht etwas anderes gegen sie: Sie ist ohne *erzählerische* Substanz. Sie gibt dem Autor kein Material an die Hand, das ihm Erzählen möglich machte. Und das Tückische daran ist, dass diese Idee etwas Bestechendes hat und es gut möglich ist, sich darüber, was mit ihr gesagt werden kann, zu verständigen. Konkret: Die Überlegung, sich aus der Identität herauszuwinden, die mit einem unerträglichen Leben verbunden ist, und eine neue Identität anzunehmen, will uns sehr verlockend erscheinen. Sie signalisiert etwas von Widerstand und alternativem Leben. Doch wenn wir uns genauer versichern wollen, wie dieser Identitätswechsel vollzogen werden kann und welche Vorteile er demjenigen einträgt, der sich dieser Prozedur unterzieht, wird es schon schwerer, sich vorzustellen, wie dieser Vorgang sich vollziehen kann. Wieso soll das Leben erträglicher werden, nur weil jemand unter seinen Möglichkeiten lebt und als Chauffeur einer Tätigkeit nachgeht, die ihn unterfordert? Und worin sollen eigentlich die Vorzüge liegen, wenn jemand seinen Freundeskreis aufgibt und für niemanden mehr zu greifen ist?

Vor exakt diesen Fragen wird der Autor aus Österreich auch gestanden haben: Eine Figur durch ein Manuskript zu manövrieren, die unzufrieden ist und die Gefallen an der Idee gefunden hat, ihr soziales Leben komplett zurückzulassen und als ein anderer von Neuem zu starten. Nun besteht darin, dass ein Autor über eine sich höchst widersprüchlich verhaltende Figur verfügt, noch nicht das entscheidende Problem. Es gibt viele Romanfiguren, die sich aus ihrem Leben heraus- und in ein anderes Leben hineinträumen. Der junge Autor aus Österreich konnte diese beiden Elemente aber nicht schlüssig miteinander in Verbindung bringen, und daran, dass ihm diese Verbindung nicht glücken wollte, hat sein Manuskript gelitten.

Nun ist mit dieser Beschreibung der erzähltechnischen Schwierigkeiten aber nur ein Teil des Schreibproblems benannt. Um dieses Problem in seinem ganzen Umfang zu erfassen, müssen wir erheblich weiter ausholen und zwei weitere Probleme ansprechen: die kommunikativen Dimensionen, die mit dem Erzählen verbunden sind. Das klingt zunächst einmal danach, als sollten zwei Bereiche, die miteinander nichts zu tun haben, unbedingt miteinander in Verbindung gebracht werden. Aber das Gegenteil ist der Fall. Zum Erzählen gehört das Gespräch, das der Autor mit sich darüber führt, was er erzählt und welche Fragen dabei auftauchen und bei der Fortsetzung seines Erzählens gelöst werden müssen. Und: Das Gespräch, das der Autor mit anderen über seine Arbeit führt, vor allem mit deren kritischen Lesern und dem jeweiligen Lektor seines Romans.

In dem vorliegenden Fall des jungen Autors aus Österreich hat die Annahme durchaus etwas für sich, dass dieser Autor auf eine typische Weise die erzählerischen Probleme nicht sehen wollte, die sich ihm gestellt haben. Er hat nicht sehen wollen, was ihm hätte auffallen können, und hat im Nachvollzug seines Erzählens das Gespräch mit sich an entscheidenden Stellen nur sehr undeutlich geführt und abgebrochen.

Wie kann man sich das vorstellen? Durch Verleugnung! Im Registrieren der Schwierigkeiten hielt sich der Autor nicht lange damit auf, genauer erfassen zu wollen, worin die Unstimmigkeiten bestanden, die ihn hartnäckig beim Schreiben begleitet hatten. Später, im Verlag, als er auf diese Schwierigkeiten aufmerksam gemacht worden war, zeigte er, auf welche Weise er mit Einwänden bei diesem Projekt umzugehen pflegte: durch Vertagen. In Kapitel drei gegen Ende, im kompletten fünften Kapitel usw. markierte er die Stellen, an denen die Fragen angesprochen werden, die mit dem Identitätswechsel zu tun haben. Später wird er sich diese Passagen nochmals besonders genau ansehen und sie erneut durcharbeiten, sagte er.

An dieser Reaktion ist im Prinzip nichts auszusetzen. Sie erweckt sogar den Eindruck, als würde hier der Autor unverhüllt sprechen und konkret die unschlüssigen Stellen nennen, die noch einer weiteren Bearbeitung harren. Dennoch lässt sich an dieser Reaktion eines nicht übersehen: Der Autor mag sich mit dem flauen Gefühl, das diese Textpassagen auslösen, nicht beschäftigen. Und ein flaues Gefühl wird sich bei ihm im Gespräch eingestellt haben, denn immerhin dachte er, oder hoffte bis dahin zumindest, dass diese Passagen gut nachvollziehbar seien, er also seine erzählerischen Aufgaben gelöst habe. Jetzt aber stellt sich heraus, dass er sich geirrt hatte, und sicher wird er auch nicht vollkommen überrascht gewesen sein, dass ihm dieser Einwand entgegengebracht wurde. Er wird während der Arbeit bereits bemerkt haben, dass es etwas anderes ist, ob man mit Material »erzählerisch« arbeitet oder ästhetische Überlegungen anstellt. Anstelle der Vergegenwärtigung der Erzählschwierigkeiten hat er aber Zuflucht bei seinem Arbeitsethos genommen. Nur weiter – und wenn der Roman dann abgeschlossen ist, werden sich die Probleme gelöst haben.

Das ist eine (das Selbstgespräch abkürzende) Beruhigungsstrategie, die viele Autoren beim Schreiben anwenden. In der Konsequenz bedeutet das: Der junge Autor aus Österreich hat die Auseinandersetzung mit seinem Stoff zu früh beendet, und er hat nicht wirklich sein Verhältnis zu seinem Schreiben zu klären versucht, sondern die »gespürten Bedenken« leichter genommen, als er sie hätte nehmen dürfen.

Diese emotionalen Aspekte des Romanschreibens können wir hier leider nicht weiterverfolgen. Dafür kommen wir auf den zweiten Problemkreis zu sprechen, wie Autoren in dieser Phase den engen Bezirk ihrer Romanwerkstatt verlassen und das Gespräch über ihren Roman suchen. Wir werden uns hier auf die Beschäftigung mit dem Stoff beschränken, und damit wir in der Beschäftigung mit diesem Thema weiterkommen, müssen wir zunächst einmal die neue Arbeitssituation in ihren grundsätzlichen Komponenten erfassen. Dazu möchte ich wieder aus Mail-Wechseln mit zwei Autoren zitieren:

»Ich schlafe nicht mehr, bzw. ich schlafe nur noch wenige Stunden, und wenn ich mich hinlege, verfolge ich selbst damit eine feste Absicht. Sobald ich geschlafen habe, haben sich meine Arbeitsprobleme gelöst, mit denen ich mich abgemüht habe, bevor ich mich hingelegt habe. In meinem Kopf muss ein Computer eingebaut sein, der diese Arbeit erledigt, während ich schlafe. Rasieren kommt nicht mehr infrage, denn ich muss sofort aufschreiben, was mir an gut Geordnetem durch den Kopf geht. Zu lange schlafen darf ich auch nicht, denn wenn ich zu lange im Bett gelegen habe und zu ausgeruht bin, leide ich unter einem derartigen Spannungsabfall, dass ich Tage brauche, bis ich mich von diesem Spannungsabfall wieder erholt habe.«

Aus einem anderen Mail-Wechsel:

»Bitte halte mich nicht für eine Beamtennatur. Ich kann nicht anders vorgehen, und wenn ich einen Roman schreiben will, dann muss ich genau wissen, wie ich vorgehe. Meine Gliederung umfasst, alle Unterpunkte eingerechnet, etwas mehr als 700 Positionen. 112 Punkte sind abgearbeitet, bleiben noch rund 588. Wenn ich von dem Umfang ausgehe, den das Manuskript jetzt hat, und auf dieser Basis den Gesamtumfang berechne, dann komme ich auf 800 Seiten, mindestens. Dieser Umfang bedeutet, noch 1 ½ Jahre lang arbeiten zu müssen, bis das Manuskript fertig ist. Und dann? Wer will einen Roman von 800 Seiten lesen? Ich komme von dem Gedanken nicht los, dass ich an einer Zumutung arbeite. Aber diesen Gedanken kann ich jetzt nicht weiterverfolgen. Ich darf mich sogar von ihm nicht weiterverfolgen lassen, damit ich mein Pensum für heute schaffe: 3 Punkte sind noch abzuarbeiten!«

Ton und Wortwahl in diesen beiden Mails weisen darauf hin, dass jetzt vom Schreiben selber gesprochen wird. Das Gesprächsklima hat sich deutlich verändert. Es ist im besten Sinn praktisch geworden. Es geht nicht mehr darum, wie in den beiden Arbeitsphasen zuvor, sich über die Aussichten zu verständigen, die mit der Idee zu diesem Roman verbunden sind, und dieses Projekt in einem (die Arbeit beflügelnden) verheißungsvollen Licht erscheinen zu lassen. Die Autoren ziehen sich auch nicht mehr unbedingt in einer Weise auf ihre Arbeit zurück, dass sie ungreifbar werden und sich nicht genau nachvollziehen lässt, an welchem Punkt ihrer Arbeit sie eigentlich angelangt sind. Jetzt sprechen sie über ihre Arbeit, und dabei ist zunächst einmal Folgendes zu beobachten: Sie sind stolz darauf, etwas geleistet zu haben und längere Manuskript-Passagen vorweisen zu können. Die Anfänge sind überwunden, die Phase des Planens und Recherchierens liegt hinter ihnen, und sie sind auch nicht mehr damit beschäftigt, den Ton ihres Romans zu suchen und diesen Ton in ersten längeren Passagen zu erproben. Sie wissen jetzt, wie sie ihren Roman erzählen wollen, und das Manuskript ist kein Versprechen mehr, sondern hat bereits einen größeren Umfang angenommen – und damit hat sich auch die Art entschieden verändert, wie sie mit ihrer Arbeit und dem wachsenden Roman umgehen.

Es werden jetzt Prognosen aufgestellt, wie lange die Arbeit am Manuskript noch dauern wird – und diese Voraussagen sind erstaunlich präzise. Auch wenn manchmal Wunschdenken dabei im Spiel ist, möchten die Autoren gerne genau wissen, wie lange ihre Arbeit dauern wird und wann sie diese Arbeit abschließen können. Viele Autoren gelangen dabei durchaus zu einer realistischen Einschätzung des Arbeitsaufwands und ihrer Kräfte und verfangen sich keineswegs in Tagträumereien und bloßem Wunschdenken.

Was aber hat das wiederum zur Folge? Die introvertierte Phase der Arbeit am Roman ist vorbei, und die Autoren sprechen jetzt in der Mehrheit nicht nur darüber, was sich auf dem Papier ereignet. Viele möchten über Organisationsfragen ihrer Arbeit sprechen und wollen offensiv ihre Sache vertreten.

Mit der Gesprächssituation hat sich auch der Ton, wie Autoren über ihre Arbeit sprechen, verändert – und ihre Erwartungen an das Gespräch sind ebenfalls andere geworden. Es geht um praktische Dinge: Umfänge, wann welche Manuskriptteile abgeschlossen werden können und wann, von dem jeweiligen Arbeitsfortschritt aus berechnet, von einer Publikation des Manuskripts ausgegangen werden kann.

»Praktisch« meint im Ton dann professionell. Es wird jetzt über die ausstehenden Arbeiten gesprochen, als wäre mittlerweile nicht nur der Autor zu einem Spezialisten seiner Arbeit herangereift (ein erwachsener Autor seines Romans). Auch der Lektor soll die Position des Fachmanns für Schreibsituationen und speziell der Schreibsituation des Autors einnehmen, mit dem er es zu tun hat – und damit auf einen Gesprächston einschwenken, der das Lösen von Arbeitsfragen verheißt und damit zuverlässig signalisiert, dass sich die Arbeit auf einem guten Weg befindet und mit Macht weiter voranschreitet.

Dabei darf man keinesfalls aus dem Blick verlieren, dass es in diesen Gesprächen nach wie vor um das zentrale Thema geht: Um die Veröffentlichung des Romans. Die Autoren streben weiterhin durch Teilveröffentlichungen an, sich diesem großen Ziel zu nähern und die Chancen zu verbessern, am Ende ein Buch in Händen zu halten: ihren Roman. Dieses Ziel verlieren die Autoren auch während der Planungs-Phase und während sie mit Recherchen beschäftigt sind, keineswegs aus den Augen. In dieser Phase schätzen sie die Attraktivität ihrer Arbeit aber eher gering ein, bzw. sind sie mit den anstehenden Arbeitsfragen beschäftigt. Zu Überlegungen, wie sich das, woran sie arbeiten, am besten präsentieren ließe, fühlen sie sich nicht in der Lage. Deswegen verzichten sie lieber darauf, sich überhaupt nach außen zu orientieren, und beschränken sich auf die Arbeiten selber. Dies hat sich jetzt verändert, und der Gesprächston hat sich mit dieser Veränderung auch gewandelt.

Das Hauptcharakteristikum dieses neuen Gesprächstons besteht darin, dass gesprochen wird, als würde der Roman definitiv erscheinen. Es geht nicht mehr um das Für und Wider, sondern zwei Epikspezialisten unterhalten sich darüber, wie die noch anstehenden Fertigungsprobleme am besten gelöst werden könnten. Der Autor befindet sich dabei in der Position des Architekten und Handwerkers am eigenen (Roman-)Bau, und der Lektor spricht aus der Position dessen, der Pläne (sprich: Manuskripte) lesen kann und der Erfahrung hat, wie die auftauchenden Probleme gut gelöst werden können und wie dieses epische Großunternehmen insgesamt zu einem guten Ende geführt werden kann. Illusionär sind diese beiden Gesprächspositionen keineswegs – auch dann nicht, wenn diese Gespräche nicht auf der juristisch fixierten Grundlage eines von beiden Seiten unterschriebenen, heute in vielen Fällen von Agenten vermittelten Verlagsvertrags geführt werden.

Diese Schreib- und Gesprächssituation ist bei allem, was folgt, gut zu erkennen. Sie macht, wenn wir kurz auf den Anfang dieser Vorlesung zurückblicken, deutlich, in welch schwieriger Situation sich der junge Autor aus Österreich befunden hat. Er hat aus der introvertierten Phase der Arbeit nur sehr unzulänglich herausgefunden. Das macht aber auch die einzigartige Chance von Debütanten deutlich: Sie können ohne die Kenntnisse dieser Abläufe und ohne den Einfluss, den diese Abläufe auf das Schreiben nehmen, an ihrem Roman arbeiten. Gleichzeitig braucht es nicht viel Phantasie, um sich von hier aus die schwierige Lage von Autoren vorstellen zu können, die einen oder mehrere Romane veröffentlicht haben und jetzt an einem Roman arbeiten, ohne dass sich eine Publikationsmöglichkeit konkret abzeichnet. Diese Schreib- und daraus folgende Gesprächssituation zu kennen und zu erkennen, ist auch dann sehr nützlich, wenn es um die Zusammenarbeit mit Autoren geht, deren Romane publiziert und *gerne* publiziert werden. Es lässt das Stockende und manchmal auch das Explosive solcher Gespräche verständlicher werden – dann, wenn anscheinend nur über Arbeitsfragen gesprochen wird, untergründig jedoch die Chancen das Thema sind, die der Lektor einem Roman anscheinend gibt und die vom Autor als eine Kampfansage gesehen werden, weil er seinen Roman erheblich wertvoller einschätzt, oder umgekehrt: wenn der Autor sich überschätzt fühlt und nicht an zu hoch gesteckten Erwartungen scheitern möchte. Denn grundsätzlich sprechen die Autoren (und Lektoren) nicht nur davon, welche Voraussetzungen geschaffen sein müssen, damit sie gut weiterarbeiten können (»wenig Schlaf«), sie verlassen in ihren Überlegungen bereits den inneren Kreis der Arbeit (in dem sich alles um das Schreiben selber dreht) und versetzen sich in Außenstehende und überlegen, wie der

Roman aufgenommen werden könnte. Im Zentrum ihres Nachdenkens stehen Arbeits- und Organisationsfragen.

Dennoch sollte man nicht dem Irrtum verfallen und glauben, diese Gespräche würden nur große Sensibilität erfordern. In diesen Gesprächen geht es auch und in der Hauptsache um Schreibfragen und das gemeinsame Nachdenken darüber. Hieraus ergeben sich auch die jeweiligen Themen, über die im Einzelnen gesprochen wird.

Die Unterschiede lassen sich auf eine sehr prägnante Weise beschreiben. Solange die Autoren planten und recherchierten, befinden sie sich in einem dunkleren Arbeitsstadium – und die Verwendung der Vokabel »dunkel« darf nicht als ein Ausweichen in ein ungefähres Bild angesehen werden. Um diese Arbeiten etwas näher zu beschreiben, ist es hilfreich, zwei Kernbegriffe von Sigmund Freud nochmals aufzugreifen. Diese Arbeiten vollziehen sich in großer Nähe zum Unbewussten und zur Fantasie der Autoren. Es wird Material gesammelt, recherchiert, erste Passagen werden probeweise erzählt. Diese Arbeiten befinden sich in einem eher erahnten Verhältnis zum Roman und seiner Gestalt selber. Dies hat sich nun entschieden verändert.

Jetzt befinden sich die Autoren in einem helleren Stadium ihrer Arbeit. Sie entwerfen, planen, gliedern. Sie schreiben, entwerfen weiter, gliedern und sehen sich gezwungen, zum Teil das zu verwerfen, was sie zuvor geschrieben, entworfen und in Gliederungen festgehalten hatten. Der Roman entwickelt eine sich immer deutlicher bemerkbar machende Eigengesetzlichkeit. Die Arbeiten befinden sich jetzt nicht mehr hauptsächlich in einem gefühlten Verhältnis zum Roman in seiner endgültigen Gestalt. Die Autoren haben nun den Roman in seinen Um-

rissen klarer vor Augen, und mit jedem Satz, der niedergeschrieben wird, nehmen die Konturen an Schärfe zu.

Unbewusstes spielt dabei noch immer eine große Rolle.
Was an Bildern, Sprache und Einfällen auftaucht, muss
aber seinen Wert im Gefüge des bereits Entstandenen und
noch zu Schreibenden nachweisen. Und Nachweisen meint
in diesem Zusammenhang: Als ein Satz, der in einer Abfolge von Sätzen eine fest umrissene Position zugewiesen
bekommt und an dieser Stelle als Satz seine eigene ästhetische Qualität besitzt, aber zugleich sicherstellt, dass im
Erzählen mit diesem Satz weiter vorangeschritten werden
konnte. Jeder Satz hat zugleich eine eigene Qualität und
muss zu etwas gut sein. Der Wert eines Einfalls bemisst
sich deshalb nicht nur danach, ob er etwas Kostbares und
Bestechendes besitzt. Sein Wert bemisst sich danach, ob
er den Text weiterentwickeln hilft. Ist das der Fall, dann
handelt es sich um eine gute Eingebung, stellt sich aber
heraus, dass sich der Einfall in den Erzählzusammenhang
nicht einfügen lässt, dann ist dieser Einfall wertlos und
muss ungenutzt bleiben auch dann, wenn er etwas Bestechendes hat.

Eigentlich müsste den Autoren durch diese Veränderungen die Arbeit leichter fallen. Es lassen sich klarere Entscheidungen treffen, was dem Roman weiterhilft und was
dem Roman schadet. Zuvor spielten sich diese Arbeiten
mehr in gemutmaßten Zusammenhängen ab. Aber diese
Erleichterung können die Autoren nur in beschränktem
Umfang registrieren. Tatsächlich nehmen sie eher wahr,
dass sie mit anderen Problemen zu tun haben. Im zweiten
Mail stellt der Autor erschrocken fest, welchen Umfang
sein Roman annehmen wird: »800 Seiten«. Nun ist das
keine Seltenheit, dass Autoren spätestens in diesem Sta-

dium genau wissen, wie umfangreich ihr Roman werden wird. Die meisten wissen exakt die Anzahl der Seiten, die sie füllen werden – und die sie dann auch füllen. (Das, was ihnen jetzt durch den Kopf geht, hat die Macht konkret zu werden – auch jene Überlegungen zu Umfängen von Romanen, die aus dem Fundus ihrer privaten Mythologien stammen und sich beim Nachdenken über Umfänge besonders unverstellt zeigen: Ein Autor beispielsweise nimmt sich vor, dass die Seitenzahl seines Romans durch 17 teilbar sein soll, weil die Zahl 17 von unendlicher Schönheit sei, ein anderer Autor wird von dem Gedanken beherrscht, dass alle seine Romane exakt gleich lang sein müssen und ein anderer davon, dass ein Roman von ihm niemals auch nur annähernd gleich lang sein darf wie es irgendein Roman zuvor von ihm bereits gewesen war ...) Dieses klare Wissen löst aber eher Schrecken aus und trägt nicht zum ruhigeren Weiterarbeiten bei.

Das hat einen tieferen Grund, und dieser Grund hängt unmittelbar mit der Schreibsituation zusammen. Damit wir uns davon ein vollständigeres Bild machen können, müssen wir auf noch einen Aspekt eingehen, der die Schreibsituation kennzeichnet. Die Autoren kennen bzw. erfühlen nicht nur den Umfang des Romans, sie kennen jetzt auch von den Figuren den Grundkonflikt, die Dramaturgie in ihren Abläufen, die Orte und die Handlungen in ihrem detaillierten Aufbau. Sie wissen also genau, welche nächsten Arbeitsschritte sie zu unternehmen haben – aber auch dieses Wissen trägt nicht unbedingt zur Beruhigung der Arbeit bei. Und das liegt nicht einmal daran, dass die Autoren in dieser Schreibphase durchaus das Gefühl entwickeln können, nicht sie bestimmen den Fortgang ihrer Arbeit, sondern der Schreibstand, den sie erreicht haben, bestimmt, was sie als Nächstes zu tun haben, und sie dürfen sich als ein Objekt des Projekts ansehen, das sie einst glücklich machte, als sie auf es stießen und sich ihnen eine Perspektive eröffnete. Die Schwierigkeiten rühren aus anderen Zusammenhängen.

Vom Schreiben beherrscht zu werden, ist nicht weiter schlimm, wenn sich die Autoren sicher sein können, am Ende tatsächlich zu dem glänzenden Roman zu gelangen, der ihnen in ihrer poetischen Vision vorschwebt. Aber sicher können sie sich nicht sein. Und je deutlicher der Roman heranwächst, umso schärfer zeigen sich auch die Risiken, mit denen das jeweilige Projekt behaftet ist.

Eines der gravierenden Probleme besteht darin: Wie organisieren sie sich den Umgang mit ihrem Material. Es will in einen Verlauf gebracht werden, und vor allem muss es dem Autor dann, wenn er es benötigt, auch zur Verfügung stehen, bzw. dann, wenn er es verwendet hat, muss er über die Erinnerung verfügen, dass er es bereits verwendet hat. Dasselbe gilt für den Umgang mit Einfällen: Passen sie, haben sie sich nicht schon das wiederholte Mal eingestellt und sind längst in das Manuskript eingearbeitet usw.?

Bei den Stoffmengen, die jetzt bewegt werden, reicht das Gedächtnis des Autors als Speicher für diese verschiedenen Vorgänge nicht mehr aus. Dabei geht es nicht alleine um Material und aus dem Schreibmoment heraus geborene Einfälle. Es geht auch um weiterführende Ideen, ins Detail führende Strukturüberlegungen und Formulierungen, wie diese Überlegungen und sprachlichen Wendungen in den Strom des Erzählens einfließen und ihn am weiteren Fließen halten können – also jeweils um die Richtung, die das Erzählen nimmt. Der Autor muss sich Reservoire aufbauen, wo er dieses Wissen ablegt, sichert und gleichzeitig sicherstellt, dass er während der weiteren Arbeit Zugang zu diesem Wissen behält.

Dabei spüren Autoren auch, dass die Speicherung dieses Wissens und die Aufrechterhaltung des Zugangs zu diesem Wissen stets etwas Nachgetragenes ist. Mit jedem Satz tasten sie sich in unbekannte Zonen vor. Dieses Tasten ist nicht nur charakteristisch für das Schreiben, es zeigt sich auch mehr und mehr, dass Schreiben einen Balance-Akt zwischen dem Abarbeiten an Bekanntem und einem Hineintasten in unbekannte Bereiche darstellt. Diese Balance zu finden, darin liegt eine Aufgabe des Schreibens, und wenn diese Balance gefunden ist, auch eine große Chance – und damit zeigt sich, worin die tiefere Notwendigkeit des Planens und Organisierens besteht: Die Basis, von der ausgehend jeder Satz zu einem Ausflug in Bekanntes und Unbekanntes wird, zu verbreitern. Und je nachdem, welche Balance gefunden wird, hat das seine Auswirkung auf die Arbeitstechniken und auf das literarische Niveau der jeweiligen Arbeit.

Das aber gibt den Mails der Autoren aus einem nachvollziehbaren Grund ihren leicht panischen Anstrich, auch und gerade dann, wenn sie präzise ihre Arbeitsaufgaben umschreiben können: Es ist nicht nur die Größe des Projekts, die sie beeindruckt, in der Arbeit liegt auch eine dauernde literarische Herausforderung.

Mario Vargas Llosa hat diese literarische Herausforderung in seinem »Brief an einen jungen Schriftsteller« folgendermaßen beschrieben: »Er wollte damit sagen, daß er sich gezwungen sah, Ausdrucksformen zu suchen, die sich immer weiter vom anerkannten Kanon lösten, um in seinen Erzählungen und Romanen das auszudrücken, was er anstrebte. Er mußte den Geist der Sprache herausfordern, ihr seine eigenen Rhythmen, Muster, Jargons, Abweichungen aufzwingen, damit die erfundenen Personen und Ereignisse lebendiger wurden.«[1] Und darin liegt das Beunruhigende des Begrenzten und Bekannten: Es macht den Autor unmissverständlich darauf aufmerksam, über welche Grenzen er hinauszugelangen hat, wenn er sich seinem Ausdruckswunsch gewachsen zeigen möchte. Das ist eine grundsätzlich schwierige Aufgabe.

Wie aber lässt sich ein Roman planen? Mit dieser Frage ist nicht in erster Linie gemeint, ob Autoren Listen anlegen, ob sie mit virtuellen Zettelkästen in Computern arbeiten oder ob sie es darauf anlegen, dass sie das Material benutzen, welches sich ihnen während des Schreibens anbietet und stillschweigend davon ausgehen, dass dies immer das wichtige Material sein wird, und dass das Material von minderer Qualität, gemäß dieser schreibdarwinistischen Vorstellungen, vergessen wird. Gemeint ist mit der Frage, wie sich der Zugang zum Material auf eine Weise organisieren lässt, dass es dem Autor dann zur Verfügung steht, wenn er es benötigt. Und damit ist nur ein Teil der Organisationsaufgabe umrissen.

Hinzu kommen Planungsüberlegungen, die während des Schreibens einsetzen und durch das Schreiben erst angestoßen werden. Nochmals sei Uwe Johnson zitiert, diesmal aus seinem Aufsatz »Wie es zu den ›Jahrestagen‹ gekommen ist«: »Ich fing damals (am 20. August 1967, einem Montag, K. S.) mit der Beschreibung jener See an, die ich in New Jersey gesehen hatte, und bekam tatsächlich das erste Kapitel fertig, diesen Montag nach dem Sonntag. Ich dachte mir: am Dienstag schreibst du ein Kapitel über

---

1 Mario Vargas Llosa, Briefe an einen jungen Schriftsteller, Frankfurt am Main: Suhrkamp Verlag 2004, S. 34.

den Montag, am Mittwoch eines über den Dienstag ... und dann ist ein Jahr vergangen und dann hast Du Deine 365 Kapitel und dann bist du fertig.«

Es geht also um Überlegungen zur Anlage des Manuskripts, die erst angestellt werden können, wenn die Arbeit an dem Manuskript bereits aufgenommen wurde, und die sich, wie sich das bei Uwe Johnson und den beiden zuvor zitierten Mails zeigt, nicht nur um den Faktor Zeit drehen. Betroffen sein können davon alle Elemente des Erzählens: die Figuren, die Dramaturgie usw. Der Autor muss damit rechnen, dass bis zur Niederschrift des letzten Satzes seine Überlegungen durch neu auftauchende Ideen in eine andere Richtung dirigiert werden – und dass er seine Planungs- und Gliederungsüberlegungen neu zu durchdenken hat.

Aus dem allen ergibt sich, dass die Organisation des Materials wesentlich zum Schreiben dazugehört und dass die Frage, wie diese Überlegungen angestellt werden und in welcher geeigneten Form sie sich konservieren und während der Fortsetzung der Arbeit wiederum sich verwenden lassen, einen überaus vitalen Aspekt des Romanschreibens ausmacht.

Wie aber können solche Überlegungen aussehen? Gehen wir ein letztes Mal auf Uwe Johnson ein. Als Erstes lernen wir bei ihm, dass die Fragen der Organisation des Schreibens leicht unterschätzt werden. Wenn wir von diesem Autor bisher den Eindruck hatten, er sei ein penibel arbeitender Schriftsteller, dann trifft dieser Eindruck zu – auf der einen Seite. Wenn wir uns näher anschauen, wie er mit dem Faktor Zeit bei der Arbeit an den »Jahrestagen« umgegangen ist, dann stellt sich sein Arbeitsstil als mehr genialisch heraus als tatsächlich genial. Nach einem Jahr

Schreiben an den »Jahrestagen« stellt der Autor fest: »Als das 365. Kapitel an der Reihe gewesen wäre, hatte ich bestenfalls 20 geschrieben.« Dass er nicht wusste, wie umfangreich sein Roman werden wird und wie lange er an diesem Roman zu arbeiten hat, spricht in diesem Fall nicht gegen die präzisen Überlegungen, die sich Autoren machen, sondern allenfalls gegen Johnsons Art zu planen und sich im Grunde für so stark und für einen derart effektiven Arbeiter zu halten, dass ihm selbst ein sehr umfangreiches Projekt als ein leicht überschaubares Arbeitsvorhaben vorkommt, und es gelassen angeht.

Nun sind wir an dieser Stelle an einem heiklen Punkt angekommen, der Frage nämlich, ob diese Planungsüberlegungen Einfluss auf die literarische Qualität eines Romans haben oder nicht. Wir können diese Frage auch anders formulieren, damit ihr Kern deutlich hervor tritt: Wäre Uwe Johnsons Roman noch besser geworden, wenn er akkurater geplant hätte, oder handelt es sich bei diesen Organisationsüberlegungen um begleitende Überlegungen, die einen Eindruck davon vermitteln, welche Ordnung ein Autor in seiner Werkstatt hält, die aber das Ergebnis seiner Arbeit nicht unbedingt beeinflussen? Auch wenn der umgekehrt formulierte Satz richtig ist, dass eine ordentlich geführte Romanwerkstatt noch keineswegs eine Garantie dafür sein kann, dass die Romane, die in dieser Werkstatt entstehen, auch tatsächlich als literarisch gelungen angesehen werden können, so ist doch ebenfalls festzustellen: Die durch das Schreiben angestoßenen Überlegungen, wie das Weiterschreiben geplant werden könnte, haben einen wesentlichen Einfluss auf die endgültige Gestalt eines Romans – und lässig mit diesen Überlegungen umzugehen, bedeutet zumindest eines: Ein

Autor lässt es darauf ankommen. Die Überlegungen, die sich während des Schreibens einstellen und die sich realisieren lassen, werden realisiert. Was seine Stärke nicht in dem jeweiligen Moment beweist oder sich hartnäckiger im Schreibgedächtnis des Autors verfangen kann, scheidet aus und kann dessen Arbeit weder schwächen noch stärken.

Es geht also um Arbeitsstile und die Ästhetik, die diesen Arbeitsstilen innewohnt und welche Auswirkungen diese Ästhetik auf den Roman hat. Im Nachlass von Uwe Johnson sind noch zwei weitere Blätter mit Planungsnotizen zu finden. Es ist ungeklärt, in welchem Verhältnis sie zu den anderen Planungsüberlegungen des Autors stehen und ob sie überhaupt in irgendeinen Zusammenhang mit diesen Überlegungen gebracht werden können. Aber diese Blätter bieten doch einige Auffälligkeiten – ästhetische Auffälligkeiten. Auf dem einen Blatt hält er fest, welche Bücher und Materialien er verwendete, und auf dem anderen Blatt sind die Zeitebenen in kurzen Datumsangaben notiert, die in den einzelnen Kapiteln des ersten Bandes der »Jahrestage« eine Rolle spielen. Bemerkenswert an diesen Auflistungen ist, dass Johnson das Medium wechselt.

Er erzählt nicht länger, sondern beginnt in grafischen Anordnungen zu denken. In Form einer Tabelle beginnt er, Tage, Orte und Jahre miteinander in Verbindung zu bringen, und das entscheidende Element dabei ist, dass er diese »großen« und für den Roman entscheidenden Daten in eine derartige Anordnung bringt, damit er sie rasch erfassen kann. Er braucht seinen Blick nur über wenige Zeilen gleiten zu lassen und kann dabei die Strukturen erkennen, die seinem Roman einen wichtigen Halt geben. Das ist zur Selbstvergewisserung während der Arbeit am

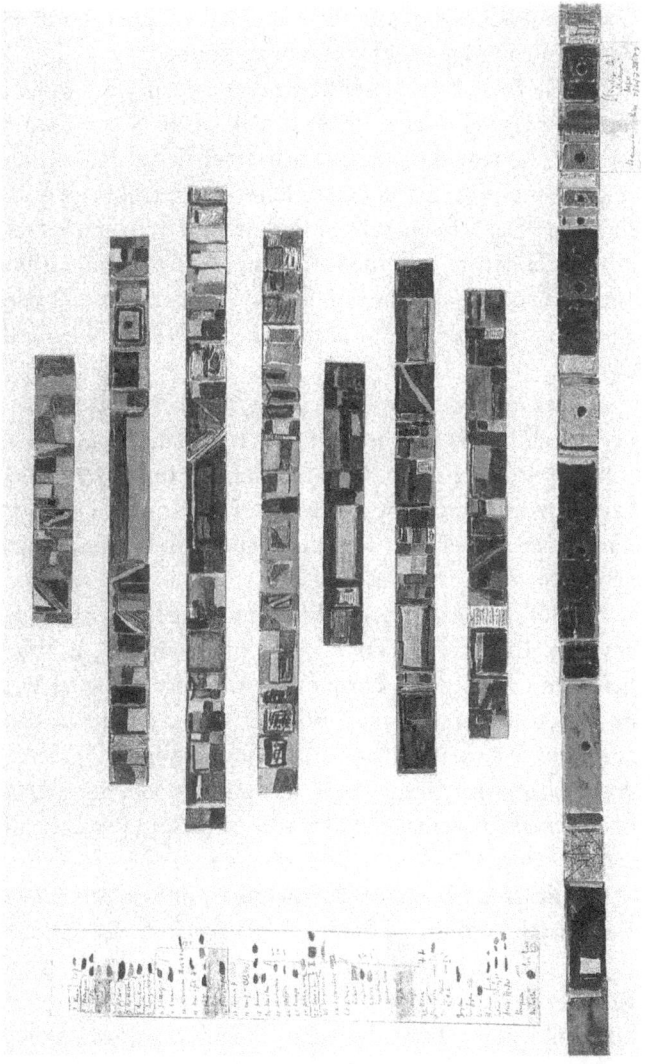

Aquarell von Heinrich Böll zu »Gruppenbild mit Dame«, Foto: René Böll,
© Heinrich Böll Fotoarchiv

Detail notwendig: den Eindruck zu haben, übergeordnete Zusammenhänge leicht erfassen zu können.

Nun ließe sich an dieser Stelle einwenden, dass wir mit diesem Beispiel in eine Phase des Schreibens zurückgreifen, die vor dem »konkreten« Schreiben liegt. Das stimmt, zeigt aber etwas, das in den späteren Arbeitsphasen wichtig wird: Die frühen Schreibimpulse arbeiten mit unverminderter Kraft, und den Planungsskizzen können wir entnehmen, wie sich die poetische Vision aus der Sicht des Autors in ihrer jeweiligen praktischen Schreibproblematik darstellt.

Nicht nur wesentlich expressiver in seinen Mitteln, sondern auch zu einem erheblich späteren Zeitpunkt als Uwe Johnson legt Heinrich Böll zum Beispiel die Skizze zu einem Roman an. Er hat ein regelrechtes Aquarell entworfen, als er an seinem Roman »Gruppenbild mit Dame« arbeitete.

Bei Böll ist das grafische Element erheblich stärker geworden. Es hat expressive Züge angenommen, Böll arbeitet mit Farbe und Farbnuancen. Es ist nicht zu weit hergeholt, wenn man sagt, Böll hat seinen Roman als ein Aquarell entworfen. Das Wichtigste bei diesen Farbbändern scheint der Gesamteindruck zu sein. Genauer: Dass der Roman als eine Abfolge von Sinneseindrücken mit schweifendem Blick erfasst werden kann.

Damit ist ein Element, das sich bei Johnson andeutete, zum Prinzip erhoben worden. Es geht nicht mehr nur darum, einzelne Strukturdetails rasch erkennen, sondern den Roman als einen Aufriss in seiner Gesamtheit erfassen zu können. Dazu gehört, dass dieses Gebilde insgesamt eine pyramidenförmige Form besitzt und damit beim Betrachter den Eindruck einer gewissen Abgeschlossenheit und eines kleinen Kosmos vermittelt, der seine Kraft aus sich selber bezieht und der als dieser kleine Kosmos seinen eigenen Bestand hat.

Dabei sucht der Autor tatsächlich nach Ordnung, die diese Ordnung auch jenseits der Schwerfälligkeiten der Sprache erkennbar macht. Mit Pinsel und Farbe kann er verdeutlichen, welche Figuren sich in Nachbarschaft zu welchen anderen Figuren befinden, welche Themen mit anderen zusammenhängen, das Telos des Erzählens wird fassbarer. Ein Empfinden, das bei der zähen Arbeit am Detail weniger werden und gelegentlich auch ganz zerrieben werden kann.

Vollkommen von Sprache emanzipiert sich Böll in seinen gestaffelten Farbflächen aber nicht. Insofern ist sein Roman nicht nur als Impression stark anwesend, sondern auch in Stichworten. Böll war in diesem Manuskript bereits sehr weit fortgeschritten, als er seine farbigen Kästchen malte. Die Böll-Spezialisten Ralf Schnell und Jochen Schubert schreiben in Band 17 der »Kölner Ausgabe« auf S. 456 dazu: »Offenbar im Zusammenhang mit dieser Überlegung, die bislang ohne Einschnitte ausgeschriebene Erzählbewegung in Kapitel auszudifferenzieren, fertigte Böll zwischen dem 5. und 7.3.1971 ein Aquarell an, das die textuellen Wechselbeziehungen und Proportionalitäten der jeweiligen Erzählanteile illustrativ vergegenwärtigen (...) sollte (...).« Mehr als 250 Seiten vom Typoskript waren bereits geschrieben. Ihm fehlte es im Manuskript aber anscheinend an Struktur, und das bedeutete, er konnte einiges von dem, was er ausdrücken wollte, nicht zur Sprache bringen. Sein Erzählen fasste nur einen Teil dessen, was ihm vorschwebte, einen großen Teil, aber dennoch nur einen Teil. Und deshalb verließ er sein Manuskript in der Hoffnung, durch eine rasch zu erfassende Skizze zu neuer Plausiblität im Erzählen zu finden und damit etwas in das Manuskript hineinzubringen, was er, wenn er alleine seiner erzählerischen Spur gefolgt wäre, nicht zur Sprache hätte bringen können.

Damit sind wir erneut auf jene Kraftzentren verwiesen, die lange schon ihren Einfluss auf die Arbeit des Autors ausüben, bevor er mit der Niederschrift begonnen hat und ins Erzählen des Romans hineingelangt ist. Sie betreffen eine spezielle und jeweils andere Art, einen Roman zu denken. Und diese Arten zu kennen, wie Romane gedacht werden, ist außerordentlich nützlich, weil sie der Arbeit am Roman bis zum letzten Satz ihre Richtung geben.

Folgen Arten lassen sich unterscheiden:

– *Von Figuren aus denken:* Damit ist nicht nur die simple Tatsache gemeint, dass ein Roman ohne Figuren nicht vorstellbar ist, sondern dass Autoren von Figuren aus ihren Roman entwerfen und erzählen – und dass dieses Denkprinzip zu den erfolgreichsten beim Romanschreiben gehört. Die Mehrzahl der Autoren geht von Figuren aus (im Bereich der Unterhaltungsliteratur darf das sogar als die Regel angesehen werden).

– *Von Räumen aus denken:* Dabei dürfte es sich um das zweiterfolgreichste Denkprinzip beim Romanschreiben handeln, und den Ausgangspunkt können Räume jeder Art bilden: Länder, Regionen, Städte, spezielle Orte, aber auch Hotels, Museen, Wohnungen, wiederum einzelne Räume darin, oder auch Interessensgebiete, Fantasieregionen usw.

– *Von Szenen aus denken:* Diese Art könnte auch als eine Variante des Denkens eines Romans von Figuren her angesehen werden, ist es aber nicht. Hier werden Figuren nicht nur in Beziehung zu anderen Figuren gesehen, hier spielt eine spezielle Begegnung von mindestens zwei Figuren und die spezielle Dynamik, die sich aus dieser Konstellation ergibt, eine entscheidende Rolle.

– *Von Fiktionen aus denken:* Dabei sind nicht nur Schreibtechniken gemeint, die davon ausgehen, dass einer Figur oder dem Autor etwas nicht gelungen ist und er nun im Roman durchspielt, was gewesen hätte sein können, wenn er (sie) nicht mit dieser Einbuße hätte leben müssen (eine Mutter stirbt zu früh, ein Pianist kann nicht Pianist werden usw.). Gemeint sind hier auch alle Erzählformen, bei denen es darum geht, Fiktionen daraufhin zu erproben, inwieweit sie sich in der Realität durchsetzen (oder wiederfinden) lassen, bzw. aufgegeben werden müssen (ein Mann verliebt sich in eine Frau, ohne sie zu kennen usw.). (Science fiction ist dabei ein Spezialfall.)

– *Von der Suche nach dem Roman aus denken:* Hierher gehören nicht nur die dezidiert postmodernen Erzählformen, auf diese Weise arbeiten auch jene Autoren, die erst dann wissen, wie ihr Roman beschaffen ist, wenn sie ihren Roman geschrieben haben.

– *Vom Stoff aus denken:* Auf diese Weise denken viele Autoren historischer Romane, politische Autoren oder Romanciers, die von sachlichen Defiziten ausgehen oder von einem speziellen Informationsbedürfnis beherrscht werden: Wer war Goethe oder hatte Freud eine Geliebte oder welche Bedeutung hat das Jahr 1968 in den Altersheimen heute usw.

Wenn wir diese verschiedenen Antriebe des Erzählens auflisten, muss eines wiederum dazu gesagt werden: Die Antriebe kommen in der hier beschriebenen Reinheit nur selten vor. Ob sich das Erzählen von Figuren her ergibt oder aus Räumen und von Szenen aus entwickelt, usw., jede Art, ins Erzählen zu kommen, hat auch Berührungspunkte mit den anderen Schreibansätzen. Beim szenischen Denken haben wir schon auf die Bedeutung von Figuren hingewiesen, und genauso hat auch der Ort Einfluss auf das Verhalten der Menschen, die aufeinandertreffen, und gibt diesem Szenarium wiederum seinen Halt. Dies ist in aller Knappheit wichtig zu wissen, weil je nachdem, aus welchem Blickwinkel heraus ein Autor seinen Roman anlegt, sich spezielle Fragestellungen ergeben. Das bedeutet in seiner Konsequenz: Diese besondere Art, einen Roman zu denken, gibt auch den Gesprächen über den Roman ihre literarische Richtung.

Dabei hat sich die Gesprächssituation im Vergleich zu den früheren Gesprächssituationen wiederum entschieden verändert. Die Autoren gehen jetzt direkter vor, sie suchen die Auseinandersetzung über Sachfragen.

Selbstverständlich schwingt bei diesen Gesprächen das Bestätigungsbedürfnis der Autoren mit. Sie möchten nach wie vor heraushören, dass ihr Roman zur Publikation in Betracht gezogen wird. Allerdings treten diese atmosphärischen Anteile in den Hintergrund, und ein anderes Bedürfnis tritt jetzt deutlicher hervor: Das Reden über das konkrete Manuskript selber. Dies geschieht nicht ganz freiwillig: Bestimmte Unzufriedenheiten haben sich während des Schreibens summiert und lassen sich nicht weiter als nebensächliche Begleiterscheinung der Arbeit klein halten. Darüber möchten Autoren ebenso sprechen, wie sie insgesamt aus der Isolation ihrer Arbeitssituation herausfinden wollen. Damit ist gemeint: Sie interessiert es nicht mehr nur, dass über den Roman und besondere Schwierigkeiten beim Erzählen *gesprochen* werden kann und dass der Autor nach diesem Gespräch wieder zu seinem Manuskript zurückkehrt und die Arbeit daran fortsetzt. Autoren möchten jetzt gerne auch herausfinden, ob ihre Vorstellungen von ihrem Roman zutreffend sind und ob Leser diese Ansicht teilen können oder in der Beurteilung des Manuskripts möglicherweise nicht zu der positiven Einschätzung des Autors gelangen. Sie möchten, dass das Manuskript *gelesen* wird und sie als Autor nicht mehr die Einzigen sind, die das Manuskript kennen und sich zu dessen Qualität äußern können.

An dieser Stelle muss in der Beschreibung der Gesprächssituation, an der Autoren und Lektoren (oder andere kompetente Leser) beteiligt sind, auf zwei Aspekte gesondert eingegangen werden. Solange über das Manuskript gesprochen wird und der Autor sich nicht dazu entschlossen hat, Einblick in erste Manuskriptteile zu gewähren, hat er in der Kenntnis seines neuen Romans einen enormen Vorsprung. Diesen Vorsprung besitzt der Lektor wiederum in der Einschätzung der Verlagssituation, in der sich der Roman bewähren muss – und daraus ergeben sich jeweils anders gelagerte Vorsichten. Solange Lektoren nichts vom Manuskript kennen, reden sie freundlich über den entstehenden Roman, und Autoren versenden mit ersten Passagen ihres Manuskripts gerne Mails mit folgendem zurückhaltenden Wortlaut: »Lieber Lektor, hier die ersten 70 Seiten des Manuskripts. Ich möchte ausprobieren, welche Reaktionen es hervorruft. Ich habe diesmal einen neuen Ton angeschlagen und deshalb bin ich mir nicht 100prozentig sicher, wie auf diesen Ton reagiert wird. Gut wäre es, wenn Du sofort lesen würdest und mir sagen könntest, was Du davon hältst. Du musst ja nicht jedes Wort exakt erfassen wollen und einen frisch gespitzten Bleistift dabei in Händen halten. Lass ihn stecken, wo er steckt, und sage mir nur, wie das Ganze auf Dich wirkt.«

Selbstverständlich möchte der Autor trotz des Mails nicht nur eine rasch dahingesagte Beurteilung des Erzähltons hören. Und er möchte auch nicht den schnellen Leseeindruck von jemandem geschildert bekommen, der das Manuskript einmal durchgegangen ist und nun davon erzählt, was ihm durch den Kopf ging, als er mit der Lektüre beschäftigt war. Der Autor möchte jetzt an den Eindrücken von jemandem teilhaben, der über Jahre Erfahrung in der Arbeit an Manuskripten und in deren Veröffentlichung gesammelt hat und der als erster Leser eine fachliche Beurteilung des Manuskripts abgeben kann.

Das aber bedeutet, die Gesprächssituation ist jetzt eine komplett andere geworden. Der Roman liegt in seinen Grundzügen vor, erste Manuskriptpartien haben einen hohen Grad an Ausarbeitung gefunden. In den Gesprächen geht es jetzt um das Manuskript, und der Lektor wird zum Vertreter des Romans in seiner idealen Gestalt. Dabei muss er sich in seinen Bewertungen des Manuskripts an die speziellen Möglichkeiten streng halten, die durch die jeweilig gegebenen Erzählkonstellationen und die literarischen Chancen, die darin liegen, gegeben sind. In diesem abgesteckten Rahmen vertritt der Lektor in dieser Phase den Roman in seiner optimalen Gestalt. Und der ideale Roman meint den Roman, der seine literarische Möglichkeit auf die bestmögliche Weise ausschöpft. Der Lektor verwandelt sich in den Gegenpart des Autors und wird zum Anwalt des Romans, so wie der Autor ihn schreiben möchte und müsste. Und falls dem Autor während der langen Arbeit die Maßstäbe bereits abhandengekommen sind oder sich abgeschliffen haben, ist es die Aufgabe des Lektors, den Autor an seine großen Pläne zu erinnern.

Deshalb ist es gut, wenn der Lektor weiß, auf welche Weise Autoren ihre Romane denken und wie sie mit grundsätzlichen Planungs- und Organisationsfragen des Schreibens umgehen. Allerdings ist auch ernst gemeint, dass dem Autor auf der Ebene des Manuskripts geantwortet werden soll. Das bedeutet nicht nur, den Roman in seinen ästhetischen Eigenarten zu akzeptieren und, grob gesprochen, einen Roman von Günter Grass nicht nach den gleichen literarischen Möglichkeiten zu bewerten wie einen Roman von John Updike. Das gilt aber nicht nur für Eigenarten, sondern auch für literarische Qualitäten: Aus einem Stück melodramatischer Prosa wird auch dann kein Roman von Vladimir Nabokov werden, wenn der Lektor dem Autor Bücher von Vladimir Nabokov als Anschaungsmaterial zur Lektüre und als bestes (aber in diesem speziellen Fall nicht ideales) Übungsmaterial empfiehlt. Ein melodramatisch schreibender Autor, der Nabokov nacheifert, bringt einen Text zustande, den man nicht wirklich gerne lesen möchte. Wenn er aber die Möglichkeiten seines melodramatischen Erzählens voll ausschöpft, dann hat er realisieren können, was ihm zu schreiben möglich war, und im Rahmen seiner Möglichkeiten ein gutes Buch geschrieben.

Für das Gespräch mit Autoren ergibt sich daraus noch eine Konsequenz: sich im Material des Romans zu bewegen. D. h., man erläutert seine Leseeindrücke aus dem Material des Manuskripts und seiner Sprache heraus. Das macht diese Gespräche einzigartig und unterscheidet sie von literaturgeschichtlichen Seminaren oder von literaturkritischen Diskursen. Man urteilt nicht über Literatur, sondern aus der Schreibsituation und den Zusammenhängen jedes einzelnen Romans heraus.

Warum das Gespräch in dieser Phase der Arbeit ganz bei einem Nachdenken verharrt, das sich aus dem Material des Erzählens selbst entwickelt, hat noch einen weiteren Grund. Die Autoren haben durchaus ein Anrecht darauf zu erfahren, wie ihr idealer Roman beschaffen sein könnte, damit sie eine Orientierung beim Schreiben haben. Allerdings möchten sie darüber nur in groben Zügen aufgeklärt werden, von welcher tatsächlichen Qualität ihre Arbeit ist. Sie möchten mit der Vorstellung leben, an etwas Besonderem zu arbeiten, präziser muss dieses Urteil nicht beschaffen sein. Was den allgemeinen Wert des Romans dann im Detail ausmacht, darüber können dann andere nachdenken, die dem ganzen Entstehungsprozess ferner stehen.

Das Eintreten für den idealen Roman zielt aber noch auf einen weiteren Effekt ab: Den Autor zu ermutigen. Denn darum geht es auch, wenn von den glänzenden Möglichkeiten des Romans gesprochen wird: ihn, den Autor, insgeheim für fähig zu erklären, diesen Roman auch schreiben zu können – und mit diesem indirekten Lob zumindest eines zu sichern: den Schreibfluss in Gang zu halten, damit der Autor seine Arbeit fortsetzen kann. Denn noch immer ist zu befürchten, dass der Autor ein Nachlassen seiner Kräfte spürt und seine Arbeit ins Stocken gerät. Es ist nicht sehr wahrscheinlich, dass es in dieser Phase zu einem Abbruch kommt, dazu hat der Autor schon zu viel Sicherheit in seinem Schreiben gewonnen, aber Schwierigkeiten können sich dennoch einstellen und das Unternehmen insgesamt gefährden.

VIERTE VORLESUNG
Redigieren

Sehr geehrte Damen und Herren!

Kommen wir ein letztes Mal auf den jungen Autor aus
Österreich zu sprechen. Natürlich wissen wir immer noch
nicht mehr über die Gründe, weswegen er seine Schreib-
karriere nicht weiter fortgesetzt hat. Nach dem bisher Gesagten können wir uns aber genauer seine Arbeitssituation
vorstellen und gezielter darüber nachdenken, was diesen
Autor dazu bewogen hat, an ein aussichtsreich verlaufen-
des Treffen nicht wieder anzuknüpfen und sich von der
literarischen Szene zu verabschieden.

Vermutlich wird er sich in der introvertierten Arbeitsphase am wohlsten gefühlt haben und der Übertritt in die
nächste, offensiver das Gespräch suchende Phase ist ihm
anscheinend schwerer gefallen. Er mochte nicht für seine
Arbeiten einstehen. Genauer: Er wird über ausreichend
Gründe, die seinen Text stützten, verfügt haben, allerdings hatte er Mühe, sich der Situation auszusetzen, in der
er diese Argumente vorbringen und seinen Text durch seine Überlegungen hätte stützen müssen.

Warum er sich dieser Situation nicht aussetzen mochte,
lässt sich jedoch nur schwer sagen: Möglicherweise hatte
er zu viel Angst vor Ablehnung, und diese Angst hinderte
ihn daran, herauszufinden, ob diese Angst durch seinen
Text begründet ist oder möglicherweise etwas mit seiner
Person zu tun hat. Über seine Person können wir nicht
weiter nachdenken, da reicht unser Wissen nicht einmal

für Spekulationen aus, wir können uns aber sehr wohl überlegen, zu welchem Schreib-(Denk-)Typ dieser Autor gehört haben mochte. Es spricht einiges dafür, dass er seinen Roman erst während des Schreibens entwickelt hat. Zudem hat eine wichtige Rolle bei ihm auch das Denken von einer Figur aus gespielt, aber beim weiteren Nachdenken über diesen Fall will die Vorstellung nicht an schärferen Konturen gewinnen, dass die poetische Vision dieses Unternehmens eine derartige Prägnanz angenommen hatte, dass der Autor jubelnd mit Freunden und (s)einem Verlag darüber gesprochen hatte. Selbst kurz vor Ende der Arbeit an seinem Roman war er noch immer damit beschäftigt, aus der Menge seiner Überlegungen und Eingebungen den Kern genauer herauszufiltern, was ihn an dieser Geschichte beschäftigte und was er erzählen wollte.

Diese Überlegungen, warum sich dieser Autor verhalten hat, wie er sich verhalten hat, interessieren uns aber noch aus einem anderen Grund. Wir wollen nicht nur eine Vorstellung davon bekommen, wie Autoren in Gesprächen über ihre Romane reagieren, das Beispiel des Autors aus Österreich hat uns auch gezeigt, dass uns die weiterführende Frage interessieren muss: Wie gehen Autoren mit dem um, was in den Gesprächen gesagt worden ist. Nehmen sie die Einwände ernst und arbeiten sie ihr Manuskript um? Fühlen sie sich entmutigt, wenn schwierige Passagen zur Sprache kommen, oder über Gebühr gelobt, wenn auf Stärken hingewiesen wird? Glauben sie, dass ihnen überhaupt jemand etwas Einleuchtendes zu ihrem Manuskript sagen kann oder halten sie nur sich für fähig, ihr Manuskript angemessen einschätzen und die Arbeitsprobleme richtig erfassen zu können? Und vor allem: Wie setzen sie die Gespräche fort?

Bei dem österreichischen Autor können wir das nicht sagen. Das ist aber wichtig zu wissen, da es in der abschließenden und letzten Arbeitsphase nicht nur darum geht, sich über grundsätzliche Konstruktionsschwierigkeiten eines Romans zu unterhalten und darüber nachzudenken, wie diese Schwierigkeiten behoben werden können. Es geht jetzt um kleinere Unstimmigkeiten im Manuskript und die Frage, wie diese Unstimmigkeiten beseitigt werden können.

Damit ist aber nicht nur die Frage gestellt, wie Autoren (und auch Lektoren) auf Gespräche reagieren, die sie geführt haben. Die Grundlage, auf der diese Gespräche geführt werden, sollte geklärt sein. Bevor es zu der noch ausstehenden intensiven Zusammenarbeit kommt, sollte die Entscheidung gefallen sein, ob der Verlag das Manuskript veröffentlichen möchte oder nicht. Konkret: Ein Verlagsvertrag zwischen Autor (oder Agent) und Verlag ist zu schließen (in aller Regel kommt es mittlerweile früher zu Vertragsabschlüssen, dann wenn Autoren mit der Niederschrift eines Romans ein gutes Stück vorangekommen sind). Diese Entscheidung muss gefallen sein, damit der Autor eine klare Arbeitsperspektive hat und durch diese Entscheidung von einer Grundangst befreit worden ist: Ob sein Roman veröffentlicht und damit als gelungen angesehen werden wird. Hier schließt sich der Kreis zu dem, wovon in der ersten Vorlesung die Rede war: Ein Roman, der nicht veröffentlicht wurde, ist keiner. Wichtig ist aber auch, dass der Lektor dem Manuskript zustimmen kann und keine grundsätzlichen Vorbehalte hat. Erst auf dieser Basis eines wechselseitigen Einverständnisses (des Autors mit dem Verlag, des Lektors mit dem Manuskript) können die Arbeiten am Manuskript gut weitergeführt werden.

Fehlt diese Entscheidung, dann ist die Dynamik, die die Gespräche über das Manuskript auslösen können, kaum zu beherrschen. Die Gefahr ist groß, dass sich die Autoren und ihr Manuskript beim Nachdenken über jedes Komma abgelehnt fühlen werden und ihre Interpunktion gegen einen Verlag verteidigen wollen, der sie anscheinend verbiegen möchte. Und umgekehrt können sich auch die Lektoren nicht sicher sein, aus welchem Grund Autoren auf ihre Redaktionsvorschläge eingehen: Finden sie wirklich sinnvoll, was ihnen nahegelegt wird, oder hat ihre Mitarbeit einen anderen Grund, und würden sie auf jeden Vorschlag eingehen, Hauptsache ihr Manuskript wird am Ende der Herstellungsabteilung des Verlags übergeben und es erscheint?

Der skeptische Lektor und der Kooperation anstrebende oder schroff ablehnende Autor sind allerdings nur zwei von vielen Rollen, in die jetzt Autor und Lektor hineingeraten können, wenn sie die Arbeit am Roman zu Ende führen wollen. Viele andere Rollen stehen bereit: bockiger Autor – verständnisseliger Lektor, genialischer Autor – um Einsicht bemühter Lektor, arbeitsversessener Autor – in komplizierten Überlegungen zur Literatur versponnener Lektor, von der Schönheit seines Manuskripts erregter Autor – unbeugsam in Details sich verbeißender Lektor oder pragmatisch eingestellter Autor und ebenso pragmatisch eingestellter Lektor, wobei es diese beiden Rollen einmal in positiver Version gibt, d. h. die letzten Arbeiten am Roman sollen möglichst ohne große Reibungen ausgeführt werden – oder in negativer Ausprägung: Der Autor glaubt, ohnehin sein Bestmögliches erreicht zu haben, und der Lektor will rasch zu einem Ende kommen und lässt das Manuskript mit ein paar Korrekturen im Formalen passieren … An Rollen, die für Autor und Lektor bereitliegen, gibt es viele, damit wir aber die neue Gesprächssituation, in der sich Autor und Lektor in dieser abschließenden Phase der Arbeit begegnen, etwas genauer verstehen lernen, seien wieder Mails zitiert. Und dass sich die Gesprächssituation ein letztes Mal grundsätzlich verändert hat, davon dürfen wir auch ausgehen.

Erstes Mail: »Mir ist wirklich elend zu Mute. Ich habe Dir die ersten 100 Seiten meines neuen Manuskripts zugeschickt und was ist bisher geschehen: Nichts. Ich habe versucht, mich davon nicht irritieren zu lassen und weitergearbeitet, bald könnte ich Dir die nächsten 80 Seiten zusenden, aber jetzt irritiert mich Dein Schweigen doch, und ich muss sagen: Das darf nicht wahr sein. Mit dem Verlag ist ausgemacht, dass ich bis zum Ende des übernächsten Monats die Arbeit an meinem Roman abgeschlossen habe, und von Dir habe, und von Dir habe ich immer noch nichts gehört. Ich brauche die Korrekturen, um weiterarbeiten zu können, und ich fühle mich blockiert, solange ich diese Korrekturen nicht erhalten habe. Und außerdem kann ich mir nicht vorstellen, welche anderen Arbeiten denn diese Wichtigkeit hätten, dass der Lektor nicht die Arbeit an seinem Manuskript aufnimmt und sich die Zeit mit anderen Dingen vertreibt. Meine Wut nimmt mit jedem Wort, das ich hier aufschreibe, zu. Jetzt breche ich erst einmal zu einem längeren Spaziergang auf. Vielleicht bist Du ja so freundlich und lässt mir eine Antwort zukommen.«

Deutlicher als durch dieses Mail kann die veränderte Lage nicht erkennbar gemacht werden. Der Lektor muss jetzt anders reagieren als in den Gesprächen zuvor. Das liegt nicht nur daran, dass sich das Ende der Arbeiten am

Roman jetzt abzeichnet. Die Autoren wissen in aller Regel, dass sie die »letzten« Arbeiten am Manuskript nicht alleine ausführen können. Sie benötigen dazu die Unterstützung eines Lektors und diese Hilfe klagen sie, damit ihr Text so stark wie möglich wird, ein.

Nun ist die Formulierung »letzte« Arbeiten dehnbar und kann sehr viel bedeuten. Bezeichnend aber für die Arbeitsverhältnisse, die sich jetzt einstellen, ist der Auszug aus dem Mail einer Autorin. Sie spricht deutlich aus, dass die Frage nach der Einhaltung der Termine als ein zweitrangiges Problem anzusehen ist und dass es in erster Linie um andere Arbeitsprobleme geht: »Ich habe ein Heft rechts neben dem Manuskript liegen, und in dieses Heft trage ich die Veränderungen ein, die ich an meinem Manuskript vornehme. Abends gehe ich dann diese Eintragungen durch, die ich den Tag über gemacht habe, und wenn ich bei dieser Durchsicht zu einer strengen Bewertung meiner Tätigkeiten komme, muss ich sagen: Eigentlich habe ich keinen Roman. Ich meine: Die meiste Zeit, die ich an meinem Manuskript arbeite, habe ich keinen Roman. Ich verfüge über Bruchstücke zu einem Roman oder Manuskripte, die sich auf dem Weg befinden, vielleicht zu einem Roman zu werden. Noch steht aber kein Roman auf dem Papier, und noch sind die einzelnen Passagen keine Passagen im Manuskript eines Romans, sondern einfach Text, etwas ambitionierter Text. Denn wenn ich ernst nehme, dass ein Roman ein Sprachkunstwerk ist, dann ist das, was auf meinem Papier steht, kein Sprachkunstwerk und muss zu diesem Sprachkunstwerk erst werden und wird es auch nach meiner Erfahrung erst im letzten Augenblick der Arbeit daran.«

Damit beschreibt die Autorin exakt die Arbeiten, um

die es jetzt geht, und die von Autoren nicht nur zu unterschiedlichen Zeitpunkten, sondern auch in den unterschiedlichsten Haltungen angegangen werden. Noch zwei Zitate aus den Mails einer Autorin und eines Autors. Zuerst die Autorin: »Hier ist nun das Manuskript, so wie ich es als fertig ansehe. Ich kann mir eigentlich nicht vorstellen, was ich daran noch tun will, außer an der einen oder anderen Stelle ein Komma zu setzen oder eines wegzunehmen. Ich habe eine lange Zeit in Südamerika gelebt und Spanisch gesprochen und geschrieben und bin mir deswegen in Fragen der Interpunktion im Deutschen seither etwas unsicher. Aber ansonsten weiß ich nicht, was ein Lektor eigentlich tut, also was Du mit meinem Manuskript anfangen willst ...« Und aus dem Mail des Autors: »Am Samstag bin ich schon im Verlauf des Vormittags auf Seite 220 meines Manuskripts angekommen. Die Seite 220 ist für mich eine magische Zahl, und die Magie liegt darin, dass mir, wenn mein Manuskript über diese Seitenzahl hinausgelangt ist, weniger als 100 Seiten bis zum Ende noch fehlen. Auf 320 Seiten habe ich den Umfang berechnet, und jetzt kann ich Dir, nachdem die Hürde der Seite 220 glücklich genommen ist, auch die ersten Teile des Manuskripts zusenden.«

An dieser Stelle wollen wir nicht noch einmal auf die Privatmythologien (worin die Arbeit des Lektors gesehen wird oder welche Zyklen die Arbeit an einem Manuskript durchläuft) eingehen, die auch bei Autoren eine Rolle spielen, die sehr kontrolliert mit ihrem Schreiben umgehen. Deutlich wird aber, dass die Autoren das Gespräch suchen und dass sie offen oder verdeckt ihre Erwartungen an die Zusammenarbeit formulieren. Dabei fällt eine gewisse Nähe in den Formulierungen auf, eine Nähe, die auch bei der Autorin zu spüren ist, die sich im Grunde jede Einmischung in ihr Manuskript verbitten möchte. Diese Nähe rührt daher, dass der Lektor den Autor seit den Anfängen von dessen Arbeit am Manuskript begleitet hat, Autor und Lektor in der Zusammenarbeit bereits einige Erfahrungen miteinander sammeln konnten, dass diese Zusammenarbeit nun aber in eine entscheidende Phase eintritt.

Jetzt geht es nämlich nicht mehr alleine um Gespräche, sondern es geht um Zusammenarbeit – die Arbeit am Manuskript, die finale Arbeit am Roman.

Nicht nur die Zusammenarbeit, auch die Arbeit des Autors verändert sich. Ein äußeres Signal dafür ist beispielsweise: Die Arbeit am Manuskript wird schneller. Die Einfälle kommen jetzt mit einer Unbedingtheit, die in keiner Phase vorher zu beobachten gewesen ist. Gliederungen werden mit leichterer Hand und größerer Sicherheit als zuvor durchgeführt. Entscheidungen über den Handlungsverlauf fallen rasch und aus dem Gefühl einer lebendigen Gewissheit heraus. Von außen betrachtet, erwecken Autoren in dieser Phase den Eindruck, als müssten sie nicht mehr nachdenken, wie sie ihren Roman fortschreiben könnten, sondern als würde ihnen alles Wesentliche zugetragen werden und als könnten sie sich dem Fluss des Erzählens voll und ganz überlassen.

Außerdem werden sie vom Ende des Romans, oder, zurückhaltender formuliert, von dem Gefühl der Realisierbarkeit ihres Projekts, förmlich dazu getrieben, ihre Arbeit auch tatsächlich zu einem guten Ende zu bringen. Dabei spielt keine Rolle, ob die Autoren das tatsächliche Ende ihres Romans kennen oder nicht. In den Stadien zuvor lebten sie von der Hoffnung auf einen Roman, jetzt werden sie von der Gewissheit vorangeschoben und schreiben jeden neuen Satz mit einer Sicherheit, als wüssten sie genau, was noch zu folgen habe, damit das Buch seinen passenden Schluss finden kann, und als hätten sie während des Schreibens verlernt, an das Risiko zu denken, das sie mit jedem Satz eingehen: einen Satz zu schreiben, der neu und beispiellos in der Welt der Romane ist, so wie sie diese Welt bei anderen Autoren bisher kennengelernt haben oder sich vorstellen, wie diese Welt beschaffen ist.

Das aber bedeutet: Die Autoren werden in dieser letzten Arbeitsphase romansicher und gleichzeitig auf die beste Weise problemblind. Das heißt: Hochsensibel spüren sie sofort, ob ein Einfall ihrem Roman nutzt oder ihn nicht weiterführt, und treten gleichzeitig bereits aus dem engeren Kreis der Arbeit heraus. Sie beginnen sich darüber Gedanken zu machen, wie der Umschlag beschaffen sein könnte, mit dem ihr Buch in die Buchhandlungen gelangen wird. Sie interessieren sich für die Vorschau des Verlags und dafür an welcher Stelle die Ankündigung ihres Romans platziert werden wird. Erste Anfragen kommen, mit welchen Werbeanstrengungen der Verlag auf den Roman aufmerksam machen möchte. Die Autoren nehmen wissbegierig auf, wie ihr Buch in Szene gesetzt werden wird, und beginnen dazu ihre eigenen Überlegungen zu entwickeln. Sie beschäftigen sich also nicht nur mit Schreibfragen, sondern wollen auch dafür sorgen, dass ihr Roman gut von Lesern, Kritikern und vom Buchhandel aufgenommen wird.

Dazu gehört auch, dass sie die Aussicht, bald ihren Roman publiziert zu sehen, nicht alleine schon glücklich macht. Der Verlag soll sich auch auf besondere Weise für die Publikation dieses Romans einsetzen. Der Lektor muss dazu die Leistungsfähigkeit des Verlags unter Beweis stellen können. Er wird zu den Büchern befragt, die in den letzten Veröffentlichungszeiträumen erschienen sind und die den Beleg liefern, dass dieser Verlag auch für den Roman, an dem jetzt gearbeitet wird, gut sorgen kann. Nicht nur der Autor soll fleißig gewesen sein, auch der Verlag darf nicht untätig gewesen sein und soll sich weiterentwickelt haben.

Dieses offensive Verhalten hat insgesamt seine Rückwirkungen auf das Schreiben und auf die Zusammenarbeit von Autor und Lektor. Es beflügelt die Autoren, wenn sie spüren, dass ihr Roman gewollt und mit großer Aufmerksamkeit dem Publikum nahegebracht werden wird. Außerdem sind die Autoren jetzt bereits in einen Prozess verwickelt, der auf einer tieferen Ebene abläuft. Wenn wir bei den frühen Arbeitsphasen davon gesprochen haben, dass die Autoren mit dem Finden des Romans beschäftigt waren und sicherstellen mussten, dass der Roman nicht als Idee verkümmerte, sondern entstehen konnte, so hat spätestens jetzt ein umgekehrter Prozess eingesetzt: Der des Loslassens und langsamen Abschiednehmens.

Damit setzt aber auch für den Lektor in der Zusammenarbeit mit dem Autor und in der Arbeit am Roman eine neue Arbeitsphase ein. Er bekommt nicht mehr nur Pläne zu hören und kann sich überlegen, wie diese Pläne auf ideale Weise realisiert werden können und vielleicht in Ansätzen schon realisiert worden sind. Jetzt liegen Ausdrucke vom Manuskript vor ihm, und um vorläufige Manuskriptansichten handelt es sich dabei nicht mehr. Es ist davon auszugehen, dass der Autor diese Manuskripte nun so weit ausgearbeitet hat, wie ihm das möglich gewesen ist, und dass sich jetzt der Lektor am Zug befindet und mit eigenen und konkret formulierten Vorschlägen dafür sorgen muss, dass Mängel beseitigt werden und der Autor die Arbeit an seinem Manuskript wieder aufnehmen kann. Kurz: Der Lektor beginnt das Manuskript zu redigieren.

Mit dieser (redaktionellen) Tätigkeit verändert sich die Haltung des Lektors zu dem im Entstehen begriffenen Roman ein letztes Mal. Der Lektor muss sich nicht länger als der Gegenpart zum Autor und in dieser Rolle als der Anwalt des idealen Romans sehen. Er wird jetzt Mitautor, und ihm ist es jetzt ausschließlich um den Roman zu tun, wie er vorliegt, und darum, wie sich dieser Roman in seine bestmögliche Fassung bringen lässt. Ab diesem Zeitpunkt zählt nur noch das, was auf dem Papier steht, und nicht, was in Gesprächen, die in den früheren Arbeitsphasen geführt wurden, an optimalen Vorstellungen entwickelt worden sein mag. Der Lektor wird jetzt zum Anwalt des Romans in seiner realisierbaren Form. Und realisierbar heißt: So gut wie Autor und Lektor diesen Roman zu Ende führen können.

Nun durchläuft nicht nur das Schreiben eines Romans bei Autoren verschiedene Phasen (Notieren, Konzipieren, Recherchieren, Planen und Organisieren und das Schreiben selber: Erarbeiten erster größerer Textpassagen, Schreiben eines fortlaufenden Textes, Überarbeiten und Neuschreiben), auch die Arbeit von Lektoren am Text durchläuft verschiedene Stadien. Grundlage ist immer die Lektüre, allerdings eine eingreifende und nicht nur zur Kenntnis nehmende Lektüre. Und genau darin unterscheiden sich diese Lektüren von den Lektüren der späteren Leser des Romans: Sie nehmen nicht als gegeben hin, was sich ihnen zum Lesen anbietet. Drei verschiedene Lesephasen lassen sich dabei unterscheiden.

In der *ersten Lesephase* geht es um das Kennenlernen des Manuskripts und um dessen erste Bewertung. Dabei spielen generelle Fragen eine wichtige Rolle: Wie wird erzählt, wie ist die Handlung aufgebaut, welche Figuren kommen vor und aus welchen Gründen tun diese Figuren das, was sie tun? Wie sind die Erzählstrukturen beschaffen: Aus welcher Perspektive heraus wird erzählt, in welcher Reihenfolge wird was zur Sprache gebracht, und wie wird mit der Zeit umgegangen, welche Orte kommen vor, in welcher Weise wird ihnen ein Platz im Roman eingeräumt? Und vor allem, wie ist die Sprache beschaffen? Bei allen diesen Überlegungen gibt es ein wichtiges Kriterium: Ist nachvollziehbar, was sich der Lektüre stellt oder entzieht sich der Text dieser Lektüre und vor allem: An welchen Stellen geschieht das?

Nun sind an dieser Stelle drei generelle Anmerkungen angebracht:

Erstens haben Lektoren wie andere Leser auch ihre Vorlieben für bestimmte Figuren, Handlungsabläufe und Ästhetiken. Über diese Präferenzen sollten sie Bescheid wissen, damit sie Manuskripte nicht deshalb gut finden, weil sie ihren Vorlieben entsprechen, und andere Manuskripte ablehnen, weil sie diese Übereinstimmung mit ihren Vorlieben nicht feststellen können.

Zweitens sollte die Lektürehaltung zunächst von einer grundsätzlichen Sympathie für das Manuskript getragen sein, zugleich aber sollte der Lektor mit einem hohen Argwohn lesen, ob der Autor das, was er erzählen wollte, auch tatsächlich erzählt hat. Das klingt nach einem Widerspruch – aber ist es nicht: Sympathie und Argwohn schließen sich nicht aus. Lektoren stellen tatsächlich ihre Sympathie für ein Manuskript durch feindseliges Lesen unter Beweis. Das Manuskript hat ihnen zu demonstrieren, dass es den Ansprüchen gewachsen ist, denen es genügen möchte, und wenn es diesen Beweis erbringen kann und den Lektor von seinem Argwohn befreit, dann darf es als geglückt angesehen werden (und der Lektor hat *seine* Probe bestanden).

Drittens muss gesagt werden, dass mit dieser Lesehaltung keine Ästhetik in dem Sinne verbunden ist, die auf unterhaltsames und konventionelles Erzählen zielt und sich gegenüber Erzählformen sperrt, die poröser angelegt sind und einen größeren Wert darauf legen, Gebrochenes darzustellen, um sich vom konventionellen und risikoarmen Erzählen abzuheben. Diese Entscheidung ist mit dieser Lesehaltung nicht getroffen, wohl aber muss in jedem Manuskript, gleichgültig, welcher Ästhetik es im Einzelnen folgt, nachvollziehbar sein, warum es das tut, und damit dem Leser ausreichend starke Gründe liefern, weswegen er die Lektüre fortsetzen soll und sich keinem anderen Roman zuwendet oder das Medium wechselt und lieber eine Musik-CD abspielt oder eine DVD anschaut.

Bei diesen Überlegungen dürfen Konstruktionsüberlegungen, wie sie von Autoren bei der Niederschrift ihrer Romane angestellt werden, keine Rolle spielen. Dem Leser stehen diese Überlegungen nicht zur Verfügung, und selbst wenn sie es täten, vermag das nicht die Lektüre eines Romans zu erleichtern. Ein Roman hat aus sich selbst heraus verstehbar zu sein und nicht aus den Überlegungen heraus, die den Autor beim Schreiben geleitet haben. Dennoch kann es für einen Lektor hilfreich sein, diese Überlegungen zu kennen. Ein Beispiel aus dem Mail eines Autors:

»Beim Schreiben bestand die Hauptfrage darin: Erzähle

ich streng chronologisch oder fange ich mit dem Erzählen in der Jetzt-Zeit an und erzähle dann in Rückblenden. Von der Geschichte her betrachtet ging es darum, die kurze Liebe des Mannes am Anfang seiner Ehe zu schildern und dann mit anwachsendem Manuskript darauf zu sprechen zu kommen, welche Folgen diese Liebe auf diese Ehe hatte, als Jahre vergangen waren und der Ehemann schon lange nicht mehr an diese Liebe dachte und von sich überzeugt war, er würde eine gute Ehe führen. In der ersten Fassung des Manuskripts bin ich chronologisch vorgegangen, dann habe ich mich aber bald dazu entschieden, dass das erste Kapitel mit der Schilderung der Ehe beginnen muss, wie sie geworden ist, und von dort aus viel besser auf die früheren Ereignisse zurückgehen kann.«

Die Fragen, die sich Lektoren bei der ersten Lektüre stellen, ähneln denen, die sich Autoren beim Schreiben zurechtgelegt haben. Im zitierten Fall bedeutet das, dass sich Lektoren ebenfalls die Frage nach der Notwendigkeit stellen, warum eine Handlung so verläuft, wie sie das tut, damit ihre spezielle Problematik zum Tragen kommt: Sind die Auswirkungen der frühen Liebe auf das spätere Zusammenleben des Ehepaars tatsächlich als derart beeinträchtigend einzuschätzen, dass der Ehemann sich zurückzuerinnern beginnt und sich mit der alten Geschichte wieder beschäftigt? Oder merkt das Ehepaar im täglichen Zusammenleben nichts mehr von der früheren Untreue des Ehemanns, lässt sich aber deren spezielle Art des Zusammenlebens nur erklären, wenn man die Schwierigkeiten kennt, in denen sich der Ehemann einst befunden hat. Im ersten Fall wäre ein Erzählen mit Rückblenden angeraten, im zweiten Fall könnte es beim chronologischen Erzählen bleiben.

Neben den Fragen des Handlungsaufbaus stellt sich bei dieser ersten Lektüre auch die Frage nach der Erzählperspektive. Wer kann diese Ehegeschichte erzählen? Der Ehemann, der, so weit wir die Geschichte kennen, aktiv ist und das Geschehen durch sein Handeln bestimmt? Oder ist eine Erzählperspektive zu wählen, die nicht mit der des Ehemanns weitgehend identisch ist, sondern sich in dessen Nähe befindet, aber über genügend Distanz zu dessen Sichtweise verfügt, dass auch dann von seinen Schwierigkeiten gesprochen werden kann, wenn er aus reinen Selbsterhaltungsgründen diese Schwierigkeiten gar nicht wahrnimmt.

Diese Arbeitsfragen sich zu vergegenwärtigen ist durchaus sinnvoll, um die Arbeitsprobleme näher kennenzulernen, die sich einem Autor gestellt haben. Sie dürfen den kritischen Leser des Manuskripts aber nicht dazu bringen, über die Schwierigkeiten eines Manuskripts hinwegzusehen, nur weil er eine Ahnung davon gewonnen hat, welche Mühen damit verbunden sein mögen, das Manuskript weiter auszuarbeiten und diese Schwierigkeiten zu umgehen. Solange diese Arbeitsprobleme noch zu erkennen sind, ist die Arbeit an dem Manuskript noch nicht an ihrem Ende angelangt.

Dies gilt in dieser Allgemeinheit auch für die folgenden beiden Lektürephasen und die sich im Anschluss daran stellenden Redaktionsfragen. Ergeben sich nämlich keine groben Unstimmigkeiten während der ersten Lektürephase, oder sind diese Unstimmigkeiten durch den Autor in einer ersten Bearbeitung des Manuskripts behoben worden, dann beginnt die *zweite Lektürephase*.

Bei diesem zweiten Lesen des Manuskripts geht es wieder um kompositorische Fragen, um dramaturgische Abläufe, um die Zeichnung von Figuren und deren Stringenz. Nochmals zu durchdenken ist die Wahl der Mittel: Was sagt die Beschäftigung mit Orten, welcher Raum wird Plätzen und Tieren gegeben, welche Bedeutung erhalten die Schilderungen des Wetters, der Natur, allgemein gesprochen: von Umgebungen? Diese Überlegungen werden jetzt detaillierter angestellt und damit sie auf dieser mittleren Detailebene gestellt und überprüft werden können, muss der Roman in seiner generellen Abfolge von Szenen, Figuren, Bildern ausreichend durchgearbeitet sein. Wenn das der Fall ist, dann kann sich die Aufmerksamkeit des Lesers spezialisieren und kleineren Sinneinheiten zuwenden.

Ein Beispiel für dieses überprüfende Lesen von Absatz zu Absatz: »Sein Vater konnte von der neuen Mode, in Sandalen herumzulaufen, nicht erfasst werden. Er war sensibel und ein Vertreter der Alten Schule. Dessen Vater war unsensibler, aber ein noch stärkerer Repräsentant des Alten. Wenn man die beiden Männer miteinander verglich, dann hätte man den Vater als einen progressiven Menschen wahrnehmen können und in ihm gar nicht einen Repräsentanten des Überkommenen gesehen. Dazu musste man ihn aber genauer kennen, und diese Kenntnis konnte sich auch einstellen, ohne dass man den Vater meines Vaters kannte und wusste, dass er unter seinem Vater litt, dies aber gut zu verstecken wusste ...«

In dieser Passage flüchtet sich der Erzähler ins Allgemeine, das ist im Prinzip bereits ein schlechtes Zeichen. Das Bedürfnis des Autors, grundsätzlich zu Vater und Großvater etwas zu sagen, ist in einem Familienroman, in dem die Abfolge der Männer das Schicksal dieser Familie bestimmte, ein verstehbares Bedürfnis. Es macht dem Leser deutlich, mit welcher Art von Mann er es in dieser Generationenfolge zu tun hat und hebt vor diesem Hintergrund seine charakteristischen Eigenschaften besonders gut hervor. Aber, erstens, muss dies tatsächlich in dieser räsonierenden Form geschehen, und zweitens: weiß der Autor eigentlich, was er sagen möchte oder hat er nur eine Ahnung davon? Was macht den Vater zum Vertreter der Alten Schule und was hat dessen Sensibilität damit zu tun? Beim Großvater wird ein ähnlicher Zusammenhang hergestellt, der allerdings auch nicht deutlicher die Verhältnisse in eine einleuchtende Beziehung setzt. Der Großvater ist unsensibler (als der Vater?) und noch ein größerer Vertreter des Alten (hängt Sensibilität mit konservativer Haltung zusammen?), und warum wird an dieser Stelle überhaupt der Großvater ins Spiel gebracht? Soll durch seine raue Rückwärtsgewandtheit angedeutet werden, dass der Vater in seiner moderateren Anhängerschaft an das Überkommene als jemand gepriesen werden muss, der einen größeren Schritt nach vorne getan hat, als man ihm bei seinem Herkommen zutrauen durfte? Und was hat überhaupt dessen Neigung, seine Sensibilitäten zu verbergen, mit dieser komplizierten Generationenfolge zu tun?

Diese und andere Fragen (warum muss in der Erzählung jemand ein »Repräsentant« sein) stellen sich und bleiben auf eine unbefriedigende Weise unbeantwortet. Der Autor muss auf diese Unstimmigkeiten und Sinnwirrnisse hingewiesen werden, und das geschieht in einem ersten Schritt mit Kommentaren des Lektors am Rand des Manuskripts. Diese Stellen werden mit Fragen versehen, und die Fragen sollen möglichst so beschaffen sein, dass sie den Autor auf die noch nicht erledigten erzählerischen

Probleme hinweisen und ihm eine Richtung anzeigen, in der sich die Fortsetzung der Arbeit am Manuskript lohnen würde und angeraten erscheint.

In dieser und in der vorausgegangenen Phase der Lektüre des Manuskripts ist der rezipierende Anteil noch sehr hoch. Der Lektor vergegenwärtigt sich das Manuskript und weist auf jene Passagen hin, die ihn in Verständnisschwierigkeiten verwickelt haben. Überprüft worden ist zuvor, ob in diesen Schwierigkeiten ein produktives Moment stecken könnte, und als produktiv würde in diesem Fall jeder Hinweis angesehen werden, der nicht nur eine bestimmte Darstellungsabsicht deutlicher macht, sondern erkennbarer darstellt, dass in dieser verwickelt konservativen Familie es schon als ein Fortschritt gewertet werden müsste, wenn jemand sich von der Verehrung des Hergebrachten weiter als die anderen entfernt hat. Wenn solche Überlegungen nicht angestoßen werden oder angestoßen werden, sich mit dem Erzählten aber nur oberflächlich verbinden, dann hat das an dieser Stelle angemerkt zu werden, und diese Anmerkung soll den Autor dazu anstiften, seine Arbeit fortzusetzen.

Dabei kann an dieser Stelle auch kurz darauf eingegangen werden, auf welche Weise sich ein Lektor in Passagen wie der eben durchgesprochenen bemerkbar macht. Er dokumentiert mit Anmerkungen im Manuskript nicht den ganzen Denkweg, den er gegangen ist, damit er diese Unstimmigkeit in ihrem Ausmaß genau erfasst hat. Am Rand notiert er, worin die Unstimmigkeit besteht – es liegt dann am Autor, wie er diese Unstimmigkeit beseitigt.

Und auch darauf möchte ich noch kurz hinweisen: In diesen Randglossen empfiehlt sich deshalb eine besondere Knappheit und eine Konzentration darauf, das Problem zu benennen, weil an diesen Stellen das Erzählen ins Stocken gerät und der Autor wieder ins Erzählen zurückfinden und sich überlegen muss, auf welche Weise er fortfahren und die Lücke im Text schließen kann. Nicht der Autor als Denker, sondern als Erzähler ist hier gefordert.

Wenn diese zweite Lektüre abgeschlossen ist und zu Nachfragen wie den gerade skizzierten führt, dann wird das Manuskript an den Autor zurückgegeben. Zeigen sich weiter diese Erzähllücken, kann der Lektor diese Lektürestufe noch nicht verlassen. Er muss abwarten, zu welchen Resultaten der Autor bei der Fortsetzung seiner Arbeit kommt. Umfangreichere Passagen werden von Lektoren im Allgemeinen nicht geschrieben. Sie reagieren auf vorhandene Texte und sind nur in seltenen Fällen in der Lage, im Ton des Romans längere Teile selber zu schreiben.

Wenn aber derart umfangreiche Umarbeitungen des Manuskripts ausstehen, stellt sich doch noch einmal die Frage, auf welcher Grundlage sich Lektoren und Verleger für oder gegen ein Manuskript entscheiden. Die vom Lektor an das Manuskript gerichteten Fragen könnten auch gegen das Manuskript als Ganzes sprechen, gegen seine literarische Qualität. Diese Frage verschärft sich noch dadurch, dass mit einer detaillierten Redaktion des Manuskripts noch gar nicht begonnen wurde und dass, bei dieser sich doch summierenden Anzahl von bereits erkannten und noch abzeichnenden Schwierigkeiten, die Frage durchaus erneut gestellt werden kann, was an dem Manuskript den Ausschlag gegeben hat, dass es von einem Verlag angenommen und dessen Veröffentlichung fest vereinbart wurde? Sprachrhythmus und Klang spielen bei der Entscheidung für ein Manuskript eine große Rolle, überhaupt wie jemand erzählt – und dieser Ton ist häufig genug auch dann bereits wahrzunehmen, wenn das Manuskript noch umfangreiche Umarbeitungen erfahren muss und im Zweifelsfall nichts weiter als das grundlegende Verhältnis der Figuren untereinander geklärt ist. Der Ton ist das Kostbarste, Auffälligste, aber am schwierigsten zu erzeugende Element beim Schreiben.

Wenn aber das Manuskript keine massiven Fragen mehr aufwirft und als »durchgeschrieben« gelten kann, dann setzt die *dritte Lektürephase* ein. In dieser Phase geht es um die Redaktion von Roman-Manuskripten im engeren Sinn. Die Lektüre konzentriert sich jetzt auf den Satz und auf dessen Fortführung im nächsten Satz. Dies ist die Arbeitsphase, in der der Lektor am stärksten selber ins Schreiben kommt und seine Lektüre nicht alleine darauf abzielt, zu beurteilen, was vor ihm liegt, um dieses Urteil in kurzen Kommentaren zusammenzufassen. In dieser Phase ersetzt der Lektor Formulierungen des Autors durch eigene, stellt Sätze um, streicht …

Dies ist der letzte Abschnitt in der Arbeit am Roman überhaupt, und es ist jener Abschnitt, in dem der Austausch zwischen Autor und Lektor am intensivsten ist.

Dabei muss das Resultat einer guten Zusammenarbeit durchaus kein Manuskript sein, das von Korrekturen übersät ist. Die Arbeit kann auch dann sehr intensiv und gewinnbringend für das Manuskript verlaufen sein, wenn nur wenige Veränderungen gemacht wurden. In diesem Fall hat der Lektor dann von Satz zu Satz entscheiden können, dass sich das Manuskript weitgehend in einem guten Zustand befindet. Und selbst dann, wenn vom Autor eine größere Anzahl von Vorschlägen des Lektors verworfen wurden, muss das kein Zeichen einer ins Leere gegangenen Arbeit am Manuskript gewesen sein. Der

Autor konnte auf diese Weise zumindest noch einmal die Entscheidungen überprüfen, die ihn einst dazu bewogen hatten, sich für diese und keine andere Formulierung zu entscheiden. Und selbst wenn es in dieser abschließenden Phase zu umfangreicheren Umschriften kommt, dann darf daraus nicht der Schluss gezogen werden, bei diesem Roman handele es sich um eine Arbeit von literarisch minderer Qualität (und es gibt tatsächlich Manuskripte, die schlechter werden, wenn sie »richtiger« werden). Die Veränderungen bewegen sich – und darin könnte man das Credo guten Redigierens und eine Ethik von Lektoren sehen – ohnehin nur innerhalb der literarischen Vorgaben des jeweiligen Manuskripts und sind von dessen Autor vorgegeben und nicht von dessen Lektor. Für ihn, den Lektor, kommt es darauf an, dass er sich gut in die Welt des vorliegenden Romans hineinfinden und in dieser Welt bewegen kann. Und wenn der Autor die Vorschläge des Lektors übernimmt, übt er seine Autorschaft aus und öffnet nicht einem Co-Autor den Weg ins Manuskript.

Im Einzelnen kann es beim Redigieren zu folgenden Korrekturen kommen. Aus zwei Richtungen werden die Überlegungen dabei an das Manuskript herangetragen und führen zu Veränderungsvorschlägen:

Vom Inhalt her sich ergebende Korrekturen. Zu diesen Veränderungen kommt es,

– weil psychologische Wahrscheinlichkeiten nicht eingehalten werden oder der Bruch mit diesen psychologischen Wahrscheinlichkeiten im Kontext des Erzählten nicht nachvollzogen werden kann,

– weil logische Brüche auftauchen, denen keine eigene literarische Qualität zugesprochen werden kann,

– weil in den Schilderungen von Abläufen Vorkommnisse zum Tragen kommen, die in keinem begründbaren Zusammenhang zu dem Erzählten sich befinden,

– weil Wendungen oder längere Passagen im Manuskript auftauchen, denen kein (oder nicht ausreichend) Sinn zugeordnet werden kann, die, kurz gesagt: unverständlich sind und für die auch keine Gründe auszumachen sind, weswegen diese Textpassagen einen derart hohen Grad an Unzugänglichkeit aufweisen sollen.

Diese aus inhaltlichen Überlegungen herrührenden Korrekturen müssen nicht weiter erläutert werden, da sie sich aus sachlichen Unvereinbarkeiten ergeben und sich aus sich selber heraus begründen. Das Kriterium ist das Manuskript. Sollten sich diese Fragen nicht von der Sache her beantworten lassen (beispielsweise: ein Mann hat Angst vor Dunkelheit, also wird er in der Winterzeit nicht gerne nach Finnland fahren), dann muss die Erzählung selber einen Zusammenhang schaffen, aus dem heraus sachlich Unvereinbares doch verständlich wird (an einer finnischen Klinik wird die Angst vor Dunkelheit besonders in den Wintermonaten erfolgreich behandelt, also entschließt er sich doch hinzufahren).

Von wesentlich größerer Tragweite für die Qualität des Manuskripts sind die *Veränderungen im Text aus literarischen Gründen*. Diese Veränderungen sind dem Autor nahezulegen und sollten begründet werden, wenn sie nicht von offensichtlicher Natur sind oder von einer dunklen Ungreifbarkeit. Der Autor hat diese sprachlichen Lösungsmöglichkeiten nicht gesehen und muss von deren literarischer Angemessenheit überzeugt werden. Die Schwierigkeit bei der Begründung dieser Korrekturen besteht darin, dass es keine harten Argumente wie bei den sachlichen Korrekturen gibt. Die Gründe sind weicherer

Natur, haben mit Verhältnismäßigkeiten und Fragen der Angemessenheit zu tun. Diese Veränderungen wirken sich aber auf den Duktus des Romans aus und sind deswegen von großer Bedeutung.

Folgende Veränderungen können sich in einem Manuskript ergeben:

- *Entkomplizierung*: Das kann etwa Sätze betreffen. Ein Beispiel: »Abs stand wieder auf der Straße, die Kälte der Fingerspitzen war wieder da.« – wäre zu ändern in: ›Abs stand wieder auf der Straße, seine Fingerspitzen waren wieder kalt.‹

- *Verdeutlichung*: Ein Beispiel: Es geht um einen alten Mann, der nach einer Nierentransplantation nach Hause kann. Dann folgt der Satz: »Sogar die Treppe hinauf hatte er es geschafft.« Wenn es heißen würde: »Sogar die Treppe hinauf hatte er *ohne Hilfe* geschafft«, dann wäre die Leistung klarer nachzuvollziehen.

- *Einhaltung der Erzählperspektive*: Damit sind alle Wendungen gemeint, die eine Figur aus ihrer Perspektive einsetzen kann, bzw. die einen Bruch mit dieser Perspektive darstellen und deswegen zu korrigieren sind. Beispiel: Würde die Tochter des alten Mannes mit der transplantierten Niere eher sagen, er hat wieder sein Haus bezogen oder er hält sich wieder in seinem Haus auf? Sie würde wahrscheinlich zur zweiten Formulierung greifen.

- *Überausdrücklichkeiten*: Beispiel: Die Tochter sagt: »Mein Vater sieht schon viel besser aus als in der furchtbaren Klinik.« Bedarf es der Vokabel »furchtbar« wirklich oder stellt sie eine leichte Kommentierung, Verdoppelung des Gesagten oder pathetisch etwas überzogene Wendung dar?

- *Unterausdrücklichkeiten:* Dafür lassen sich keine rasch nachvollziehbaren Beispiele aufführen, weil sich dieses Defizit häufig bei der Ausarbeitung der Handlung zeigt, die von Autoren gelegentlich zu Gunsten der Arbeit an den Details vernachlässigt wird. Häufig werden dafür dann literarische Gründe angeführt, weswegen dieses Defizit als Gewinn anzusehen sei: Mehr Risiko würde im Erzählen gesucht oder falsche Glätten ließen sich damit vermeiden ...
- *Ausdrücklichkeitsgewinn:* Beispiel: Die Tochter sagt: »Habe ich jetzt einen Fehler begangen, hätte ich es besser für mich behalten sollen?« Prägnanter wäre: »Habe ich jetzt etwas Falsches gesagt?«
- *Überprüfung von Sprachgefällen:* Beispiel: Der alte Mann hatte in seinem Leben mehrere Apotheken und Physiotherapeutische Praxen aufgebaut. Spricht er jetzt davon: »Sein Projekt ist für ihn zu einem Hirngespinst geworden« oder eher: »Seine Apotheken und Physiotherapeutischen Praxen weiterzuführen, ist für ihn zu einem Hingespinst geworden«?
- *Geschmacksverteidigung:* Wird der Autor, wenn er den Erzähler des Romans sprechen lässt, also einen neutraleren Ton anschlägt, eher den Ausdruck »Daddy« oder ›Vater‹ benutzen, wenn er von dem alten Mann spricht?
- *Sicherung der Sprachhöhen:* Beispiel: »Je länger (der alte Mann) so nachdachte, umso schneller stürzte alles zusammen, was er sich in seinem Leben unter den Nagel gerissen hatte.« Denkt das wirklich der alte Mann oder wäre an dieser Stelle nicht die Formulierung »unter den Nagel gerissen« durch »aufgebaut hatte« zu ersetzen.

Hinzu kommt die sprachtechnische Überprüfung des Manuskripts: sind die Anschlüsse grammatikalisch richtig ausgeführt, stimmt das Tempus etc. Zusammengenommen aber erwecken diese Beispiele eher den Eindruck, als würde es um Kleinigkeiten gehen, die den Text in seiner Struktur unangetastet lassen. Das ist aber nicht der Fall, denn erstens kommt es darauf an, in welcher Häufigkeit in einem Text derartige Veränderungen vorgenommen werden (manchmal sind ganze Manuskriptseiten in der Version des Autors kaum noch wiederzuerkennen), und zweitens muss gesagt werden, dass solche Wendungen, die noch nicht zu einer befriedigenden sprachlichen Gestalt gefunden haben, den Lesefluss unterbrechen können, auch wenn sie nur gelegentlich auftreten. Außerdem ist im Einzelfall nicht einfach zu entscheiden, wie die jeweilige sprachliche Lösung beschaffen sein könnte. Die entsprechende Textstelle muss in ihrer Inkonsistenz überhaupt erst erfasst werden, und wenn der Lektor auf sie aufmerksam geworden ist, dann muss er durch Interpretation dieser Stelle sich eine Vorstellung davon machen, worin die Schwäche dieser Formulierung liegt, und dann zu Schlussfolgerungen gelangen, welche Wendung an dieser Stelle zutreffender (»richtig«) wäre.

Auffälliger und damit scheinbar von dramatisch höherem Gewicht sind jene Veränderungen, durch die der Text sichtbar und deutlich an Umfang verliert: Größere Striche ganzer Textpassagen. Drei Sorten von Strichen lassen sich unterscheiden:

– *Schwerpunktverlagerungen*: Durch einen Strich wird beispielsweise eine Reminiszenz gelöscht, die den Erzählfluss unterbricht. »Wir redeten lange, wir sprachen darüber, was wir in den letzten Tagen getan hatten und davon, was wir machten, als wir uns vor Jahren an diesem Ort schon einmal getroffen hatten und ... Erst gegen 16 Uhr verließen wir die Bar ...« Wenn es an dieser Stelle darum geht, den Fokus auf die Länge des Treffens zu legen, dann ist der ganze Einschub »und davon, was wir machten ...« entbehrlich und die Stelle lautet: »Wir redeten lange, wir sprachen darüber, was wir in den letzten Tagen getan hatten. Erst gegen 16 Uhr verließen wir die Bar ...«

– *Erhöhung der Konzentration:* Dabei fallen dann größere Passagen zum Opfer, wenn Nebenstränge der Erzählung zu ausladend, Hauptmotive redundant ausgebreitet werden, die Erzählung sporadisch in eine falsche Richtung geht. Beispielsweise wenn die beiden Freunde in der oberen Szene ihre Liebesgeschichten in immer neuen Variationen ausbreiten und schon längst verstanden ist, dass es ums Prahlen und Renommieren geht. – Oder wenn der Autor das Ende von Kapiteln oder größeren zusammenhängenden Erzählpassagen oder auch das Romanende nicht trifft.

– *Umgruppierungen von Erzähltem*: In diesem Fall wird nur zurückhaltend mit Strichen gearbeitet. Die Aufmerksamkeit gilt dem Verlauf des Erzählten und Vorschlägen, wie dieser Verlauf mit dem vorhandenen erzählerischen Material verbessert werden kann, und Striche dienen diesem Ziel!

Deutlich muss an dieser Stelle ein letztes Mal gesagt werden, dass mit diesen Korrekturen und Vorschlägen zur Umarbeitung des Manuskripts kein literarisches Statement in dem Sinne verbunden ist, Regeln für einen guten Roman aufstellen zu wollen oder einer Ästhetik den Vorzug zu geben, die Glätte, Geschlossenheit und geschmackvoll Gerundetes bevorzugt. Das soll nicht geschehen. Die

Arbeit am Text verfolgt ein anderes Ziel: Den Grad der inneren Stringenz des jeweiligen Romans zu erhöhen. Und diese Arbeit will zunächst keine eigenen literarischen Ziele durchsetzen. Wenn ein Roman ein traditionelles Erzählen verfolgt, dann richtet sich die Arbeit an der Logik dieses Erzählens aus, wie sie sich um die Logik eines Romans kümmern wird, dessen Autor sich in gebrocheneren Erzählstrukturen bewegt, bzw. ausreichend Gründe ausbreiten kann, weswegen er sich von allen Erzählverfahren abwenden möchte, die heute in Gebrauch sind, und nach neuen Erzählmöglichkeiten sucht. Von welcher literarischen Tragweite diese Veränderungen sind, ist schwer zu sagen, denn so wenig sie eine spezielle Romanästhetik verfolgen, genauso wenig kann davon ausgegangen werden, dass sie keine literarischen Absichten verfolgen. Wichtigstes Gebot dabei: in einem Manuskript für Konsequenz zu sorgen. Das meint: Die Ästhetik eines Romans so gut durchzusetzen, wie das möglich ist. Insofern liegt diesen Endarbeiten am Roman – versteckt – doch eine Ästhetik zugrunde: Den jeweiligen Ausdruckswunsch eines Autors gegen seine Irritationen Geltung zu verschaffen.

Diese Umarbeitungen sind dann aber die letzten Arbeiten am Manuskript, bevor der Prozess des Publizierens des Manuskripts einsetzt und der Autor sich endlich am Ziel seiner Bemühungen angekommen sehen darf. Wenn Lektoren jetzt aber glauben, die Autoren würden in großen Jubel ausbrechen, wenn sie mit den Ergebnissen ihrer Redaktion konfrontiert werden, dann werden sie sich in vielen Fällen irren. Die Veränderungsvorschläge lösen bei Autoren in der Mehrheit großes Erschrecken aus. Der englische Schriftsteller Lawrence Norfolk hat in einem Artikel mit dem Titel »Unwegsames Gelände, keine Karte« (Transatlantik 3.10.2000) darüber Auskunft gegeben: »Ein redigierter Text ist jedes Mal ein Schock. Man kann es nicht fassen, dass irgendjemandes Ms. so viele Fehler enthalten haben soll, vom eigenen ganz zu schweigen. Schonungslos aufgedeckt werden grammatikalische Fehler, stilistische Bauchlandungen (…), Schreibfehler (in verschwenderischer Fülle und bei Stellen, die niemand, der bei Sinnen ist, stehen ließe …).«

Nun reagiert dieser Autor gefasst und mit einem fröhlichen Sportsgeist auf das Manuskript, das er zur weiteren und letzten Bearbeitung vom Lektor zurückerhalten hat. Allerdings ist das eine Haltung, zu der er erst gefunden hat, als er über seine Reaktion auf das redigierte Manuskript schrieb und dabei deutlich um Haltung bemüht war. Autoren, die nicht derart pragmatisch mit ihrem redigierten Text umgehen können, offenbaren viel direkter, worin die Fassungslosigkeit liegt, die sie beim Anblick korrigierter Manuskriptseiten überfällt. Sie fühlen sich in ihrer Autorschaft angegriffen. Jede Korrektur macht auf sie den Eindruck, sie könnten genau das nicht, was sie als Autoren doch gerade beherrschen sollten: Schreiben. Und damit zeigt sich an dieser entscheidenden und heikelsten Stelle der Zusammenarbeit an einem Roman, dass diese Arbeit tatsächlich einen kommunikativen Anteil hat. Konkret: Wie ist Autoren eine Lesereaktion verständlich zu machen, die diese Veränderungen in einem Manuskript nach sich ziehen wird.

Damit zeigt sich nicht nur, dass die Entstehung eines Romans eine kommunikative Ebene besitzt, in dieser abschließenden Phase zeigt sich auch, ob es dem Lektor gelingen konnte, zu dem Autor tatsächlich ein Vertrauensverhältnis aufzubauen. Ein solches Vertrauensverhältnis

braucht es, damit der Autor seine Veränderungsvorschläge nicht als Angriff versteht – obwohl diese Reaktion von
sekundärer Bedeutung ist. Wenn Autoren Hilfe annehmen
können, und das sind, literarisch gesehen, ohnehin die äs-
thetisch sichereren Autoren, dann müssen sie das Gefühl
haben, dass die notwendigen Arbeiten an ihrem Manuskript durchgeführt werden und dass wichtige Arbeiten
nicht übersehen werden und unausgeführt bleiben.

Aber damit alleine sind diese Endarbeiten am Manuskript noch nicht abgeschlossen. Und das liegt nicht nur
daran, dass Autoren zu sehr unterschiedlichen Zeitpunkten Einblick in ihre Arbeiten gewähren und damit die
Abfolge der Arbeiten sich verändert. Autoren pflegen sehr
unterschiedliche Arbeitsstile. Es gibt Autoren, die fangen
ihren Roman auf der ersten Seite zu schreiben an und
hören auf der letzten Seite auf, und diese erste Seite wird
dann die erste Seite im Buch usw. Autoren von diesem Typ
kann man, während sie bei der Arbeit sind, anrufen und
fragen, wie weit sie sind, und sie werden antworten: Ich
bin jetzt auf Seite 187 und ich habe noch gut 130 Seiten
zu schreiben – und sie werden dann diese 130 Seiten noch
schreiben und die Arbeit an ihrem Roman wie angekün-
digt beenden. Es gibt Autoren, die lieber von ihren Romanen erzählen und die das Schreiben dagegen als eine Last
empfinden und die in den Gesprächen so tun, als würden
sie kurz vor dem Abschluss des Manuskripts stehen, obwohl noch keine Seite geschrieben ist. Und es gibt Autoren, die konzentriert arbeiten und auskunftsfreudig sind,
und andere, die sich mit Schweigen umgeben und dabei
in großem Chaos versinken und selbst dann noch nicht
auf die Idee kommen, sie würden sich im Verzug befinden, wenn alle Termine, zu denen der Roman erscheinen

sollte und auf die sie selber gedrungen haben, schon lange verstrichen sind.

Die Autoren in ihren unterschiedlichen Arbeitsstilen einschätzen zu können, ist deshalb wichtig, weil man nicht davon ausgehen kann, dass die Arbeiten an Romanen in der hier skizzierten Reihenfolge ablaufen. Sie können auch einen ganz anderen Verlauf nehmen, als er in diesen Vorlesungen modellhaft skizziert wurde. Damit aber der Lektor besser planen kann, ist es gut, wenn er eine genauere Vorstellung davon hat, wie ein Autor arbeitet. Und planen muss der Lektor, da mit dem Abschluss der Arbeiten am Manuskript die Arbeiten am Roman noch nicht am Ende angekommen sind. Jetzt wird das Manuskript gesetzt – und damit wird das Manuskript von der vorläufigen grafischen Gestalt in die Form überführt, die es im Buch finden wird. Dazu muss eine passende Schrift ausgewählt und Korrektur gelesen werden. Letzte Abstimmungen in orthografischen und anderen Detailfragen sind nötig – eine verantwortungsvolle Aufgabe, weil in diesem Stadium das Manuskript tatsächlich seine endgültige Gestalt erhält. Dann ist zu überprüfen, ob die Korrekturen ausgeführt wurden, und wenn das nochmals einer Kontrolle unterzogen wurde, wird die Imprimatur erteilt: Der Roman kann gedruckt, gebunden werden, er erhält einen Umschlag und gelangt als fertiges Buch in die Lagerhallen der Buchauslieferung: Sein Erscheinen steht kurz bevor.

Dies aber bedeutet, dass ein Roman erst dann gelungen ist, wenn die Arbeiten in allen verschiedenen Phasen jeweils zu einem guten Ende gebracht worden sind. Ein Roman, der von einer starken poetischen Vision getragen wird, dessen Autor dann aber die Kraft nicht aufbringen konnte, seine Vision auch auszuarbeiten, ist keiner. Und diese Fähigkeit zum Ausarbeiten einer poetischen Vision muss nicht zuletzt in der Phase des kalten Schreibens stark zum Tragen kommen, als die man das Redigieren eines Manuskripts und die Arbeiten, die dann von einem Autor gefordert sind, bezeichnen kann. Kaltes Schreiben nicht nur deshalb, da der Anlass zum Schreiben an den Autor herangetragen wird, sondern auch, weil der Autor, je näher der Erscheinungstermin seines Romans heranrückt, umso nüchterner wird. (Viele Autoren lieben die Zeit, nachdem die letzten Korrekturen in den Druckfahnen ausgeführt wurden und bevor das Buch dann endgültig in die Buchhandlungen gelangt, am meisten.) Und nüchterner wird der Autor nicht nur, weil es nichts mehr an dem Roman zu tun gibt, sondern weil ihn auch langsam ein Gefühl von der Beschränktheit seines Manuskripts beschleicht. Mit dieser Beschränktheit ist nicht gemeint, dass die literarische Qualität des Manuskripts in Zweifel gezogen werden müsste, oder dass die Autoren es mit Walter Benjamins Diktum zu tun bekommen, wonach das Werk die Totenmaske der Konzeption sei[1]. Diese Ernüchterung setzt aus einem sehr einfachen Grund ein: Der fertige Roman lässt dem Autor zu Bewusstsein kommen, was er noch nicht erzählt hat und was, gemessen an dem, was Eingang in den Roman gefunden hat, alles ungesagt und undargestellt geblieben ist. Als unermesslich viel wird ihm das vorkommen, und wenn von dem Roman, den er beendet hat, tatsächlich eine Ermutigung ausgeht, dann die, noch einmal mit dem Erzählen zu beginnen und sich auf das Wagnis einzulassen, einen Roman zu schreiben.

---

1 Walter Benjamin, Gesammelte Schriften, Band IV, 1, Frankfurt am Main: Suhrkamp Verlag 1980, S. 107.

Aus dieser Perspektive betrachtet, kann man das Schreiben an einem Roman auch auf eine ganz andere Weise betrachten. Dass der Autor sich von seinem Roman losschreibt, dass überhaupt im Schreiben eines Romans ein Akt der langsamen Befreiung von einer Obsession (der Obsession, diesen Roman zu schreiben) gesehen werden muss – und dass der Autor dann, wenn er den Roman beendet hat, seine Verbindungen zu seinem Roman weitgehend auflösen kann. Das würde das Phänomen besser verstehbar machen, warum viele Autoren, wenn sie die Arbeit am Roman beendet haben, nach einiger Zeit den Eindruck haben, sie wüssten im Grunde genommen kaum noch, worin es in ihrem Roman ging. Diese Wahrnehmungseintrübung (auf Befragen zeigt sich, dass die Autoren ihren Roman sehr gut kennen) beobachten Autoren an sich gerne, denn es weckt in ihnen eine andere Empfindung, nämlich innerlich Platz für eine neue Arbeit zu haben. (Weswegen Lesereisen den Autoren zwar Geld einbringen, aber aus literarischen Gründen eher nicht zu empfehlen sind: Vorlesen erneuert die Bindungen an den alten Roman.)

Allerdings steckt im Losschreiben auch eine Befreiung, die nämlich von der Wirkungsmächtigkeit der poetischen Vision. Wenn die Autoren dann die benutzten Materialien wegräumen, sich von stapelweise Papier trennen, in vielen Fällen wieder in das soziale Leben zurückkehren, das sie verlassen haben, weil sie sich immer ausschließlicher auf ihre Arbeit konzentrierten und sich von allem, was der Arbeit nicht nützte, fernhielten, bemerken sie, dass die poetische Vision nicht mehr diesen Zwang und diese Faszination wie am Anfang ausübt. Jetzt können sie sie gelassener betrachten und sich freuen, dass ihnen diese Vision begegnet ist. Die Einsicht lässt sich nicht vertreiben, dass diese Idee wichtig war, aber eine unter vielen wichtigen.

In dieser Einsicht steckt nicht nur ein Stück Enttäuschung, mit der Autoren umgehen lernen müssen. Es steckt auch ein Stück Annäherung an einen neuen Roman darin. Mit jedem Satz, den sie schreiben, vollenden sie nicht nur einen Roman, sondern schaffen auch die Voraussetzungen, ihr Schreiben nicht nur fortsetzen zu können, sondern es sogar zu müssen. Spätestens dann, wenn sie ihr Buch endlich in Händen halten, machen sie die paradoxe Feststellung: Jeder Satz, den sie geschrieben haben, ist der erste für sie gewesen, und keiner von diesen Sätzen der letzte. Mit jedem Satz kommen sie nicht nur an einem Ende an, sondern schaffen sich viele neue Anfänge.

Insofern beginnt das Schreiben eines Romans mit Schreiben, aber am Ende der Arbeiten am Roman endet das Schreiben nicht. Der Autor kehrt wieder zum ungerichteten Notieren zurück und macht sich wieder auf den Weg zum nächsten Roman. Zunächst nicht gezielt, dann, sobald sich die ersten Ideen einstellen, gezielter. Und bereits damit ist er in den Kreislauf des unendlichen Schreibens eingetaucht: mit der wieder von vorne beginnenden Suche nach der einmaligen Idee. Diese Idee wird den Autor faszinieren und wieder in dem Sinne enttäuschen, dass er erneut nicht die Welt in dem umfassenden Sinn zu fassen bekommt, wie er sich das gewünscht hat.

Damit zeigt sich, dass die Arbeit am Roman selber einer ästhetischen Struktur folgt: der des Rondos. Sie kehrt an ihren Anfang zurück und beginnt mit etwas Neuem. Oder anders formuliert: Kein Roman kommt an *dem* Ende an, sondern nur an einem.

INHALT

Ästhetik des Schreibens, Band 2,
hrsg. von Hanns-Josef Ortheil

Verlagsgruppe Random House FSC-DEU-0100
Das für dieses Buch verwendete
FSC®-zertifizierte Papier *Schliepen Werkdruck*
liefert Cordier, Deutschland.

3. Auflage
Originalausgabe
© 2008 Luchterhand Literaturverlag GmbH, München
In der Verlagsgruppe Random House GmbH
Satz: Greiner & Reichel, Köln
Druck und Einband: CPI – Clausen & Bosse, Leck
Printed in Germany.
ISBN 978-3-630-62111-1

www.luchterhand-literaturverlag.de